rororo

Zu diesem Buch

Dieses Buch verlockt Sie, Ihr neues persönliches Aphrodisiakum zu entdecken: die Sprache. Der Paartherapeut Klaus Heer macht Ihnen Mut, erotische Wörter und Sätze über die Lippen zu bringen, wenn Sie sich beide nahe kommen möchten. Und er zeigt Ihnen ungeniert, wie's geht!

Der Autor

Klaus Heer, geboren 1943 in Luzern, Dr. phil., Psychologe, Paartherapeut in Bern. 25 Jahre Mitarbeit beim Schweizer Radio, viel beachtete Sendungen über Partnerschaft und Sexualität. Sein Buch «Ehe, Sex und Liebesmüh'» mit 20 unverschämten Interviews über die Realitäten in heutigen Eheschlafzimmern wurde 1995 ein sensationeller Erfolg: ein halbes Jahr auf Platz 1 der Schweizer Bestsellerliste!
Ein Foto des Autors findet sich auf Seite 302.

Klaus Heer

Wonne Worte

Lustvolle Entführung aus der sexuellen Sprachlosigkeit

Rowohlt Taschenbuch Verlag

Internet
Homepage www.klausheer.com mit rund 200 Seiten
Ergänzungen und Informationen zu diesem Buch.
Download als *Acrobat Reader®-Datei.*
Rückmeldungen an den Autor: wonneworte@klausheer.com
Kontakt zum Verlag www.rowohlt.de

Lektorat: Hermann Gieselbusch

Veröffentlicht im Rowohlt Taschenbuch Verlag GmbH,
Reinbek bei Hamburg, April 2002

Umschlaggestaltung Susanne Heeder
unter Verwendung eines Gemäldes von Johannes Hüppi
Gesamtherstellung Clausen & Bosse, Leck
Printed in Germany
ISBN 3 499 61196 1

Die Schreibweise entspricht den Regeln
der neuen Rechtschreibung.

Inhalt

Intro

Was Sie hier erwartet

Dieses Buch ist ein Reiseführer. Es verlockt Sie zu eigenwilligen Exkursionen abseits der Trampelpfade der stummen Dienstleistungssexualität in so genannten festen Beziehungen. Es möchte Sie begleiten ins Innere Ihrer persönlichen Sehnsüchte nach Lust und spielerischer Intimität. Auf Ihrer individuellen Reise stoßen Sie vielleicht in unberührte Gegenden Ihrer erotischen Zweisamkeit vor, die bisher zuverlässig abgesichert waren durch die Grenzwälle der Sprachlosigkeit. Mit einem Kulturschock müssen Sie rechnen! Sexualität und Sprache, Begehren und Wörter, Erregung und Dialog einander anzunähern, zu vermählen gar, das gilt noch immer als widernatürlich und hirnlastig, ungehörig bis unmöglich. Der Kulturschock ist der Beweis, dass man in Neuland vorgestoßen ist: Neues rüttelt an verfestigten Ideen. Jenseits der sexuellen Pantomimik gibt es, kaum zu glauben, einen unerforschten Kontinent: die erotische Wortwelt.

«Wenn die Lust zum Wort wird, öffnet sie uns die Augen.» Michael Lukas Moeller

Von einem Buch, das über Sprache handelt, darf man erwarten, dass es sprachliche Angebote macht. Es sollte sich über die herrschende häusliche Stummheit und Einsilbigkeit hinwegsetzen und eine Auswahl verbaler Ausdrucksmöglichkeiten bieten. Erotischer und sexueller Ausdruck ist beinah so verschiedenartig wie die Menschen, die sich erotisch und sexuell ausdrücken oder ausdrücken möchten. Und Scham und Hem-

Mit Ihrer Sprache erschaffen Sie Ihre Wirklichkeit.

mung sind immer dabei! Nicht verwunderlich also, wenn Sie sprachlich kulturgeschockt sind beim Lesen, immer wieder. Klar indes: Sie wählen für sich genau und ausschließlich die Wörter und Sätze und Stimmungen, die für Sie stimmen. Den ganzen Rest kompostieren Sie kurzerhand und lustvoll.

Wenn Sie erotisch sprechen lernen, öffnen sich Ihnen neue Welten.

Befremdlich kann es Ihnen vorkommen, sexuelle Äußerungen zu lesen, die jemand in erregtem Zustand gemacht hat, während Sie selbst nicht erregt, sondern beim Lesen und Nachdenken sind. Das mag besonders irritierend sein, weil solche Sätze notgedrungen aus dem erregenden Zusammenhang herausgelöst wurden und sich darum nicht so anbieten, dass Sie sich identifizieren könnten mit einem Menschen in einer plausiblen erotischen Geschichte.

Erregende Literatur finden Sie auf Seite 108.

Ein Reiseführer ist immer ein sehr spezielles Buch mit sehr eingeschränktem Inhalt. Er zeigt die Schönheiten eines Landes, die eine Reise wert sein könnten. Doch unzählige andere Aspekte kommen kaum oder gar nicht vor, wie bedeutsam sie auch seien; sie sind Gegenstand anderer Publikationen. – Thema dieses Buch ist die Frage, wie Sie Ihre Sexualität mit Lust vertonen könnten. Darum werden Sie hier nicht so viel finden über benachbarte Bereiche wie Beziehung, Vertrauen, Konfliktfähigkeit, Nähe und Distanz, Verständnis und Verständigung, Geborgenheit und Liebe, wie Sie das vielleicht gern hätten. Über diese Themen gibt es bereits ganze Bibliotheken – im Gegensatz zu «Sexualität und Sprache», worüber bisher weitgehend Stillschweigen bewahrt wurde. Ich bin überzeugt, dass es legitim und notwendig, vor allem aber erotisch ist, die Sexualität pur unverblümt zur Sprache zu bringen. Sexualität ist nämlich nicht unaussprechlich heilig, sondern exklusiv menschlich, wenn sie reden gelernt hat. Für uns Menschen ist Reden Gold. Schweigen manchmal auch.

Ein Buch zum Vor- und Nachlesen!

Die Ausnahme ist Michael Lukas Moeller: Worte der Liebe. Erotische Zwiegespräche. Ein Elixier für Paare. Reinbek: Rowohlt 1996

Zwei Vereinfachungen erlaube ich mir: Statt «Partnerin und Partner» oder gar «PartnerIn» finden Sie immer entweder die männliche oder die weibliche Form – abwechselnd und meist ohne Hintergedanken. Manchmal schreibe ich «Ihr Mann» oder «Ihre Frau»; fast immer ist das Geschlecht vertauschbar und der

Zivilstand irrelevant. «Partnerschaft», «Beziehung» und «Ehe» dürfen Sie in diesem Buch als Synonyme verstehen.

Die Homepage zum Buch: *www. klausheer.com*

Sie verfügen über einen Internetanschluss? Dann gibt's für Sie die Buch-Homepage www.klausheer.com

Sie haben Zugang zu rund 200 Seiten Erweiterungen zu «WonneWorte» und vielen Informationen über dieses Buch. Unter web 1 bis web 47 finden Sie eine Menge Ergänzungen, Anregungen und Auswahl- & Spielmöglichkeiten. Der Anhang bringt von web a1 bis web a29 insgesamt 4301 Synonyme zu 29 erotischen und sexuellen Stichwörtern, falls Sie lustvoll in einer bunten Vielfalt von sinnverwandten Wörtern wühlen möchten.

Meine E-Mail-Adresse: *wonneworte@ klausheer.com*

All diese Texte auf der Homepage können Sie auf Ihrem Bildschirm lesen, auf Ihre Festplatte herunterladen und ausdrucken. Haben Sie Lust, mir zu schreiben? Ihre Mail erreicht mich unter wonneworte@klausheer.com.

Auf Ihre Rückmeldung zum Buch und auf Ihre persönlichen Ideen freue ich mich. Mit einer Antwort können Sie rechnen.

1 Klima & Intimität

Ohne Reden kein Sex?

«Bei mir muss alles stimmen, sonst kann ich keinen Sex haben!» Könnte der Satz von Ihnen stammen? Oder kennen Sie ihn vom Hörensagen? In der Hitparade der wenigen Sätze, die in abendländischen Ehebetten zum Thema Sexualität gesprochen werden, nimmt er hinter *«Jetzt nicht, bitte!»* den zweiten Platz ein. Auf gut Deutsch übersetzt könnte er zum Beispiel heißen *«Ich möchte, kann aber nicht!»* Oder *«Sex hat bei mir mit Liebe zu tun.»* Oder *«Ich fürchte, wir passen nicht zusammen.»* Oder *«Wir sollten wieder mal übers Bett reden, dringend.»* Oder *«So viel Sex ist mir zu viel!»* Oder *«Du sollst mir büssen!»* Oder *«Alles ist so kompliziert geworden zwischen uns ...»* Und so weiter.

«In jeder Ehe kommt einmal die Zeit, in der man andere um ihre Schwerhörigkeit beneidet.»
August Strindberg

Testen Sie sich selbst. Stellen Sie sich vor: Sie haben eben den Fernseher ausgemacht, strecken sich wohlig und sagen zu Ihrer Partnerin: *«Ich geh jetzt duschen. Kommst du auch? Ein klein wenig schmusen ... wie wärs?»* Sie aber gibt trocken zurück: *«Nach allem, was heute gewesen ist? Da stimmt viel zu viel nicht zwischen uns. Das weißt du auch.»*

Was würden Sie ihr antworten? Sehen Sie sich die nachfolgende Liste an: Welche drei der zwölf Antworten, glauben Sie, könnten aus der Sicht Ihrer Partnerin angenehm zu hören sein, weil sie sich verstanden fühlt von Ihnen? Und welche drei am allerwenigsten? Wenn Sie mögen, können Sie auf der nächsten Seite Ihre Wahl mit der meinen vergleichen.

Ablehnung klimagerecht auffangen

web 1 — 22 klimawirksame Reaktionen auf Ablehnung

1. *Sich hinsetzen und:* «Was stimmt nicht?»
2. «Was ist dir wieder über die Leber gekrochen?»
3. «Das ist schade … Sagst du mir, was los ist? Jetzt gleich oder heute Abend …?»
4. *Kopfschütteln und:* «Immer dasselbe …!»
5. *Spitz:* «Dann schlafe ich im Gästezimmer. Gute Nacht!»
6. «Was hat dich heute durcheinander gebracht?»
7. *Einen Kuss auf die Stirn geben, lächeln und:* «Okay, vielleicht morgen!?»
8. «Was habe ich jetzt wieder falsch gemacht?»
9. *Spitz:* «Wenn ich nur wüsste, wie ich dir immer alles recht machen könnte …»
10. «Bin ich etwa dafür verantwortlich, dass bei dir alles stimmt?»
11. «Bin ich dir so zuwider?»
12. ………………………………………………………………………
………………………………………………………………………

web 2 — Weitere 10 Antworten zur Auswahl

Eigene Idee?

«Bei mir muss alles stimmen!» – Mich friert immer ein bisschen, wenn ich den Satz höre. Er ist nämlich ein schwarzes Loch. Die Versuche des Paares oder eines der Partner, die Sexualität wieder in Fluss zu bringen, versacken im abgründigen Schlund dieser fünf Wörter. Ich habe mir all die elf Antwortsätze vor- und rückwärts angeschaut und anprobiert. Es passt mir keiner. Natürlich gibt es anständige und rüpelhafte darunter; aber der *«Alles-muss-stimmen»*-Bescheid selbst produziert klemmende Verlegenheit. Warum?

Mein Vorschlag: Die 3 artigsten Antworten: 1, 3, 6. Die 3 fiesesten: 2, 5, 10.

Einerseits macht er die Tür zu: *«Finger weg! Ich will nichts mit dir zu tun haben!»*. Andererseits eröffnet er ein dringliches Thema: das Binnenklima in der Beziehung. Beides ist, für sich genommen, stark. Ein sexuell selbstbestimmter Mensch wird immer und zuverlässig Nein sagen, wenn ihm nicht nach Sex zumute ist. Und die klimatischen Paar-Bedingungen wird ein sensibler und durchlässiger Mensch nicht aus den Augen verlieren und sie auf den Tisch bringen, wenn es ihm nötig erscheint. Aber nicht beides gleichzeitig! Denn Nein und Ja, verpackt in einem einzigen Satz, beißen sich. Und manch ein Betroffener reagiert entsprechend bissig.

Diese Paradoxie wird in der Fachliteratur «Doppelbindung», bzw. «double bind» (G. Bateson), «Beziehungsfalle» (H. Stierlin) oder «Zwickmühle» (W. Loch) genannt.

Den gähnendsten Krater reißt das *«Alles»* auf. *«Alles muss stimmen!»* hinterlässt den irritierenden Eindruck von Maximalforderung; es ist, als machte sich einer breit in seinem Ohrensessel, verschränkte seine Arme und entspannte sich: *«Nun mach mal, mein Lieber. Sag mir, wenn du so weit bist!»* Wer derlei zu hören bekommt, ist meist so hypnotisiert und verletzt von der Zurückweisung, dass er nicht nachfragt: *«Was meinst du mit ‹alles›? Sag mir bitte, was zum Beispiel für dich anders sein müsste, sodass du meine Einladung annehmen könntest.»*

«Das Ideal lässt sich am besten an den Opfern messen, die es verlangt.»
Carl Friedrich von Weizsäcker

Welten zwischen schwarz & weiß

Manche Paare haben das Pech, dass in ihrer gemeinsamen Geschichte nur einmal *«alles»* stimmte: solange sie verliebt waren. Sexualität gedeiht ihnen ausschließlich in den Sphären des verschwommenen süßen Wahns. Sowie sie einander schärfer, das heißt klarer, sehen, kommt ihnen die sexuelle Schärfe abhanden. Entweder alles oder nichts! Entweder ist «Liebe» eine makellose Himmelsmacht, oder *«dann lassen wir's»*. Als ob dazwischen nichts wäre und man sich fürs eine oder andere zu entscheiden hätte ... Für uns Irdische eine wahrhaft unpraktische und unergiebige Theorie! Oder möchten Sie sich vielleicht damit begnügen, in Ihrem Leben ein oder zwei Mal während durchschnittlich dreier Monate exquisiten Sex zu haben, und sonst sind Sie die ganze Zeit sauer oder trüb, weil nicht *«alles stimmt»*? Nein, danke; mich reizt dieser Emotionalfundamentalismus nicht. Ich empfinde ihn als zerstörerisch. Im real existierenden Beziehungsalltag liegen zwischen «alles» und

«Mitunter genügt schon eine stärkere Brille, um den Verliebten zu heilen.»
Nietzsche

«Wenn du nicht haben kannst, was du liebst, musst du lieben, was du hast.»
Sprichwort

«nichts» Welten! Großräume, die Sie gemeinsam einrichten und ausgestalten können. Felder, die zum Blühen und Fruchtbarwerden zu zweit verlocken.

Blüten und Früchte lieben ein bestimmtes Klima, das weiß man. Niemand kommt auf die Idee, an den Gestaden des Polarmeeres Passionsblumen oder Papayas zu pflanzen. Nehmen wir also an, Sie empfinden Ihre Sexualität als klimaabhängig. Sie sind darauf angewiesen, dass sie eingebettet ist in eine gute Stimmung. Vielleicht haben Sie den Satz *«Bei mir muss alles stimmen!»* so oder ähnlich auch schon gesagt oder auf der Zunge gehabt. Weil niemand mit so einem Brocken etwas anfangen kann, schlage ich Ihnen vor, den Satz in seine vielfältigen Aspekte aufzuschlüsseln und ihm ein persönliches, differenziertes Profil zu geben, ein menschliches Antlitz, aus dem Ihr Partner lesen kann, wer Sie sind und was Sie brauchen als Frau, als Mann.

Bereits ein einziges Gespräch über Sex – freiwillig & mutig angezettelt – kann möglicherweise Ihr Bett in Schwung bringen! Schon ausprobiert?

Erotisches Stimmungsbild

Nehmen Sie sich die folgende Sammlung von Sätzen vor und streichen Sie die Stimmungen an, die es Ihnen möglich, wenn nicht sogar verlockend machen könnten, mit Ihrer Partnerin überhaupt in Sex einzusteigen – unabhängig von der Qualität, die Sie vom Sex selbst erwarten können. Falls also wirklich *«alles»* stimmen müsste, bis Sie sich eine Bettszene mit Ihrer Frau auch nur vorstellen könnten, müssten Sie sämtliche Sätze ankreuzen. Kein einziges Kreuz hätten Sie zu vergeben, wenn Ihre Sexualität ein vollends eigenständiges fleischliches Leben führen könnte, losgelöst von allen denkbaren Witterungsbedingungen. Beides ist möglich; aber vermutlich werden Sie ein vielfältigeres und farbigeres Bild von sich entwerfen.

Diese Art Frustschutz könnte erotische Nulldiät bedeuten.

Mein Gott, was für eine Liste! Ein Eiserner Vorhang, der das Gelobte Land des erotischen Genusses zuverlässig gegen unberechtigten Zutritt abriegelt – undurchdringlich geflochten aus 18 klimatischen Hindernissen, von denen jedes einzelne schon genügen könnte, sexuelle Impulse im Keim zu ersticken. Wol-

Unbedarfte Männer nennen das die Liste der «Ausreden».

Sex mit dir kommt für mich nur in Frage,

Moment! Erst kopieren, dann ausfüllen! So kann Ihr Partner, wenn er möchte, auch sein Profil skizzieren.

- ❑ wenn ich ganz erholt und frisch bin.
- ❑ wenn ich mich drauf verlassen kann, dass du dich nicht auf eine Fastfood-Begattung nach einem öden Fernsehabend beschränkst.
- ❑ wenn wir genügend Zeit für uns haben. Ich meine Zeit zum Zusammensein, zum Austauschen und einander Zuhören.
- ❑ wenn ein ausführliches persönliches Gespräch vorausging.

«Ausführlich» – wie lange?

- ❑ wenn du nicht dauernd in der Wohnung herumschreist.
- ❑ wenn ich mich in unserer Beziehung nicht eingesperrt fühlen muss und frei atmen kann.
- ❑ wenn ich Vertrauen zu dir haben kann.

Woran würden Sie's merken?

- ❑ wenn ich keine Angst mehr vor dir zu haben brauche.
- ❑ wenn du mich wenigstens einen halben Tag mit Vorwürfen verschonst.

Gelten Ihnen «vorwurfsvolle» Blicke auch als Vorwürfe?

- ❑ wenn ich wieder einmal das Gefühl haben kann, dass du mich ernst nimmst.
- ❑ wenn ich nicht mehr jede deiner Berührungen als zielgerichtetes Sexmanöver empfinden muss.
- ❑ wenn du nicht die ganze Zeit um mich herumschleichst mit einem Bernhardinerblick.
- ❑ wenn wir uns auch tagsüber ab und zu liebevoll berühren.

«Liebevoll berühren»? – Wo denn?

- ❑ wenn du mit deinem Herumhängen nicht mehr eine so elende Stimmung verbreitest.
- ❑ wenn du endlich auf meine geruchempfindliche Nase Rücksicht nimmst.
- ❑ wenn ich spüre, dass du mich immer noch liebst.

Woran würden Sie's *«spüren»*?

- ❑ wenn wir's auch als Familie gut miteinander haben.

Was meinen Sie mit *«gut haben»*?

- ❑ ....
  ....

web 3 23 weitere Hindernisse

len Sie das wirklich? Sind Sie sicher, dass Sie diesen Preis für Ihre Klimavorstellungen bezahlen wollen? Wenn er Ihnen zu hoch vorkommt, sehen Sie sich jeden einzelnen der Sätze, die Sie angekreuzt haben, nochmal sorgfältig an. Ermitteln Sie die Voraussetzungen, die unbedingt, ohne Wenn und Aber, erfüllt sein müssen, damit Sie sich auf Sex mit Ihrer Partnerin einlassen können. Und auf welche Klimawünsche könnten Sie unter Umständen verzichten? Mit dieser abgespeckten Klimaliste dürften Sie in Verhandlungen mit ihr vermutlich mehr Chancen haben als mit der schweißtreibenden Globalforderung: *«Alles muss stimmen!»*

Versuchsweise für ein paar Wochen vielleicht?

Das Wetter machen Sie!

web Eine Menge Metaphern für die Beziehungsmeteorologie

Viele Leute, vor allem Frauen und Fachleute des Beziehungsbusiness, versuchen den anderen Leuten, vor allem Männern, beizubringen, dass gute Sexualität in einer festen Beziehung ihrer Natur nach nur eine Chance hat unter ausgesuchten klimatischen Bedingungen. *«Es»* muss stimmen, das Klima, das Atmosphärische, das Wetter. Sonst kann man Sex vergessen.

Sehen Sie den Widerspruch? Wenn Sie die Befindlichkeit in Ihrer Beziehung mit meteorologischen Bildern beschreiben, werden Sie vielleicht auch dazu neigen, das Eheklima ebenso als Folge externer Vorgänge zu empfinden wie das Wetter draußen. Das Wetter lässt sich praktisch nicht beeinflussen, nicht einmal zuverlässig vorhersagen. Wie wollen Sie eine Situation verändern und verbessern, die Sie gar nicht herbeigeführt haben? Sie sind das Opfer, die Stimmung wird vom anderen gemacht, er ist der Täter. Wenn Sie ihn fragen, werden Sie zu Ihrer Überraschung sehen: Für ihn ist es genauso evident wie für Sie: Er ist das Opfer, Sie der Täter. Also soweit das Auge reicht nur Opfer, nicht die Spur einer Täterschaft! Da kann etwas nicht stimmen.

Ihr Sex – ein exklusives Schönwetterprogramm? – Unpraktisch!

Absurd!

Wie kommen Sie heraus aus dem blockierenden Widerspruch? Wie überwinden Sie die Bilder und Erklärungsmodelle in Ihrem Kopf, die Sie zu matter Passivität, verzweifelter Erwartung oder vertrotzter Resignation verleiten? Wie entdecken Sie, was Sie persönlich zur Gestaltung der Paar-Atmosphäre beitragen und wie Sie Ihren Beitrag optimieren könnten?

Ich will Ihnen keine haltlosen Hoffnungen machen. Mir ist nicht entgangen, dass Mann und Frau bisweilen zu zweit Stimmungen produzieren, die sie beide schwer plagen und würgen und in starre Hilflosigkeit zwängen. Leider gelingt es manchmal auch mit sorgfältiger und engagierter professioneller Begleitung lange nicht, nur ansatzweise oder gar nicht, dass sich die beiden von ihren Vorstellungen darüber lösen können, wie ihr hartnäckiger Beziehungsmief entstanden ist, was ihn in Gang hält und wie ihm beizukommen wäre. Also ist keine Lösung in Sicht.

«Nicht die Dinge selbst beunruhigen uns, sondern die Meinungen, die wir über die Dinge haben.»
Epiktet (50–138 n. Chr.)

Wortlose Allwetter-Rituale

Keine Lösung, wirklich? Ein paar Paare haben mir erzählt, wie sie sich gelöst haben von der merkwürdigen Idee, dass man eigentlich nur bei schönem Wetter etwas tun könne fürs schöne Wetter – was man dann bekanntlich auch nicht tut, weil man es lieber «genießen» will, wenn's schon mal da ist. Bei mieser Stimmung, so denken viele Leute, bleibt eigentlich nicht viel anderes übrig, als abzuwarten, bis *«es»* wieder besser wird. Nicht so meine Informanten-Paare. Sie berichten von Ritualen, die jederzeit zur Verfügung stehen. Allen diesen Gewohnheiten ist gemeinsam, dass sie Allwetterprogramme sind, selbsterfunden und wohltuend wortlos.

Margarethe Schindler: Heute schon geküsst? – Paare brauchen Rituale. Freiburg: Herder 1997

Rituale erleichtern und schmücken meist die Übergänge im Leben, die großen und die kleinen.

➜ **Rita & Erich** (29 Jahre verheiratet, Typ streitbares Paar) treffen sich jeden Abend vor dem Einschlafen auf Erichs Seite des Doppelbettes; er nimmt Rita in seinen linken Arm, sie schmiegt sich an ihn und bettet ihren Kopf in die Mulde zwischen Erichs Schulter und Hals: «Müldeln» nennen sie das. Rita fühlt sich dabei immer vollkommen angenommen und geborgen; Erich sagt, selbst wenn sie zerstritten seien, überkomme ihn eine zuverlässige Beißhemmung und mache ihn weich bis ganz innen. Das wetterfeste Ritual dauert zwischen 5 und 10 Minuten; geredet wird dabei nicht.

Ein Bijou von einem Ritual!

→ **Myrtha & Rolf** (18 Jahre zusammenlebend) schlafen seit eh und je in ihren eigenen Zimmern; am Morgen schlüpft Rolf immer ins Bett seiner Partnerin (die gewöhnlich eine Stunde später aufsteht als er) und legt sich sacht mit seinem ganzen Gewicht auf sie, beide sind nackt. So verharren sie fast eine Viertelstunde. Myrtha genießt verschlafen die 74 Kilos, Rolf den weichen Körper unter sich. Sex wird nie draus, Wörter sind ebenso überflüssig.

Gute Paar-Rituale sind patentwürdig.

→ **Edith & Werner** (22 Jahre verheiratet, schlafen seit über 10 Jahren nicht mehr im gleichen Zimmer) haben ein eigenwilliges Morgenritual entwickelt – ohne je darüber oder währenddessen zu reden. Werner weckt seine Frau, indem er um 6.45 Uhr in ihr Zimmer kommt und das Fenster schließt. Dann bereitet er in der Küche das Frühstück. Punkt 7.00 Uhr bringt er das Tablett mit Kaffee und geschmiertem Brot ins Badezimmer, geht zurück in Ediths Zimmer, wo sie sich inzwischen verschlafen aufgerichtet und auf die Bettkante gesetzt hat. Er umfasst sie, zieht sie zu sich hoch, umschlingt sie mit seinen starken Armen und schleift sie zärtlich zum Badezimmer – er rückwärts, sie vorwärts, Brust an Brust, ihren Kopf an seine Schulter gelehnt. Vor dem Spiegel stellt er sie ab und lässt sie allein für Toilette und Frühstück. Um 7.30 Uhr verlassen sie gemeinsam das Haus. Einen Verlust oder Zerfall dieses Rituals können sich beide nicht vorstellen.

Was ein Ritual von hohler Routine unterscheidet: Man möchte es keinesfalls missen.

→ **Monika & Reto** (9 Jahre verheiratet) verabschieden sich am Morgen immer mit einer speziellen Umarmung: Nach ihrem Abschiedskuss langen sie einander mit ihrer rechten Hand an den Rücken und fahren langsam der Wirbelsäule entlang hinauf und hinunter. Erst als sie nach dem Sinn dieser Geste gefragt werden, wird ihnen klar, dass sie sich gegenseitig den Rücken stärken wollen für den Tag, der kommt.

→ **Henriette & Roland** (13 Jahre verheiratet) umarmen sich jedes Mal, wenn sie sich am Abend wiedersehen, unabhängig davon, wie turbulent es mit den Kindern rundherum zugeht. Vor zwei, drei Jahren haben sie entdeckt, dass sie der Begrüßungsroutine entgehen können, indem sie ihrer Umarmung eine kleine Überlänge zugeben – immer einen Atemzug länger, als zu erwarten wäre! In dem Augenblick werden sie sich bewusst: Diese unscheinbare Überlänge verhilft ihnen zu einem guten Start in den gemeinsamen Abend, sie setzt einen positiven Akzent.

➜ **Viele Paare** (ob kurz oder lange zusammenlebend) berichten, dass sie jeden Abend und jeden Morgen im Bett zusammen kuscheln und einander im Arm halten. Häufig drängen sie sich in der Löffelstellung (der eine hinter dem anderen) aneinander und genießen es beide – auch wenn ihnen Wert und Bedeutung dieses Rituals nicht wirklich bewusst sind, meist weil sie damit zu tun haben, der verblassten Sexualität nachzutrauern.

Unscheinbar, aber oho!

➜ **Brigitte & Simon** (30 Jahre verheiratet) lieben die Löffelstellung, er liegt immer hinter ihr. Häufig bauen sie sie aus zum «Garäschlen». Das geht so: Wenn er scharf wird, fährt er von hinten in sie ein – wie ein Auto in die Garage, aber nur mit der Eichel zwischen ihre Liebeslippen, nicht weiter, und bleibt dort unbewegt. «Richtig sexuell» ist das für die beiden nicht, einfach wohlig und wohlig einfach. Es kommt gelegentlich vor, dass sie von der Garage zur Tiefgarage wechseln – nach Absprache.

Hier die Ausnahme von der Regel: Die beiden sprechen ihr Ritual immer ausdrücklich vorher ab.

Wie Sie zu einem solchen Ritual kommen, das mitwirken könnte, Sie beide unbeschadet und manchmal sogar mit einer Prise Lust durch die Jahre zu bringen? Nachlesen können Sie das nirgends; hellsichtige Fachleute, die Ihnen zeigen, wie Sie's machen könnten, gibt es nicht – außer Sie selbst! Sie selbst wissen am besten, was Sie früher, in der Startphase Ihrer Beziehung oder etwas später, miteinander immer wieder gemacht und genossen und dann unterwegs verloren haben. Vielleicht lässt sich etwas wiederbeleben und dem Heute anpassen. Nur Sie selbst können herausfinden, welche angenehmen Gewohnheiten in Ihrem Paaralltag eingeflochten sind, von denen Sie nichts wissen. Wenn Sie sie identifizieren, haben Sie mehr davon.

Suchen Sie ihr Zusammenleben gemeinsam nach den verborgenen Schätzen ab.

Die Gelassenheit der Venus

Oder der hinduistische Liebesgott Shiva.

Ein Gedankenspiel: Stellen Sie sich vor, Sie sind eine antike Liebesgöttin, sagen wir die schaumgeborene Aphrodite, und Sie verspüren eines Tages deutlich, dass Sie Ihre sprichwörtlichen sexuellen Bedürfnisse einmal ausgiebig mit einem Sterblichen ausleben möchten. Also steigen Sie vom Olymp zu den gewöhnlichen Leuten hinunter und verbinden sich mit einem Menschen des anderen Geschlechts in einer Ehe. Ihr menschlicher Partner ist sexuell hoch begabt wie Sie, doch in einem Punkt unterscheidet er sich auffällig von Ihnen: Seine Sexualität ist stimmungsabhängig. Im Unterschied zu Ihnen: Sie können Ihre göttliche Sinnlichkeit und Erregung und Befriedigung immer und uneingeschränkt genießen, auch wenn Sie sich unmittelbar vorher in einem wüsten Auftritt verfangen hatten, weil Sie zum wiederholten Male so zerstreut gewesen waren, dass Sie vergaßen, die Toilette zu putzen, wie es Ihre Aufgabe gewesen wäre. *«Nach einem Krach ist Sex für mich unmöglich!»* stöhnt Ihr Partner immer wieder und weist Sie ab. *«Nur in einer stimmigen Atmosphäre werde ich überhaupt erregt.»* Zu Ihrem bassen Erstaunen kann es aber auch umgekehrt sein: Dem wüstesten Kampfgetümmel entsteigt Ihr Partnerphönix am wollüstigsten, und Sie verstehen gar nichts mehr.

In diesem Punkt sind Sie fast ein wenig unmenschlich!

Sie sehen, die Macht Ihres Göttercharmes ist begrenzt. Menschen sind meistens so konstruiert, dass sie Sexualität nicht losgelöst vom Beziehungszusammenhang praktizieren können – selbst wenn sie wollten. Wenn Sie also mit einem Sterblichen eindringliche Erlebnisse im Bett haben möchten, und zwar über längere Zeit, dann ist die kürzeste Verbindung zu ihm der Umweg über das Klimathema. Machen Sie die klimatischen Bedingungen in Ihrer Beziehung zum Gegenstand eines Gesprächs. Doch überfordern Sie sich nicht: Wählen Sie aus der folgenden Fragenliste einen Punkt oder zwei und seien Sie neugierig und interessiert – wie es sich für eine Gottheit gehört!

Die wartungsfreie Beziehung: Ein stummer Wunschtraum.

Klima-Gipfel: Verhandlungsthemen zur Auswahl

1. «Ich möchte wissen, was dich drückt. Hat es mit mir zu tun?»
2. «Unsere hausgemachte Stimmung ist seit einigen Wochen verstopft, scheint mir. Wir sollten wieder einmal aufräumen. Hilfst du?»
3. «Immer wenn du dich so zurückziehst wie in den letzten Tagen, vermute ich, du hast wieder speziell Mühe mit mir. Stimmt das?»
4. «Ich möchte nicht, dass wir diesmal wieder über eine Woche brauchen, bis wir nach dem großen Krach aus unserem Stimmungstief heraus sind. Kommst du mit an die frische Luft auf einen Spaziergang? Erzähl mir doch als Erstes, wie das war für dich vorgestern! Und seither.»
5. «Du wirst es nicht glauben: Ich habe Schiss vor dir. Ich weiß nämlich nicht, was du gegen mich hast… Sag mir doch bitte, was es ist…»
6. «Unser Sex schläft seit langem den Schlaf des Gerechten. Was wäre wohl nötig, um ihn wieder zu neuem Leben zu erwecken, was meinst du?»
7. ....
....

Vorsicht! Nicht einfach losplatzen! Ihre Klimakonferenz braucht einen geeigneten Rahmen.

Jeder der Anstöße ist anstößig & aufrecht, lösungsorientiert & zuversichtlich.

Hier ist Platz für Ihren eigenen Tagesordnungspunkt!

web 5 – 5 weitere Themen für Ihren Klima-Gipfel

Sehen Sie sich in der klassischen Rolle der irdischen Frau, die viel häufiger, als ihr lieb ist, auf irdische Fleischeslüste verzichten muss, weil die Großwetterlage in der Beziehung sie vermasselt? Hätten Sie liebend gerne Sex mit Ihrem Göttergatten, wenn rundherum und insgesamt mehr *«stimmen»* würde zwischen Ihnen beiden? Sie fühlen sich als Opfer: Wenn Sie nur könnten, würden Sie schon… Kommt dazu: Ihr Partner, der Göttliche, kann auch nicht! Er ist in dieser Hinsicht voll von Ihnen abhängig: Hier sitzen *Sie* an den Schalthebeln – aus seiner Sicht. Natürlich stimmt beides nicht wirklich; weder Sie noch er *«können nichts dafür»*. Ganz im Gegenteil. Sie haben sich die unerotische Stimmung gemeinsam angerichtet, wer denn sonst? Und Sie richten sie sich jeden Tag neu an, Sie und er.

«Das Wort begleitet, lindert und überhöht unser Leben.» Wolf Schneider

Wie stellen Sie sich Ihre «erotische Wunschstimmung» genau vor?

Machen Sie sich frei – im Kopf!

Eine Menge wetterwirksamer Anregungen in Jennifer Louden: Tut euch gut! Das Wohlfühlbuch für Paare. Freiburg: Hermann Bauer 1996

Wie Sie gewitzter dafür sorgen könnten, dass Sie beide die Wettermacher in Ihrer Beziehung werden, dürfte ein spannendes Projekt für Sie beide werden. Bis es so weit ist, hätte ich eine verwegene Idee für Sie. Tun Sie kurzerhand, als ob! Als ob Sie für einmal allein die Macht hätten, zu bestimmen, wann Sie zu Sex kommen und wann nicht. Als ob Sie aus unerfindlichen Gründen plötzlich unabhängig wären von den unpraktischen Witterungsbedingungen. Als ob Sie selber eine Liebesgöttin wären, über atmosphärische Trübungen erhaben. Als hätten Sie in Ihrem Kopf einen Knopf mit der Beschriftung *«Klimaabhängigkeit AUS»*, als drückten Sie ihn ein einziges Mal und könnten's göttlich genießen!

Kinder lieben es, spielerisch zu tun, als ob. Sexualität lebt vom Spiel.

Ganz klar, einen solchen Schalter haben Sie nicht. Es bleibt dabei: Sex können Sie nur machen, wenn *«es»*, das heißt möglichst *«alles»* stimmt. Das ist menschlich. Aber typisch menschlich ist auch, dass Sie darüber hinaus noch ein klein wenig zusätzlichen Spielraum haben. Sie können sich die spielerische Freiheit nehmen, zu tun als ob. Und Sie sind frei, Ihren Partner darüber zu informieren, dass Sie einmal so tun wollen, als ob – vorher oder erst nachher, wie Sie wollen. Oder Sie können ihn damit verblüffen, indem Sie's tun, kurzerhand und ohne sich zu verraten. Einfach weil Sie neugierig sind: Was geschieht, wenn ich ein fundamentales Dogma ausnahmsweise und unerwartet und spielend außer Kraft setze? Vielleicht eröffnen Ihnen neue Erfahrungen neue Verhandlungsspielräume in Ihrer Beziehung, von denen Sie jetzt noch gar nichts wissen.

Verhandlungen über Erotisches sind selber erotisch.

Denn um Verhandlungen werden Sie ziemlich sicher nicht herumkommen, sofern Sie an wonnigem Sex – länger als zwei, drei Monate – interessiert sind. Sex ist ein Gesamtkunstwerk, an dem gewöhnlich zwei Leute beteiligt sind, häufig ein Mann und eine Frau. Männer und Frauen ziehen sich zwar wechselseitig an, aber sowie sie sich nahe kommen, beginnen auch schon die trüben Unwägbarkeiten. Es zeigt sich immer deutlicher, wie verschieden die beiden offenbar sind. Aber wie genau? Was denkt der andere wirklich? Was möchte er eigentlich? Kann ich ihm trauen? Was verletzt ihn und wie? Was verträgt er und was nicht? Scheuche ich seine Scham auf, ohne es zu merken? Fehlt die sorgfältige und beharrliche Verständigung, so kann ich mir sein Inneres nicht mehr zuverlässig vorstellen, er wird für mich zu einem unwegsamen Gelände, das mich beunruhigt und verängstigt, weil es mir manchmal vermint vorkommt. Und umgekehrt wohl ebenso: Ich bin undurchsichtig für den anderen. Die Angst vor dem Thema Sexualität und vor dem anderen schnürt uns beiden die Kehle zu. Wir ducken uns.

«Du siehst die Weste, nicht das Herz.»
Wilhelm Busch: Sein und Schein

Das Schweigen brechen – wie?

Ich kann mir vorstellen, dass Sie es sich beim besten Willen nicht vorstellen können, wie Sie Ihren Sex auf den Verhandlungstisch bringen könnten. Für einen naiven Außenstehenden sieht das unauffällig simpel aus: Just do it! Fang doch einfach damit an, wie bei anderen Themen auch! – Mit Naivität ist Ihnen allerdings jetzt nicht gedient; was Sie brauchen, sind Verhandlungskompetenz und soziale Fertigkeiten, mit deren Hilfe Sie Ängstlichkeit, Scham und Versagensideen so weit erträglich machen können, dass Sie handlungsfähig werden.

«Über Sex quatscht man nicht. Sex macht man.»
Stammtisch-quatsch

Der erste Schritt hat es in sich, er ist der anspruchsvollste. Sie brechen das Schweigen und verstoßen damit gegen eine unausgesprochene Übereinkunft, gegen ein stumm-einvernehmlich verhängtes Redeverbot, mit dem Sie sich beide vor Verletzungen schützen. Das Schweigen ist nicht etwa sinnlos, sicher eine Zeit lang. Doch der Preis ist hoch: Sie bringen damit allmählich auch die erotische Musik zwischen Ihnen beiden zum Verstummen.

Tabus dienten ursprünglich dazu, durch übernatürliche Macht bewirktes Unheil zu vermeiden.

Nehmen wir an, Sie wollen endlich heraus mit Ihrem Thema und sind unsicher und ratlos, wie. Wie gelingt Ihnen der Sprung ins kalte Wasser? Welche erleichternden Bedingungen könnten Sie sich schaffen? Was brauchen Sie konkret, um

Nehmen Sie die Schwelle mit Hilfe einer Zwischenschwelle.

Mehr als 60 Minuten am Stück über Sex reden? – Eine Zumutung!

Statt: *«Dein 5-Minuten-Rauf-und-Runter-Sex ist mir zuwider!»*

Hinein ins Coming-out

- ➔ Der erste Schritt erscheint Ihnen als der schwierigste. Sie wissen nicht, wie Sie ein notwendiges Gespräch in Gang setzen könnten, weil Sie Angst haben, sich überfordert oder schuldig fühlen, unsicher oder verwirrt sind, sich schämen, die nötigen Wörter und Sätze nicht zur Hand haben, zu sehr unter Druck oder verloren sind, bestimmt ein Black-out haben werden, sich bisher immer auf des Partners Initiative verlassen konnten, hierin ungeübt sind. Jetzt machen Sie es sich einfach: Sie sagen ihm kurzerhand, dass Ihnen der erste Schritt unsäglich schwer fällt, weil …
- ➔ Sie platzen nicht irgendwo und irgendwann heraus mit dem heißen Eisen. Sie kündigen vorher (tags zuvor, am Morgen) an, dass Sie, bitte, einen Moment zum Reden brauchen, und sichern sich so das ungestörte Interesse des anderen.
- ➔ Statt auf einen *«günstigen Moment»* für ein Gespräch zu warten, schaffen Sie sich einen: Spaziergang, Essen auswärts, Mittagskaffee, im Eisenbahnabteil, Wochenendausflug, freies Wochenende zu Hause, Urlaubstage.
- ➔ Sie schätzen, wie viel Zeit Sie für die Besprechung Ihres Anliegens brauchen, und machen dem anderen den Vorschlag, den vereinbarten Zeitrahmen nicht zu sprengen.
- ➔ Sie fädeln geschickt ein: Eine Sex & Crime-Zeitungsmeldung, eine schillernde Filmszene, eine schräge Talkshow-Passage, eine reizende Klatsch & Tratsch-Neuigkeit, eine unverschämte Traumsequenz, ein augenzwinkerndes Plakat oder Inserat könnte sich als unverdächtige Einstiegshilfe anbieten.
- ➔ Sie legen sich innerlich auf ein einziges Thema fest und schlagen Ihrer Partnerin vor, bei diesem einen Tagesordnungspunkt zu bleiben und nicht uferlos auszufransen in andere Themen.
- ➔ Wenn Sie die Gesprächsinitiative ergreifen, formulieren Sie auch gleich mit, was Sie mit Ihrem Vorstoß erreichen möchten. Drücken Sie sich positiv und konkret aus *(«Schön wär's für mich, wenn wir vorläufig keinen Sex mehr ansteuern würden, für den wir nicht mindestens anderthalb Stunden Zeit haben.»).*
- ➔ Sie sagen Ihrer Partnerin, dass Sie Angst vor ihr (vor dem heiklen Thema, vor dem möglicherweise entgleisenden Gespräch)

haben. Fügen Sie hinzu, was Sie ihr zur Handhabung Ihrer Verzagtheit vorschlagen möchten.

➜ Grundsätzlich ist jeder Vorwurf ein ungeschickt verpackter Wunsch, ein etwas verunglückter Impuls, die Qualität der Beziehung zu heben. Das ist der Grund, warum es keine *«unberechtigten»* Vorwürfe gibt. Doch erfahrungsgemäß haben Wünsche bessere Chancen als Vorwürfe.

Können Sie den Wunsch aus dem Vorwurf heraushören?

➜ Sie haben gute Erfahrungen gemacht mit schriftlichen Gesprächsanstößen (Brief, Zettel, E-Mail)? Oder noch gar keine? Vielleicht ist's eine gute Idee!

➜ Und das Telefon? Möglicherweise haben Sie fernmündlich einen guten Draht zueinander und ließen ihn bisher unentdeckt oder ungenutzt.

➜ Sie erkunden die Rolle, die die Augen gewöhnlich bei anspruchsvollen Gesprächen spielen: Schauen Sie sich an oder nicht? Oder nur einer von beiden? Wie geht es Ihnen dabei: Fühlen Sie sich von Ihrem Blickkontakt unterstützt? Irritiert? Abgelenkt? Gut begleitet? Aufgespießt? Verunsichert? Bearg-wöhnt? Beschwert? Beruhigt? – Sie versuchen, Ihre Gesprächssituation entsprechend einzurichten.

Manchmal ist der Augen-Blick nicht so gut wie sein Ruf.

➜ Sie fürchten wüste Abstürze, wenn Sie sich aufs Gesprächsglatteis mit Ihrem Partner wagen würden, und wünschten sich eine Begleitperson, die Sie beide beim Reden coacht oder moderiert.

Wen?

➜ Sie haben auffallend unterschiedliche Erfahrungen gemacht mit verschiedenen Gesprächsschauplätzen: Wohnzimmer, vor dem Fernseher, Küche, Badezimmer, WC, Bett, draußen, Restaurant, Auto, Berge, Arbeitsplatz, Eisenbahn, Wald, Schaufensterbummel, Hotelzimmer. Jetzt gelüstet es Sie nach einem neuen Versuch.

Vorschlagen, verhandeln, vereinbaren!

➜ Sie schlagen vor, dass pro Gesprächstermin nur einer von Ihnen beiden redet, seine Sicht der Dinge darstellt und seine Wünsche formuliert, während der andere zuhört. Das nächste Mal tauschen Sie die Rollen.

Anspruchsvoll, sehr! Unterschätzen Sie's nicht!

➜ ....
....

das lähmende Schweigen zu schmelzen? Vielleicht finden Sie unter den Ideen die eine oder andere brauchbare Einstiegshilfe.

«Zwei Jahre braucht der Mensch, um das Sprechen, ein Leben lang, um das Schweigen zu lernen.» Ernest Hemingway

Bevor Sie das Schweigen brechen, sollten Sie die Gelegenheit nutzen und sich in der Stille ein paar Gedanken durch den Kopf gehen lassen. Möglicherweise ist nämlich das «Brechen» des Schweigens nicht das Gelbe vom Ei. «Brechen» klingt übereilt, fast gewalttätig. Wenn also Ihr Schweigen schon ein paar Jahre gedauert hat, brauchen Sie Ihr Outing jetzt nicht zu überstürzen. Schweigen ist dann Gold, wenn das Reden sinnlos oder gar verheerend wäre.

Sehen Sie sich die Feststellungen auf der nächsten Seite an, und überlegen Sie, welchen Sie zustimmen können.

«Schweigen ist die zweckmäßigste Haltung für den, der sich seiner selbst nicht sicher fühlt.» La Rochefoucauld

Wetten, Sie werden zwei oder mehr Punkte ankreuzen! Dann bin ich froh für Sie, dass Sie so zurückhaltend und ängstlich sind und zögern, mutwillig den Mund aufzumachen. Bereits ein einziges der zehn Motive macht es verständlich und ratsam, dass Sie sich nicht kopflos in das Abenteuer eines unübersichtlichen Gesprächs über Brisantes stürzen, sondern vorerst auf Ihrem Anliegen sitzen bleiben. Sie riskieren zu viel, zumindest zu viel altbekannten Frust.

Warum das? Entweder ist Ihre Gesprächsmotivation nicht lupenrein, Sie erwarten Übermäßiges vom Partner, oder Sie haben unrealistische Ideen übers Reden. Das wird Ihre hochfliegenden Hoffnungen zum Absturz bringen.

Sprache schafft die innere Distanz, die Sie unbedingt brauchen, um etwas zu verändern.

Was können Sie tun? Weiter warten? Abschlaffen und resignieren? Ganz aufgeben? Oder das Ganze packen und übers Knie brechen? Das sind immerhin drei Möglichkeiten, alle mit Vor- & Nachteilen, versteht sich. Und da wär' noch etwas Viertes möglich: Sie könnten sich jede einzelne der Feststellungen vornehmen, die Sie angekreuzt haben, und sich vorstellen, Sie hätten sie *nicht* angekreuzt! Gestatten Sie sich für ein paar Augenblicke die Freiheit zu phantasieren, Sie glaubten überhaupt nicht an diese Lehrsätze und sorgten dafür, dass sie sich in Luft auflösen. Oder Sie können auch den Versuch machen, die Dogmen listig in ihr Gegenteil zu verkehren. Entdecken Sie für

Reden oder schweigen?

Kreuzen Sie an, wo Sie einverstanden sind.

- ❑ «Ich erhoffe mir von einem Gespräch, mich zu entlasten, indem mein Partner sein Teil an Belastung übernimmt.»
- ❑ «Ich habe mir noch nie überlegt, wie sich unsere Sexualität von jetzt an positiv verändern könnte. Ich bin einfach unzufrieden und möchte das dem anderen endlich sagen.»
- ❑ «Ich möchte, dass der Partner mich besser versteht, sodass ich ihm mit gutem Gefühl entgegenkommen kann, zum Beispiel im Sex.»

«Besser verstehen» – wie machen Sie das?

- ❑ «Bisher hat sie sich mit ihrem Schweigen einfach durchgesetzt, und ich hatte immer das Nachsehen mit meinem Wunsch, endlich zu reden. Aber jetzt bin ich dran!»
- ❑ «Es bleibt mir nichts anderes übrig, als immer den Anfang zu machen. Mein Partner würde ja niemals von sich aus ein Beziehungsthema auf den Tisch bringen.»

Ah, Sie sind begabt, Gespräche in Gang zu setzen!

- ❑ «Ich möchte beim Reden ganz offen sein. Ich bin mir nämlich sicher, dass man lügt, wenn man gewisse Dinge verschweigt. Nur restlose Ehrlichkeit bringt Vertrauen.»
- ❑ «Probleme lassen sich lösen, wenn man die Gründe versteht, die dafür verantwortlich sind.»
- ❑ «Eigentlich ist Reden nur eine fragwürdige Flickübung. Wenn man sich liebt, kommt man gar nicht in schwere Probleme hinein.»
- ❑ «Genau genommen habe ich die Erfahrung gemacht, dass Reden die Dinge kompliziert, statt sie zu lösen. Aber das darf doch nicht wahr sein!»
- ❑ «Ich möchte meinem Herzen einfach mal Luft machen und nichts zurückhalten!»

In über 80 Prozent der Ehen versucht die Frau die heiklen Themen anzusprechen; die Männer weichen aus.

web 6
8 weitere fragwürdige Gesprächsmotive

sich, was in Ihrem Hirn geschieht, wenn Sie mit Ihren heiligen Privatwahrheiten spielerisch und respektlos sprachlich herumjonglieren. Vielleicht kommen Sie mit Ihrem Partner besser zurecht, wenn Sie sie relativieren, umdrehen, entschärfen, aufweichen, auf den Kopf stellen oder ganz fallen lassen.

«Wir streben nach dem Unerreichbaren und verhindern so die Verwirklichung des Möglichen.»
Robert Ardrey

Redselig wie Verliebte

Reden ist der Klimafaktor Nr. 1 für guten Sex. Sagen viele Frauen (*«Wenn ich nicht mit ihm reden kann, liegt Sex für mich praktisch nicht drin.»*). Die meisten Männer wissen das und sind überfordert. Denn, ach, Reden mit ihrer Frau kommt ihnen vor, wie wenn sie an den Haaren hineingezerrt würden in einen heimtückischen Sumpf, in dem man mit allerhand Ungemach, Schimpf und Schande, Peinlichkeit und Pein, Klagen und Anklagen plus bösen Überraschungen rechnen muss. Obendrein geben die Ergebnisse der «Gespräche» ihrem Widerstand Recht: Viel schaut meist nicht heraus. Ganz im Gegenteil: Man dreht sich gequält und müde im Kreis und gibt schließlich auf, einmal mehr.

«Er will Sex, sie will reden.» Klischee, halbwahr

Leider spuckt das Gespräch das Zweier-Ticket für das Gelobte Land der innigen Begehrlichkeit nicht mehr als Belohnung aus. Dabei war das einmal süße Realität gewesen. Damals, als man noch verliebt war, hatte man die beziehungsstiftende Kraft der Wörter an Leib und Seele erfahren, ohne zu wissen, dass alle Verliebten so viel reden und ihrer Redseligkeit so viel Seligkeit verdanken. Reden, reden – reden Tag und Nacht, das war das Größte!

Seit vier oder mehr Jahren keine beziehungsrelevanten Gespräche mehr erlebt, die nicht wenigstens mit Erleichterung endeten, für beide? – Vielleicht wäre ein professioneller Gesprächsmoderator eine gute Idee.

Inzwischen ist die Beziehung wortknapp geworden. Knapp sind die Wörter, die potent genug sind, das Betriebsklima in Haus und Bett günstig zu beeinflussen. Natürlich gibt es niemanden, der das nicht bedauern würde. Manche Leute mögen zwar Regen und Nebel und nennen das ihr «schönes Wetter»; doch an chronisch ruppiges und unwirtliches Beziehungsklima kann man sich nicht gewöhnen. Keinem Menschen, auch dem souveränsten Fassadenmann, gelingt es, sein Fernweh nach einer verspielten zweisamen Atmosphäre ganz zu betäuben. Die meisten wissen, ahnen – oder fürchten wenigstens, dass menschliche Sexualität ein Gesamtkunstwerk ist. So unpraktisch und aufwändig es vielen Leuten vorkommen mag: eine leidlich durchlässige Sprachverbindung zwischen Frau und Mann kommt deren Näheerlebnissen meist spürbar zu-

Nietzsche erkannte die *«Ehe als langes Gespräch»*.

statten, vermutlich eben als eines der wirksamsten Klima-Elemente. Ist ja eigentlich nur logisch: Zwei, die in ihrem persönlichen Austausch vertrocknet sind oder verstopft, verknotet, verdreht, vermurkst, verrostet, verstrickt, verstimmt oder verstummt – solche Zwei werden sich wahrscheinlich nicht finden in Lust und Erregung, von Wundern abgesehen.

Viele unglückliche Paare stummen sich an. Viele verdreschen sich mit Wörtern.

Infarktgefährdete Verbindungen zwischen Mann und Frau leitfähig zu machen kann ein mühseliges Vorhaben sein und in so etwas wie Schwerarbeit ausarten. Guter Wille allein reicht fast nie, Ratschläge gar nie, Bücher selten. Was Sie hingegen gut brauchen können, sind Frust und Verdrossenheit. Wenn Sie die Nase voll haben von Beziehungsödnis und Herzensferne, werden Sie wach und empfänglich für Neues, neugierig und begierig auf unscheinbare Schleichwege, abseits der Trampelpfade, die bisher allesamt immer in die ausweglose Enge führten.

«Das letzte Wort hat die Sprache.» Heinz Piontek

Reden, reden … Und wer hört zu?

Reden ist Gold. Schweigen auch.

Vielleicht haben Sie Glück. Kann doch sein, dass Sie nicht oder nicht gut genug «reden» können mit Ihrer Partnerin und darunter leiden. Vermutlich auch indirekt, in Form von erotischer Flaute. Doch von der anderen Hälfte der Sprache wissen Sie nichts oder nicht viel: vom Zuhören. Möglicherweise denken oder sagen Sie manchmal Sätze wie: *«Ich muss unbedingt mit dir reden!»* Oder *«Unsere Gespräche kommen zu kurz.»* Oder *«Das habe ich dir schon hundertmal gesagt.»* Oder *«Offenbar bin ich unfähig, mich richtig auszudrücken …»* Oder *«Wir können eigentlich ganz gut miteinander reden, aber wir kommen kein bisschen weiter.»*

Sprache ist Hoffnung, gehört zu werden.

Wenn Sie etwas Glück haben, liegt Ihre Chance auf der Rückseite der Sprache, außerhalb des Brennpunktes der allgemeinen Aufmerksamkeit. Darum kennen Sie sie noch kaum oder gar nicht. Sender & Sendungen sind in allen Lebensbereichen inflationär und laut, von Empfang & Empfängern indes hört man wenig. Zuhören – die rohstoffreiche, aber unentwickelte Beziehungs-Hemisphäre!

Das Zuhören könnte sich als eigentliche Goldader Ihrer Beziehung entdecken lassen. Bevor Sie zu schürfen anfangen, versuchen Sie sich mit der einen oder anderen Vorübung, die Sie ans Neue heranbringen könnte.

Zuhören ist lernbar.

Fingerübungen in Horchen

❶ Zuhören, wie andere «zuhören».

Spitzen Sie heute unauffällig die Ohren, wann und wo immer Sie zwei Leute miteinander reden hören, am Nebentisch im Restaurant, im benachbarten Zugabteil, auf der Straße, beim Warten irgendwo, auf einem Fest oder einer Feier, im Treppenhaus. Beobachten Sie sorgfältig, wie sie das machen: Einer erzählt etwas von sich, der andere fügt unvermittelt ein Stück Selbsterlebtes an, bis der Erste ihn wieder stoppt mit der Fortsetzung seiner eigenen Geschichte.

«Lerne zuhören, und du wirst auch von denjenigen Nutzen ziehen, die dummes Zeug reden.» Plato

Beispiel

A: «Seit heute Morgen kann ich fast nicht mehr aufrecht stehen. Ah, mein Rücken …! Hier hinten im Kreuz … aahh!»

B: «Ja, genau da im Kreuz, das kenne ich. Es sticht wie mit Nadeln.»

A: «Bei mir zieht und brennt es grausam. Ich spür's bis zu den Fersen hinunter.»

B: «Mein Mann sagt, bei ihm komme das Stechen immer vom Nacken her.»

A: «Das habe ich früher auch immer gemeint. Aber seit meinem Hexenschuss weiß ich, dass ich beim Bücken aufpassen muss.»

B: «Bücken ist nicht das Problem, glaube ich. Beim Sitzen hingegen sticht's mich so schlimm.»

❷ Zuhören, wie Sie selbst «zuhören».

Gehen Sie gelassen zu Werk: Ändern Sie vorerst gar nichts an Ihren Hörgewohnheiten, schon gar nicht an jenen Ihrer Partnerin (dort haben Sie eh Null Einfluss!). Hören Sie einfach sich selber zu, wenn Sie mit jemandem reden. Sobald Sie ein wenig fortgeschritten sind, erschweren Sie Ihren Selbstversuch bei Gesprächen mit Ihrer Partnerin. Registrieren Sie in aller Ruhe, dass Sie Ihrem Gegenüber genauso nicht zuhören wie Ihre Versuchspersonen bei der Fingerübung 1.

Die meisten «Gespräche» bestehen darin, dass man sich gegenseitig die Stichworte wegschnappt, um die eigenen Geschichten daran aufzuhängen.

❸ Was tun Sie, statt zuzuhören?

Seien Sie neugierig: Wenn der andere mit Ihnen über ein heikles Beziehungsthema redet, das heißt von sich persönlich erzählt, sind Sie nicht etwa untätig. Ihr Kopf arbeitet auf Hochtouren. Beobachten Sie präzis, was Sie denken und tun, während der andere redet. Kreuzen Sie Ihre Lieblingsbeschäftigungen an.

❒ Ich kontrolliere angestrengt, ob alles stimmt, was er sagt.
❒ Ich bereite meine Antwort vor.
❒ Ich ärgere mich.
❒ *«Shit! Jetzt habe ich vorhin die Kreditkarte im Automaten stecken lassen… Was mache ich jetzt?»*
❒ Ich kämpfe gegen meine Tränen oder warte darauf.
❒ Ich stimme innerlich zu oder bin dagegen.
❒ *«Immer soll ich mich ändern! Das kann ich nicht.»*
❒ Mir wird klar, woran's liegt.
❒ *«Ich finde, sie jammert zu viel.»*
❒ Ich verdrehe die Augen.
❒ Ich warte ungeduldig auf eine Lücke für meinen nächsten Einsatz.
❒ *«Typisch Frau.»*
❒ Ich trommle mit den Fingern auf die Armlehne.
❒ Ich bin ganz woanders.
❒ *«Jetzt ist er natürlich wieder beleidigt. Widerlich!»*
❒ *«Wie soll ich mit all dem einverstanden sein, ohne mich zu vergewaltigen?»*
❒ *«Alles Unterstellungen!»*
❒ Ich schweige demonstrativ oder standhaft.
❒ Ich werde traurig, resigniert, ratlos und dergleichen.
❒ Ich fahnde nach einem Lösungsansatz.
❒ ....
....

Verwechseln Sie das alles nicht mit Zuhören!

Zuhören ist die anstrengendste Form von Liebe.

web 7 111 weitere Beschäftigungen während des «Zuhörens»

Eigenkreationen?

Ein paar Kreuze hat's auch bei Ihnen abgesetzt, hoffe ich. Sonst wären Sie nicht der liebenswürdige und grundehrliche Mensch, der Sie sind. Sie hatten es nämlich mit einem Ausschnitt aus dem klassischen Panoptikum ortsüblicher «Zuhörer»-Reaktionen in Beziehungs-«Gesprächen» zu tun. Hierzulande ist völlig normal, sich in einer von tausend möglichen Arten angegriffen zu fühlen, wenn der Partner etwas sagt, was unangenehm klingt und von den eigenen Vorstellungen – vor allem über die eigene Person – abweicht. Der innere Zwang, den anderen korrigieren und sich selbst verteidigen zu *müssen*, ist überwältigend. Diese Populär-Paranoia kommt in der «Internationalen Klassifikation psychischer Störungen» (ICD-10) der Weltgesundheitsorganisation WHO nicht vor. Sie ist keine psychische Krankheit, sondern eine unspektakuläre, aber epidemisch verbreitete Stoffwechselstörung in nahen Beziehungen. Betroffene Beziehungen bekommen nach und nach keine Luft mehr und ersticken schließlich an sich selbst.

Der Klassiker zum Thema Zuhören von Michael Lukas Moeller: Die Wahrheit beginnt zu zweit. Das Paar im Gespräch. Reinbek: Rowohlt 1988

Erschienen im Verlag Hans Huber, Bern & Göttingen 1997

Ich hoffe wirklich für Sie, dass Sie vorhin möglichst viele Kreuze setzen durften. Wahrscheinlich glaubten Sie bis heute, Ihre Qualitäten als Zuhörer seien durchschnittlich bis gut. Vielleicht wussten Sie es nicht: Jeder der 21 Sätze verrät, dass Sie nicht zuhören. Wenn Sie nun zum Beispiel zwei oder drei «Zuhörer»-Reaktionen aus der Liste angestrichen haben, wird Ihnen vielleicht bewusst, wie unermüdlich geschäftig Sie sind während des «Zuhörens». Sie haben alle Hände voll zu tun, dass alles seine Richtigkeit hat und behält und Ihre Ehre nicht angetastet wird; Sie kommen beim besten Willen nicht zum Zuhören. Ein Übermensch sind Sie nicht; denn niemand kann andächtig und hoch konzentriert darauf bedacht sein, dass seine Kirche im Dorf bleibt, und gleichzeitig auf seinen Partner eingehen. Ein Mensch, der *weiß* oder immerhin mutmaßt, dass er ein ungeübter Zuhörer und darum eine Zumutung ist für sein Gegenüber, erweist sich als viel angenehmerer Partner als einer, der im tragischen Irrtum befangen ist, er verstehe (und kenne!) seine Partnerin so seelentief wie sonst keiner unter der Sonne.

Kennen Sie den inneren Zwang, immer etwas «dazu» sagen zu müssen, kaum hat der andere seinen Gedanken ausgedrückt?

«Langweiler: ein Mensch, der redet, wenn man wünscht, dass er zuhört.» Ambrose Bierce

«Es braucht immer zwei für eine gute Beziehung», heißt es zu Recht. Das stimmt wirklich, aber in einem Punkt irrt die Volksseele: Das Zuhören schaffen Sie ganz allein. Sie sind weder auf die gutwillige Unterstützung noch auf die wohlwollende Mitwirkung Ihrer Partnerin angewiesen; Sie können noch heute damit anfangen und auch subito in den Genuss der unvermeidlichen Klimaverbesserungen kommen. Niemand vermag sich den günstigen atmosphärischen Auswirkungen offener Ohren zu entziehen. Zuhören ist hoch ansteckend.

Nicht-Zuhören übrigens auch.

Also, worauf warten Sie? Doch nicht etwa darauf, dass Ihre Partnerin Ihnen endlich zuhört und Sie versteht! Das war bis heute so und hat Ihnen eigentlich nur Frust beschert; jetzt sorgen Sie selbst dafür, dass Sie besser atmen können in Ihrer Beziehung; denn Zuhören bringt in Ihre Beziehung den nötigen Sauerstoff.

Das klingt jetzt alles etwas arg einfach, als ob Sie bloß mit den Fingern zu schnippen und sich dann in den Hintern zu kneifen bräuchten, um eine begnadete Zuhörerin zu werden. Ich will ehrlich sein: Es gelingt mir manchmal nicht einmal in einer langwierigen Paartherapie, die Zwei zu der Lust zu verlocken, ihre Ohren als vorgelagerte erogene Zone zu entdecken. Manche Paare brauchen den immerwährenden Machttrip und beziehen daraus ihren eigenwilligen Psycho-Kick.

Zuhören finden Sie anstrengend? Im Vergleich zum Nicht-Zuhören ist's richtig erholsam. Finde ich.

Bei Ihnen ist das anders. Sie konzentrieren sich im Moment auf die paar Kreuze, die Sie sich vorhin verliehen haben, und natürlich auf die gehobenen Ansprüche, die Sie an Ihre Beziehung haben. Dabei hüten Sie sich vor überrissenen Erwartungen. Sie wissen, dass Sie Ihres Beziehungsklimas Schöpfer sind – wer denn sonst? – und dass sich die Dinge nicht von heute auf morgen auf Paradieskurs zwingen lassen. Sie sind auch nur ein Mensch, immerhin neugierig und interessiert, also experimentierfreudig!

«Das Ohr sagt mehr als jede Zunge.»
W. S. Graham: The Hill of Intrusion

Hörhilfen

Entdecken Sie Ihre Hörlust!

Die ganz große Totalsanierung Ihrer Paarkommunikation wird's nicht werden. «Gute» Vorsätze gehören zum volkstümlichen Unterhaltungsprogramm einer Silvesternacht, sie sind zu schlaff und verschwommen, um irgendetwas zu bewegen. Hier in diesem Kapitel richten Sie nicht mit der Bagger-Kelle an. Wenn es Sie gelüstet, gehen Sie von einer Hörhilfen-Idee zur nächsten, wie Sie im Restaurant die Speisekarte genießerisch studieren und – vielleicht – eine Wahl treffen. Es kann bereits ein anregendes Vergnügen sein, sich's mit der Karte wohl sein zu lassen und schließlich gar nichts oder anderswo zu bestellen. Hier ist das auch so, mit dem alles entscheidenden Unterschied: Was Sie am Ende essen, kochen & servieren Sie selber.

Mr. Mumpfaul & Mrs. Stocktaub – das Traumpaar aus «Szenen einer Wunderehe»

Klar, dass Sie niemanden über Ihre Versuche informieren, ganz sicher nicht Ihre Partnerin. Damit Sie sich frei fühlen können! Und damit Sie die energiefressenden Erwartungen auf Diät setzen, die Sie vielleicht insgeheim immer noch nähren. Sie nehmen jetzt die Dinge selbst und selbstverantwortlich in die Hand, ohne auf den anderen zu schielen.

Hörhilfe 1: Schweigen Sie!

Sie hören viel mehr, wenn Sie selber schweigen.

Stellen Sie sich vor, Sie geraten mit Ihrem Partner – beileibe nicht das erste Mal – in eine leidige Diskussion über ein traditionell zähes Thema. Plötzlich wird Ihnen klar, wie's wieder laufen und wo's am Schluss enden wird: im bösartigen Gemüsegestrüpp. Beide geben sich eine Heidenmühe, dem anderen irgend etwas «Wichtiges» klarzumachen, ohne jede Aussicht auf Erfolg. Doch jetzt versuchen Sie eine kleine, aber feine neue Zugabe: Sie schweigen. Ja, nur das, sonst nichts. Und Sie schauen, was sich jetzt verändert. Beginnen Sie mit einer Testlänge von zwei Minuten, steigern Sie sich sachte.

«Was aber ist weniger mühevoll als zu schweigen?» Ovid: Liebesgedichte

Wenn Sie möchten, könnten Sie es sich um eine Viertelsumdrehung schwieriger machen. Augen, Gesicht, Hände, ja der ganze Körper können natürlich auch reden, schreien sogar.

Vielleicht gelingt es Ihnen, auch Ihrer Mimik und Gestik Schweigen zu gebieten. Seien Sie begierig darauf, zu erfahren, was sich jetzt zwischen Ihnen beiden verändert.

Verwechseln Sie Schweigen nicht mit Zuhören. Schweigen ist das Goldene Tor zum Zuhören, mehr nicht. Aber immerhin, ohne Schweigen kein Hören. Also, machen Sie sich's jetzt am Anfang nicht zu schwer, lehnen Sie sich zurück und konzentrieren Sie sich einzig darauf, dass Sie schön behäbig auf Ihrem Maul sitzen bleiben. Kann sein, dass das anspruchsvoller ist, als Sie zunächst angenommen hatten. Dann machen Sie ein Konditionstraining daraus, halten Sie Ihr neues Schweigen so lange wie möglich aufrecht. Sagen wir, bis Sie knapp spürbar stolz auf sich sein können.

«Eine Ehe ohne Schweigen ist ein Auto ohne Bremsen.»
Charles Aznavour

Hörhilfe 2: Den Sound klingen lassen

Stellen Sie sich vor, Sie haben schon etwas Übung im Schweigen und beginnen sogar, es als Empfänger ein wenig zu genießen, dass es nicht mehr so anstrengend ist wie der permanente Kampf um die Sendezeit früher. Es gelingt Ihnen immer wieder ein bisschen, sich zu entspannen, selbst wenn Ihr Partner über Themen redet, in denen Sie sich noch vor kurzem zu zweit bestimmt verheddert hätten. Jetzt können Sie sich den luxuriösen Versuch gestatten, auf seine Stimme zu horchen. Sie stellen sich vor, er *singt* in einer fremden Sprache, zum Beispiel Kalmückisch oder Athapaskisch, Sie verstehen kein Wort, aber die menschlichen Regungen sind in allen Kulturen dieselben: Trauer, Freude, Wut, Hoffnung, Hilflosigkeit, Scham, Bedürftigkeit, Verzweiflung, Liebe, Resignation, Angst, Anhänglichkeit, Zweifel, Erschöpfung, Erleichterung.

Das Ohr gehört zu den primären Geschlechtsorganen.

Reden ist Singen.

All diese Gefühle und viele mehr sehen Sie in Ihres Partners Gesicht, an seinen Gebärden; Sie hören sie heraus aus seiner Stimme, aus der Tonart seines Sprechgesangs – vorausgesetzt, Sie sind frei und nicht absorbiert von selbstbezogenen Beschäftigungen, die Sie faktisch taub machen. Wenn Sie mit Ihrem musikalischen Ohr hinhören, werden Sie bei schwierigen Beziehungsthemen wohl eher weiche, schwere Moll-Tonarten

Ihr Ohrenmerk macht Verborgenes hörbar.

Sie können vier verschiedene Ohrenpaare ausfahren! Interessiert? Dann lesen Sie von Friedemann Schulz von Thun: Miteinander reden. Störungen und Klärungen. (Bis 1999 sind drei Bände erschienen). Reinbek: Rowohlt

vernehmen, das Mollige hat natürlich eine ganz spezielle Färbung, eben genau die charakteristische Tönung Ihres Partners.

Auf diese Weise horchend interessiert, fühlen Sie sich gleich weniger angegriffen und verletzt, das ist angenehm und erleichternd. Dafür bekommen Sie mehr davon mit, was Ihre Partnerin bewegt, Sie verstehen sie besser und kommen ihr mit einem Bruchteil des Aufwands näher, den Sie vorher zu Ihrer Verteidigung einsetzen mussten, um schließlich immer weiter wegzudriften und sich ihr mehr und mehr zu entfremden. Als hörender Partner entgehen Sie der Enge und Phantasielosigkeit einer gewohnheitsmäßigen Defensive.

Natürlich machen Sie das ganz allein für sich, Ihre Partnerin weiß nichts davon. So kommen Sie nicht unter Druck, auch wenn Sie ab und zu zurückfallen in frühere, wirre Zeiten. Macht nichts! Der alte Pulverdampf kommt ihm und Ihnen vertraut vor, und Sie verfügen über den Spielraum, Ihre neuen Entdeckungsschritte eigenständig und nach Ihrem eigenen Tempo zu tun – oder auch wieder abzubrechen, wenn's Ihnen zu viel wird.

«Unser Leben wird dann sinnvoll, wenn wir es uns erzählen können.» Peter Bichsel

Hörhilfe 3: Geschichten lauschen

Stellen Sie sich vor, Sie begegnen Ihrem Partner heute zum ersten Mal im Zug. Sie kennen ihn nicht und er Sie auch nicht, Sie sind beide fremd füreinander. Er erzählt Ihnen sein Leben, vor allem aber sein Zusammenleben mit seiner Partnerin, in allen Einzelheiten. Da Sie nichts mit ihm zu tun haben und er Ihnen gefällt, hören Sie seiner langen Geschichte gern zu, sehr gern. Sie erleben mit ihm, dass Menschen es leidenschaftlich lieben, Geschichten zu erzählen, am allerliebsten ihre eigenen. Ganz besonders die schlimmen, aus dem Innern ihrer nahen Beziehungen. Sie erfahren, dass er zu erzählerischer Höchstform aufläuft, weil Sie interessiert sind an ihm und ihm das auch verschwenderisch zeigen.

Sie machen's ganz ähnlich wie die Kinder, die auf Geschichten versessen sind: *«Und dann?» – «Und dann?»*

Es fällt Ihnen spielend leicht, die Hörhilfen 1 & 2 ins Spiel zu bringen: Sie schweigen, Sie kosten die Sprach- und Gefühlsmelodik seiner Erzählung; natürlich schauen Sie ihm in Gesicht und Augen, ab und zu nicken Sie oder sagen *«mhh»*, weil Sie verstehen, was er sagt; und wenn nicht, fragen Sie zurück, bis Ihnen verständlich und plastisch wird, was er meint; niemals würden Sie seine lange Geschichte unterbrechen, zerstückeln oder auseinander reißen, indem Sie irgendetwas dazwischenschieben, was Ihnen aus Ihrem eigenen Leben dazu in den Sinn kommt. Sie genießen vielmehr seine runde, intakte Geschichte, die in Ihrem Inneren immer reicher & farbiger & tiefenschärfer sichtbar wird – auch wenn sie Ihnen da und dort fremd vorkommt, manchmal sogar etwas uneinfühlbar. Gerade das empfinden Sie als spannend und verbindend. Sie sind berührt von dem Vertrauen, das der Mann Ihnen mit seiner Offenheit entgegenbringt. Schließlich könnte er ja alles für sich behalten, wenn er kein Vertrauen in Sie hätte…

Die gleiche Spannung & Verbindung, die Ihnen in der Erotik zustatten kommen

Reizt Sie diese Phantasie? Ja? Trauen Sie sich zu, sie mit Ihrer angestammten Partnerin auszuprobieren? Natürlich ist das hohe Kunst; denn mit niemandem auf der Welt ist es so anspruchsvoll wie mit der eigenen Lebenspartnerin! Das hängt damit zusammen, dass Sie in seinen Geschichten immer wieder als Figur vorkommen, und zwar häufig in wenig schmeichelhafter Rolle. Ihre zivilisatorische Höchstleistung besteht nun in der Erkenntnis, dass die Figur in ihren Geschichten und Sie selbst zwei ganz verschiedene Personen sind, die manchmal kaum eine entfernte Ähnlichkeit haben. Und beide sind wahr! Die Wahrheit sieht immer wieder ganz anders aus – je nachdem, wer von sich redet.

«Der Mensch ist die Summe seiner Geschichten.» Peter Fahr

Hörversuche zu zweit

«Wir können nicht mehr reden miteinander!» – Was für eine Fehldiagnose! Reden geht doch allemal, aber es ist keiner da, der's hören will. Kein Mensch, den's interessiert, was der andere sagt. Was für eine verzweifelte Sache! Da versuchen zwei, sich gegenseitig dringliche Botschaften in den Schädel zu zwängen; sie möchten um alles in der Welt vom anderen gehört und ver-

Das Aneinandervorbeireden bringt vermutlich den Aneinandervorbeischlaf.

standen werden, doch es gibt keinen Empfänger. Die beiden reden aneinander vorbei, hinaus in den Äther.

Sind Sie ein erfahrenes, überdurchschnittlich motiviertes und unverzagtes Paar? Gut, dann versuchen Sie's mit einem der drei folgenden Paar-Hörversuche, aber täuschen Sie sich nicht: Diese Zweier-Abenteuer sind grundsätzlich viel haariger als alles, was Sie im Alleingang unternehmen. Warum? Für viele Paare bedeutet es eine beinah unüberwindliche Hürde, wenn sie sich auf einen gemeinsamen und gleichzeitigen Schritt in die gleiche Richtung einigen und entscheiden sollten. Sie haben sich viel Virtuosität in Rivalität und Kampf zugelegt; Solidarität und Zusammenarbeit sind noch nicht ihre Stärke. Wundern Sie sich also nicht, wenn Sie Startprobleme haben oder gemeinsam auflaufen.

«Lieben heißt, sich mit der Wirklichkeit begnügen.»
Stefan Napierski

Paar-Hörversuch 1: Pausenkultur

Beginnen Sie mit etwas vergleichsweise Einfachem: Drosseln Sie Ihr Gesprächstempo. Natürlich nicht indem Sie schleppender reden; fügen Sie eine Pause ein, bevor Sie Ihre Partnerin als Sprecher ablösen. Sie könnten sich also zum Beispiel so einigen: Statt, wie bisher, zuzulassen, dass *«ein Wort das andere gibt»*, lässt derjenige, der den Gesprächsfaden vom anderen übernimmt, erst drei Atemzüge vorbeigehen, eh er seinen ersten Satz sagt. Am wirksamsten sind die drei Atemzüge, wenn Sie sie beim Ausatmen zählen.

Oder vier Atemzüge!

«Diskussion» – was ist das?
Kommt aus dem Lateinischen.

discutere
(discutio, discussi, discussum):

zerschlagen, zerschmettern, zertrümmern, zerfetzen, auseinanderjagen, auseinandertreiben, sprengen, verjagen, vertreiben, verscheuchen, hintertreiben, vernichten, beseitigen, auf Herz und Nieren prüfen, über den Haufen werfen, vereiteln, diskutieren.

Menge-Güthling: Langenscheidts Großwörterbuch Lateinisch-Deutsch

So erreichen Sie mit wenig Aufwand, dass der letzte Satz des Vorredners Auslauf erhält, ausklingen kann, buchstäblich Luft zum Atmen bekommt. Die Hektik der Diskussion verliert etwas an Druck, die kämpferische Spannung lässt ein wenig nach.

Eine Pause ist Echoraum. Raum für das Herz.

Paar-Hörversuch 2: Wer ist das Thema?

«Wir haben immer wieder nächtelang diskutiert, aber…» Eben: Diskutieren ist die gemeinsame Kunst, sich gegenseitig erfolgreich am Ausdruck zu hindern. Was für eine Verstopfung auf beiden Seiten! Sie haben genug davon? Dann könnten Sie vielleicht den Versuch machen, einander zum Reden zu bringen. Aber nicht gleichzeitig, bitte! Ein Gespräch ist so definiert, dass zu jedem Zeitpunkt jemand da ist, der's wissen will. Einer von beiden muss klar & deutlich auf Empfang schalten und das auch explizit anbieten: *«Komm, erzähl! Ich höre dir zu. Ich möchte nämlich wissen, wie du das Ganze erlebt hast.»*

Diskussion ist das Gegenteil von Gespräch.

Eine solche Einladung ist nicht einfach nur liebevoll & von Respekt geprägt; sie ist in erster Linie vernünftig & realitätsgerecht. Zwei Menschen können nichts deckungsgleich wahrnehmen und empfinden, auch das nicht, was sie scheinbar miteinander und gleichzeitig erleben oder erlebt haben. Wenn einer also über den anderen etwas erfahren, das heißt ihn wirklich kennen lernen möchte, muss er davon ausgehen, dass beim anderen tatsächlich alles anders ist – darum heißt der andere auch «der Andere». Kein Schleck für (ehemals) Verliebte und eingefleischte Harmoniesüchtige! Die einzige Möglichkeit, an das fremde Innere des anderen heranzukommen: beharrliches Zuhören.

«*Vernunft*» kommt von «*vernehmen*». «*Verstand*» von «*verstehen*». Michael Lukas Moeller

Konkret: Bevor Sie beide sich an ein dornenvolles Beziehungsthema heranwagen, entscheiden Sie gemeinsam, *wer* von Ihnen das Thema sein soll – nicht *was!* Wer soll als erster seine Geschichte erzählen? Damit legen Sie auch fest, dass der andere ausdauernd zuhört, das heißt bis ausdrücklich ein Tausch der Rollen vereinbart wird. Verschätzen Sie sich nicht: Es kann schwierig, sehr schwierig werden. Nicht das Reden – das Hören.

Menschen sind gewichtiger als alle Gesprächsgegenstände.

Noch konkreter: Vielleicht können Sie die anspruchsvolle Aufgabe erleichtern, indem Sie Ihre Gesprächssituation noch klarer gestalten. Angenommen, Sie sind übereingekommen, auf einem Spaziergang miteinander zu reden. Handeln Sie aus, *wer* das Thema sein und wer zuhören wird, und zwar während des ganzen Gesprächs. Morgen oder nächste Woche machen Sie den gleichen Spaziergang mit umgekehrter Rollenverteilung. Diesmal diszipliniert sich der andere als verlässlicher Zuhörer. Unterstützen Sie einander, zäh bis zum Schluss beim vereinbarten Arrangement zu bleiben. Als Anfängerpaar beginnen Sie mit Runden von fünf, höchstens zehn Minuten und steigern sich erst allmählich.

Indianische Erfindung: Talking Stick. Wer in der Gruppe das Wort hat, hält den Sprechstock in Händen. Alle andern schweigen & hören.

Wenn Sie gemeinsam liebevoll-stur sind, stoppen Sie den immer wiederkehrenden Alptraum, sich miteinander in den Sumpf des zermürbenden Debattierens zu manövrieren. Das Aneinandervorbeireden ist vorbei, der Aneinandervorbeischlaf vielleicht auch.

Nicht ausgeschlossen, dass Sie sich wirklich und leibhaftig begegnen. Das wär doch was, oder?

Klumpfuß: Sex-Probleme

Die anhaltend problemfreie, paradiesische Sexualität existiert wirklich. In Sehnsuchtsdünsten und Massenmedien.

Es gibt zweierlei Paare: Die einen haben sexuelle Probleme; die anderen haben sexuelle Probleme und bringen sie auf den Tisch. Problemfreie Sexualität über lange Zeit, das gibt es wahrscheinlich nicht. Die Sexualität ist überhaupt der störungsanfälligste, verletzlichste Teil der Beziehung, meistens.

Einige Paare sind naturbegabt. Sie schaffen es allem Anschein nach, mit ihren erotischen Behinderungen und sexuellen Ungereimtheiten gut zu leben. Sie tappen und tasten beinah blind nach ihren unversehrten Berührungsmöglichkeiten, finden und pflegen sie offenbar. Und das, ohne Wörter und Sätze zu Hilfe zu nehmen. Da ziemlich sicher alles seinen Preis hat, auch eine Naturbegabung, und solche Paare nichts verlauten lassen, auch fremden Leuten gegenüber nicht, kann man eigentlich nicht wissen, wie's ihnen in Wirklichkeit geht, als Paar und einzeln.

Ich staune immer wieder über Leute, besonders über Männer, die in einem wortlastigen und intimitätsgeilen Medienzeitalter leben, als wären sie im falschen Jahrhundert geboren. An allen Ecken und Enden liest, hört und sieht man Problemgeschichten, die Mann-Frau-Knorze aller denkbaren Arten und Abarten schildern. Also gibt es, wo man hinschaut, sprachliche Vorlagen, die einem nahe legen, dass Zweier-Probleme grundsätzlich in Worte fassbar sind. Auch sexuelle Probleme, die lange als unaussprechlich empfunden und weggedrückt wurden. Sogar für das Vokabular, für Grammatik und Syntax zur Formulierung der Schwierigkeiten gibt es eine Menge öffentlich zugänglicher Muster, vor allem in Blättern und Büchern. Und dennoch, vielen Leuten erscheint es nicht attraktiv, ja richtig zuwider, dieses Know-how in die eigenen vier Wände zu übertragen, während sie es als Medienkonsumenten beinah gierig genießen.

Von *«Zerreden»* reden nur Leute, die aus lauter Angst vor dem Reden einen weiten Bogen ums Reden machen.

Ein Beispiel – ein lesenswertes? Marty Klein: Sie können mich alles fragen. Ein Sexualtherapeut antwortet. Hamburg: Kabel 1997

Über diesen Widerspruch wundere ich mich, weil ich weiß, wie lastend und aufdringlich sexuelle Probleme in festen Beziehungen sein können. Ich erkläre mir das vorerst so: Es wird zwar immer einleuchtender, dass für uns gewöhnliche Menschen kein Weg am Gespräch vorbeiführt, wenn solche Schwierigkeiten behoben werden sollen; doch das private und persönliche Reden über diesen vertrackten Gegenstand Sex scheint so überfordernd zu sein wie Snowboarden für einen alternden Elefanten. Also vertagt man es auf später.

Intimität ist die Fähigkeit, fließende Grenzen miteinander zu teilen.

Fallstricke – typisch für Sex-Gespräche

Die meisten Paare empfinden sexuelle Probleme als bedrohliches Glatteis. Viele wagen sich darum nicht hinaus auf die offene, brüchige Gesprächsszene. Angst, Scham und Verletzlichkeit hindern sie daran, auf den Tisch zu bringen und zu klären, was sie beschäftigt, belastet und nicht mehr loslässt. An das

Der natürliche Feind der Intimität: Stummheit

Unaussprechliche zu rühren könnte *«alles noch viel schlimmer machen»* – das ist die Hauptbefürchtung. Das Problem, vorerst noch halb verdeckt unter dem Schleier des Verschweigens, würde beiden mit einem Mal scharf und schneidend an die Gurgel springen. Beschämend und peinlich ist es, sexuelle Themen ins Auge fassen zu müssen, wenn Gefühle von Versagen und Scheitern, gar Verschulden mitspielen.

Was ist jenseits des Verfalldatums Ihres erotischen Rausches?

Schon das Zerbrechen erotischen Glücks allein ist überaus schwierig zu verkraften; gegenüber dem Verlust an körperlicher und seelischer Intimität fühlen sich die meisten Menschen ohnmächtig: Wie gewonnen, so zerronnen! Und dazu kommt die dumpfe Gewissheit, persönlich mitverantwortlich und haftbar zu sein für das unaufhaltsame Bröckeln! Doch wie genau? *«Irgendetwas habe ich falsch gemacht, bestimmt. Aber was?»* Gespräche, soweit es sie überhaupt gegeben hat, konnten bisher keine Klärung bringen, im Gegenteil.

Meine Taubheit tut weh. Dem anderen.

Und wie das alles weh tun kann! In der Sexualität bin ich nackt und bloß an Leib und Seele, ausgesetzt und schutzlos, weich und verletzlich, wahrscheinlich extremer als in jeder anderen mitmenschlichen Situation. Was mich hier trifft, fällt mich brutaler an als je sonst. Schmerzlich ist's, abgewiesen zu werden – schon die Angst davor ist schwer zu ertragen; einen Stich versetzen mir die kleinen Rücksichtslosigkeiten, Egoismen und Betriebsblindheiten. Eine Qual, nicht gehört oder nicht ernst genommen zu werden, nachdem ich mich unter Mühen hinausgewagt und mein Problem so konstruktiv wie möglich formuliert habe. Mit der Zeit anästhesiert die Resignation den klemmendsten Schmerz.

In der Liebe sind die Lösungen von gestern die Probleme von heute.

Reden über sexuelle Ausfälle und Widrigkeiten ist eine der herbsten Herausforderungen in der Biographie eines jeden Paares. Es könnte günstig und lohnend sein, sich mit den Hauptklippen vertraut zu machen. Statt sie zu übersehen und ihr seufzendes Opfer zu werden.

Klippenhilfe

❶ Der Einstieg ins Problem

Sie wollen eine «günstige Gelegenheit» abwarten, um auf Ihr Problem zu sprechen zu kommen? Gute Idee, die «günstige Gelegenheit»! Nur wissen Sie ja aus Erfahrung, dass sie nicht

«Probleme, Probleme – ein beruhigender Wechselgesang, der vorgaukelt, es gäbe eine Lösung.»
Alain Finckielkraut

Kreuzen Sie an, was in Ihren Ohren angenehm & einladend klingen würde.

Für «fortgeschrittene» Paare: Setzen Sie Kreuze, jeder für sich, und tauschen Sie dann aus.

- ❒ «Ich muss mit dir reden.»
- ❒ «Merkst du eigentlich nicht, dass ich leide?»
- ❑ «Hast du heute Abend etwas vor? – Nein? Dann wäre ich froh, wenn wir uns etwas Zeit nehmen könnten, um miteinander zu reden. Okay?»
- ❒ «Ich glaube, ich halte es nicht mehr lange aus.»
- ❒ «Rate mal, warum ich heute Nacht wieder nicht schlafen konnte!»
- ❒ «Hast du mir nichts zu sagen? – Bist du sicher?»
- ❑ «Wir haben's im Moment gut miteinander, scheint mir. Gute Gelegenheit, endlich einmal über unsere weniger guten Momente im Bett zu reden! Bist du dabei?»
- ❑ «Heute in der Konzertpause habe ich deine glasigen Augen gesehen … Du hast offenbar ein Problem damit, dass bei uns nichts läuft.»
- ❒ «Was denkst du?»
- ❒ «Sag mir doch endlich, was dich stört, statt mich im Sex stumm zu boykottieren!»
- ❑ «Mich quält die Vorstellung, dass wir in den nächsten dreißig Jahren nebeneinander vertrocknen, nur weil wir nicht über Sex reden können.»
- ❒ «Ich habe mich so geschämt vorhin, als es wieder nicht ging. Ich möchte das nicht nochmal erleben!»
- ❑ «Sag mal: Was könnte ich dir bieten, damit du als Gegenleistung mit mir übers Bett reden würdest?»
- ❑ ………………………………………………………………………………
………………………………………………………………………………

«Meistens löst man ein Problem dadurch, dass man sich ein anderes vornimmt.»
Rainer Malkowski

web 8 11 weitere Einstiegssätze zum Beurteilen

Eigene Ideen?

kommt, wenn Sie sie nicht selber schaffen. Also, worauf warten Sie?

Das engste Nadelöhr, durch das Sie sich zwängen müssen, um an den gepanzerten Kern Ihrer sexuellen Knacknuss heranzukommen, ist Ihr erster Satz. Der zweite ist vergleichsweise einfach. Ich schlage Ihnen einen kleinen Kunstgriff vor: Schlüpfen Sie einen Augenblick in Ihres Partners Mokassins, und stellen Sie sich vor, er ergreift mit einem ersten Satz die Gesprächsinitiative. Welche der vierzehn Einstiegssätze möchten Sie gerne hören? Welche lieber nicht? Welche klingen einladend und ermunternd, welche öffnen Ihre Türen und welche nicht?

Sie sehen: Die meisten Eröffnungssätze haben die Form einer Frage, wenn auch manchmal nur implizit. Die Frage ist zwar wirklich der goldene Schlüssel zur Partnerin, aber einen Universalschlüssel haben Sie damit nicht in der Tasche. Es kann gut sein, dass die Frage die Türe zuknallt, gelegentlich ist sie ein Trojanisches Pferd, das in seinem Inneren Motive, Anliegen oder Emotionen transportiert, die man ihm von außen nicht ansieht.

Möchten Sie mit Fragen besser hantieren können? Lesen Sie ab Seite 111.

Ich persönlich empfinde die ❑-Sätze als Türöffner, während die ❒-Sätze nach meinem Geschmack nur wenig brauchbare Einstiegshilfe bieten. Wie schätzen Sie's ein?

❷ Lust aufs «Problem»!

«Es ist gar nicht notwendig, ein Problem zu lösen; denn ein Problem entsteht dadurch, dass du ein Problem lösen willst.» Salvador Minuchin

Sexuelle Probleme sind gefürchtet. Auch seriöse Profis haben Respekt vor der oft hartnäckigen Undurchdringlichkeit der erotischen Crux bei gestandenen Paaren. Sogar in Therapien geschehen selten Wunder. Immerhin wird dort, wenn's professionell läuft, der Versuch unternommen, die Probleme so lange umzuformulieren, bis sie lösbar werden. «Ich habe schlicht keine Lust mehr auf Sex» – das ist zum Beispiel eine Problemdefinition, mit der kein Mensch zurechtkommen kann, weder der Betroffene noch seine Partnerin, geschweige denn deren Therapeut. Auf Probleme kann eigentlich auch niemand Lust haben. Probleme, so wie sie gewöhnlich gedacht und vorgebracht werden, klingen unappetitlich, düster und bis zur Unkenntlichkeit zerknittert. Wenn Sie ein Problem lösen wollen, sollten Sie Lust darauf bekommen, Lust auf das Problem selbst

Das Problem – lustlos	**Das «Problem» – lustvoll**
«Ich habe null Lust auf Sex.»	*«Ich stelle mir vor, dass mir die Lust vergangen ist auf den Sex, der für mich seit längerem nicht mehr spannend ist. Möchtest du hören, was mich heutzutage in Schwung bringen könnte?»*
«Du bist sagenhaft verklemmt!»	*«Ich sehe manchmal an deinem Gesicht, dass du dich wahrscheinlich schämst oder Hemmungen hast, wenn's um Sex geht. Ich würde gern darüber von dir etwas erfahren.»*
«Im Sex passen wir wirklich nicht zusammen.»	*«Mir ist bewusst geworden: Wir waren im Sex schon immer ganz verschieden, mit dem Unterschied, dass wir das am Anfang sehr aufregend fanden, und jetzt können wir nicht mehr viel damit anfangen, im Gegenteil. Kannst du dich erinnern? Was war für dich so aufregend damals?»*
«Wie oft muss ich dir noch sagen, dass ich viel mehr Zärtlichkeit brauche im Bett?!»	*«Eines möchte ich jetzt nach all den Jahren verstehen: Was macht meine Schleimhäute für dich so attraktiv, dass du meine übrige Haut darob vergisst?»*
....	....

Dies sind meine persönlichen Problem ➜ «Problem»-Übersetzungen. Wie könnten Ihre eigenen klingen?

Auffallend: Umformulierte «Probleme» sind allemal ausführlicher, wortreicher, redseliger als die unbearbeiteten Probleme.

Auffallend: Attraktiver als Probleme sind Projekte.

Sprache macht's möglich.

web 9 8 weitere attraktive Übersetzungen

Ein Problem ist all das, was getan werden muss, damit es weggeht.

und vor allem Lust auf die Lösung. Solange Sie lustlos sind, wird wahrscheinlich Ihre ganze Lösungs-Liebesmüh' umsonst sein.

Es gelüstet Sie, sich Ihr sexuelles Problem im Do-it-yourself-Verfahren vorzunehmen? – Moment! Bevor Sie aufstehen und zu Ihrem Partner laufen, um gemeinsam zur Lösung aufzubrechen, schauen Sie sich in aller Ruhe auf der vorigen Seite die zufällige Musterliste von gängigen Sexproblemen an. Ich habe die Probleme in «Probleme» umgemodelt; will sagen, ich habe die Knorzen in Anliegen verwandelt, die Spaß machen könnten.

Wenn Sie sich die Problembeispiele und meine Übersetzungen genau angesehen haben, finden Sie vielleicht den Übersetzungsschlüssel heraus, den ich verwende. Und wenn Sie Lust haben, können Sie ihn oder einen ähnlichen auf Ihr eigenes Sexproblem anwenden. Mit dem umformulierten «Problem» steigen ziemlich sicher Ihre Chancen, damit bei Ihrer Partnerin auf offene Ohren zu stoßen.

Einsteigen
➜ definieren
➜ vorschlagen
➜ gegenvorschlagen
➜ verhandeln
➜ abmachen

❸ Das «Problem» & seine Lösung

Manche Paare versuchen wirklich, über die Probleme in ihrer Sexualität zu reden, doch die meisten bleiben hängen, entweder bereits beim Einstieg ins Thema oder bei der Definition ihres Problems. Sie kommen gar nie so weit,

- ➜ dass einer von beiden einen Lösungsvorschlag machen,
- ➜ der andere einen Gegenvorschlag unterbreiten würde,
- ➜ dass beide einen ersten konkreten Schritt in die richtige Richtung aushandeln und
- ➜ für eine bestimmte Versuchsphase ausdrücklich beschließen würden.

Am meisten Spaß machen das «Problem» und seine Lösung, wenn bereits in Ihrer «Problem»-Definition sichtbar wird, dass Sie eine Lösung anstreben und nichts anderes: Sie wollen nicht Recht haben oder sich rechtfertigen, klagen oder anklagen, Ihren Frust zelebrieren oder Krach anfangen, jammern oder fluchen, Druck machen oder Druck abwehren, demonstrativ schmollen oder leiden, den anderen heruntermachen oder sich rächen, den Partner beschuldigen oder beschämen – nichts von alledem! Sie zielen auf eine Lösung, von Anfang an! Das sehen Sie den Wörtern & Sätzen an, sie sind in die Zukunft gerichtet, peilen Neues an, werben für eine wirksame Zusammenarbeit: *«Möchtest du hören …?», «Wir könnten versuchen …», «Ich möchte wissen …», «Lass uns herausfinden …», «Ich hätte Lust auf …».*

Viele Leute sind in derlei Problemdefinitionen verliebt und wissen es nicht.

Wenn Ihnen solche Gesprächsbeiträge gelingen, sind Sie der Lösung bereits nahe. Denn der lähmende Schweigebann ist gebrochen und/oder Sie dürfen den langweiligen Machtkampf hinter sich lassen. Jetzt steuern Sie auf Abschluss-Sätze zu wie:

- → «Okay, heute Abend reden wir drüber, wenn die Kinder im Bett sind. Eine halbe Stunde.»
- → «Versuchen wir's erst einmal mit einem bescheidenen Anfang. Wir kuscheln uns zum Einschlafen nackt aneinander. Ohne zu fummeln.»
- → «Also, wir bringen im nächsten Monat Bewegung in unsere Szene: Du ergreifst gar keine Sex-Initiative mehr und überlässt es ganz mir, gute Ideen für Verführung und Sex zu entwickeln. Einverstanden?»
- → «Jedes Mal, wenn du nach Hause kommst und scharf bist auf mich, zeigst du mir das mit einer langen, intensiven Umarmung, und ich umarme dich zurück und küsse dich innig; denn darauf habe ich immer Lust. Aber weiter lassen wir's nicht kommen, eh wir wieder drüber reden. Gut so?»
- → «Gut! Am Samstagmorgen zeige ich dir, wie du mich an der Klit berühren kannst, damit ich wirklich feuerheiß werde.»
- → «Ich habe das jetzt so verstanden: Du bestimmst die nächsten paar Male das Tempo im Bett, übernimmst die Zügel und sagst ausdrücklich, was wann geschieht. Einverstanden?»
- → «Bis Ostern wechseln wir also ab: Erst gestaltest du unser ‹Nachspiel›, das nächste Mal ich. Okay?»
- → ....
....

Verwechseln Sie einen glühenden Wunsch nie mit einer Abmachung!

«Die meisten Menschen verschwenden die meiste Zeit darauf, Probleme zu wälzen, anstatt sie zu lösen.»
Curt Goetz

Kommen Ihnen die angepeilten Lösungen zu einfach vor, zu banal und bescheiden? Wähnen Sie hinter Ihren Sex-«Problemen» unfassbare, tonnenschwere Ungetüme von PROBLEMEN, deren Lösung einen entsprechenden «psychologischen», womöglich therapeutischen GROSSAUFWAND bei Ihnen oder Ihrem Partner erfordern? Erfahrungsgemäß machen die Partner bei solchen Diagnosen selten mit. Vielleicht haben Sie dennoch Recht. Doch was nützt es Ihnen, im Recht zu sein, wenn Sie damit allein und einsam sind? Möglicherweise ist die Sicht auf ein Problem abhängig von Temperament oder Stil des Betrachters.

Ich persönlich liebäugle immer zuerst mit Lösungsversuchen, die an- & aufregend sind, weil Neugier & Experimentierfreude sie antreiben. Wenn es nicht geht, kann ich immer noch eine Großbaustelle eröffnen.

Was brauchen Sie unbedingt?

«Ideales Klima gibt es nur im Bett.»
Amerikanisches Sprichwort

Vielleicht haben Sie gar kein Sex-Problem, das zu lösen wäre; Sie vermuten eher, Sie vermissten ein günstiges erotisches Drum und Dran rund um Ihr Doppelbett. Doch niemand, möglicherweise nicht einmal Sie selbst, weiß genau, was Sie wirklich unverzichtbar brauchen, damit Sex für Sie so gut wird, wie Sie davon träumen – annähernd so gut, sagen wir mal. Und klar ausgedrückt haben Sie es bisher auch noch nicht. Das ist Ihre Chance!

Haben Sie eine Dauerwut auf den anderen, oder sind Sie chronisch bitter? Dann hat diese Klippe Vorrang.

Es gibt kaum ein Paar, wo Mann & Frau denselben Zugang zum Erlebnis von Nähe hätten, beide sind gewöhnlich auf unterschiedliche Voraussetzungen angewiesen, um sich mit ihrem Partner intim zu fühlen, das heißt bereit & empfänglich für Berührung & Sex. Vermutlich gibt es überhaupt keine zwei Menschen, schon gar nicht einen Mann & eine Frau, die sich hier so gleichen, wie Frauen & Männer stillschweigend annehmen oder erfolglos herbeiwünschen – außer im Ausnahmezustand der Verliebtheit. Dort ist die Sicht auf den anderen so verschwom-

Was bringt Sie dem anderen nah?

★ **Gemeinsame Tätigkeit** wie Kochen, Sport, Musikmachen, Hobby, Spaziergang, Tanzen, Gäste.

★ **Genuss zu zweit** wie Essen, Musikhören, Dusche, Wannenbad, Sauna, Kino.

★ **Drogen** wie Alkohol, Hasch, Geschwindigkeit, Fernsehen.

★ **Spielen** wie Blödeln, ringendes Kräftemessen, Regel- und Gesellschaftsspiele.

★ **Hauterlebnisse** wie Massieren, Knuddeln, Maniküre, Pediküre, Lausen (Grooming).

★ **Steile Erregung** wie blitzartiger Quickie, wichsender Einstieg (ein- oder gegenseitig), scharfe «voyeuristische» oder «exhibitionistische» Nummer, mit Sex- & Pornohilfsmitteln.

★ **Problemfreies Reden** wie Alltagsaustausch, Klatschen und Tratschen, leichtgewichtiges Philosophieren, Klönen und Witzeln.

★ **Chaos-Reden:** Beim hemmungslosen Zeitverschleudern (zum Beispiel im Bett) hemmungslos die Themen wechseln, gemeinsam genussvoll vom Hundertsten ins Tausendste schlittern & sich zu zweit treiben lassen.

★ **Von sich erzählen und gehört werden:** Persönlichen Dingen auf den Grund gehen und dabei zuhörend Unterstützung bekommen; einer zeigt sich, der andere schaut interessiert.

★ **Heikles auf den Tisch bringen:** Mitten ins Zentrum eines Furcht erregenden Themas vordringen, wobei der andere dafür sorgt, dass es gehört wird.

★ **Distanz schaffen:** Beziehungssauerstoff beschaffen, damit beide (wieder) frei atmen können. Abende, Wochenenden, Urlaub selbstständig organisieren & genießen, andere Kontakte knüpfen, eigenes Zimmer einrichten, einen Mordskrach anzetteln.

★ **Fragen:** Was konkret bringt uns nahe? Was dich mir? Was mich dir? Und was gar nicht? Welche Gesprächsthemen? Welche tätigen & meditativen gemeinsamen Unternehmungen?

Was macht Sie warm für den anderen? Oder heiß sogar?

Beschäftigen Sie sich mit Vorteil zuerst sorgfältig mit der versuchsweisen Abschaffung des Vorspiels (Seite 203).

Kann gefahrvoll sein und Ihnen eisige Ferne bescheren.

Ohne Abstand keine Annäherung.

Fragen überhaupt schafft Intimität (siehe Seite 111).

men, dass Verfließen vorübergehend mit Nähe verwechselt wird. Haltbare Nähe indes ist mit Aufwand verbunden.

Tamtam: aus Ostasien stammender Gong, oft eingesetzt bei religiösen Ritualen

Ihr gemeinsames erotisches Tamtam

Alles, was nähedienlich und also erotisch wegweisend sein kann, werden Sie mit Gewinn aus der Nähe betrachten. Ihre Partnerin muss wissen, wie Sie sich das vorstellen: Was genau brauchen Sie, damit Ihnen ein Schritt in ihre Richtung möglich und attraktiv wird? Und Sie selbst müssen es auch wissen, exakt. Wehklagen bringt Ihnen nichts als faulige Stimmung.

Beispiel 1

Um wieder kuscheln zu können, brauche ich …

Statt Stummheit.

- ❑ dass du mich ausdrücklich einlädst.

Statt erotische Null-Diät.

- ❑ dass ich selber die Initiative ergreifen kann.
- ❑ dass unser Haussegen einigermaßen gerade hängt, also kein Krach unmittelbar vorangegangen ist.

Statt gleichzeitig Probleme zu kneten.

- ❑ dass du ganz still bist dabei.
- ❑ dass du fein duftest.
- ❑ dass es abends vor elf Uhr stattfindet.

Statt das verkniffene *«Alles oder nichts»*.

- ❑ dass du mich einfach in den Armen hältst und keinesfalls fummelst.
- ❑ dass es höchstens (mindestens) fünf Minuten dauert.
- ❑ minimalen textilen Schutz: bitte (noch) nicht nackt!

Statt «Nachspiel»-Frust.

- ❑ dass du deinen Steifen nachher unverrichteter Dinge wieder abschwellen lässt.
- ❑ nichts Besonderes: Kuscheln geht immer.

Noch etwas?

- ❑ ....

Und du, was brauchst du?
Worauf können wir uns einigen?
Was probieren wir konkret aus, für wie lange?

Ist Ihnen aufgefallen: Kein einziger negativer Satz in der Auswahlliste! *(«Für mich geht's nicht, wenn du dauernd quasselst, mich nackt unter Druck setzst und auch noch nach altem Schweiß stinkst.»)*; keine Spur von quengeliger Aggressivität! *(«Nie streichelst du mich, wenn ich ins Bett komme. Schaust einfach in dein Buch und lässt mich liegen.»)* Ihre Spielregelvorschläge haben die Form von erotischen Phantasien, die anschaulich & greifbar sind. (Also nicht: *«Ich brauche eine gute, liebevolle Stimmung zwischen uns.»)*

«Die Lösung des Problems des Lebens merkt man am Verschwinden dieses Problems.» Ludwig Wittgenstein

Beispiel 2

Um erregungsfeucht zu werden, brauche ich …

- ❏ bestimmte heiße Phantasien in meinem Kopf.
- ❏ ausgedehnte nasse Zungenküsse.
- ❏ gar nichts Bestimmtes. Das kommt von selbst.
- ❏ deinen Speichel (oder Gleitmittel) auf meiner Klitoris, die du reibst.
- ❏ deine hörbare Erregung: Stöhnen & Keuchen.
- ❏ dass du mir ins Ohr flüsterst, züngelst.
- ❏ dass du mich in der Öffentlichkeit sexuell «bedrängst».
- ❏ dass du mich ganz kühl dominierst.
- ❏ deine Stimme, eine lange Geschichte aus deinem Alltag erzählend.
- ❏ dass du mich beschnupperst, lange, überall.
- ❏ dass du mir lange und weich in die Augen schaust, wenn du mich stimulierst.
- ❏ dass du dem Schmusen hitzige Wörter beimischst.
- ❏ dass du mich mit meinem (Kose-)Namen liebevoll streichelst.
- ❏ eine erotische Massage, eine volle Stunde lang und gerne noch etwas länger.
- ❏ ………………………………………………………………………………

Und du, was würdest du gern zu meiner feuchten Lust beitragen?
Worauf könnten wir uns gemeinsam konzentrieren?
Was genau spielen wir spielerisch durch, während wie viel Wochen?

Die behalten Sie für sich?

Sind Sie sicher?

Statt verklemmte Unsicherheit.

Sind Sie ganz sicher?

«Können Sie sich eine Frau vorstellen, die sich von ihrem Liebhaber 1001 Nächte lang Märchen erzählen ließe, um sie anzutörnen?» Stanislaw Jerzy Lec

web 10
19 weitere konkrete Wünsche

Mann aktiv – Frau passiv? Das läuft natürlich genauso gut umgekehrt.

Ist Ihnen eben etwas unangenehm aufgefallen? In der langen Tamtam-Liste des Beispiels 2 müsste eigentlich der Eindruck entstanden sein, dass der Mann jede Menge Leibes- & Liebesdienste anbieten könnte, die der Frau erregte Nässe zu bescheren vermöchten. Sie genießt, was er mit ihr macht. Er ist aktiv, sie gibt sich hin, untätig. Das Störende daran ist nicht, dass sie passiv ist, sondern dass er nüchtern bleibt und nicht erregt ist. So wie Menschen sich hierzulande lieben in Bettgestellen. Auf Leinwänden und Monitoren kommt das nicht vor, darf nicht vorkommen. Dort gilt das Prinzip der strikten Gegenseitigkeit. Beide, Mann & Frau, haben immer gleichzeitig alle Hände voll zu tun, und sie sind gehalten, immer gleichzeitig erregt und hingerissen zu sein. Eine artistische Glanznummer!

Wer, um Himmels willen, schafft das?

So will es das gängige gnadenlose Paarungskonzept; so wahrt die Sexualität ihren Charakter als angeblich natürliche, spontane Verrichtung. Und vor allem: So kommt kein Mensch in Versuchung, dem Sex Wörter und Sätze beizumischen. Das wäre störend, irritierend und nicht echt, unnötig und nahezu unmöglich, weil viel zu kompliziert. Der mainstreamtaugliche traditionelle Traum: wort- und kopfloser Sex, bei dem man sich gegenseitig-gleichzeitig in leidenschaftliche Himmelshöhen katapultiert.

Schön wär's.

Mir gefällt's besser hienieden, wo wir uns ebenerdig begegnen, einander wohltun können, einer dem anderen, manchmal auch nacheinander, weil wir mit der Zeit wissen, wie. Denn wir haben es einander gesagt, weil wir neugierig & freimütig gefragt wurden.

Und die Liebe?

«Keine Liebe überlebt die Sprachlosigkeit.» Milan Kundera

Nehmen wir an, Sie steigen gelegentlich mit Ihrer Partnerin ins Bett – aus erotischen Motiven, meine ich. Indiskrete Frage: Was machen Sie dort: Machen Sie Liebe? Oder machen Sie Sex? Vielleicht sagen Sie: Natürlich beides! – Heißt das, Sie können sich das eine nicht ohne das andere vorstellen, vor allem nicht

Sex ohne Liebe? Würde für Sie gar nichts mehr stimmen, wenn Ihnen die Liebe abhanden gekommen wäre? So dass Sie sich wohl oder übel aufs eheliche Zölibat einrichten müssten? Oder sind Sie womöglich bereits so weit? No love – no sex!

Anspruchsvoll-Geistreiches über die «Liebe» in Bruckner, P. & Finkielkraut, A.: Die neue Liebesunordnung. München: Hanser 1979, Seite 137 ff.

Die meisten Menschen, nicht nur Frauen, sind bis in ihr Innerstes überzeugt, dass die Liebe zur Sexualität gehört wie die Luft zum Atmen. Der Rest ist Prostitution, denken sie.

Das klingt gut und rein; wer möchte sich freiwillig verdächtig oder verhasst machen und für Fleischeslust pur plädieren? Speziell in einer festen Beziehung empfinden viele Leute nacktes Menschenfleisch als unappetitlich, widerwärtig gar, wenn es keine Liebe (mehr) veredelt. Kennen Sie eine einzige Frau, die bei der Vorstellung locker bleiben könnte, mit einem Mann, auch mit ihrem eigenen, Sex zu haben, ohne ihn zu lieben oder doch wenigstens «gern» zu haben?

Seit die Bedürfnisse der Frau das Bettgeschehen mitbestimmen, ist dieses wesentlich verzwickter geworden. Inzwischen sind auch immer mehr Männer so weit, dass ihnen triebiger Sex, der sich ausschließlich zwischen den Beinen abspielt, nicht (mehr) viel sagt. Sagen sie jedenfalls. Also sprießen Unsicherheit und Ratlosigkeit im Bett und drängen die Lust über die Bettkante hinaus; Stummheit beim Sex ist ein Luxus, den sich eigentlich kein Paar leisten kann.

Genau genommen weiß niemand, was «Liebe» ist und wie sie mitspielt, wenn zwei Leute miteinander Sex machen. Darum möchte ich Sie nicht bedrängen mit meinen privaten Ideen über die «Liebe» und deren Verhältnis zur Sexualität. Viel ergiebiger könnte es für Sie werden, sich ein paar Sätze zu dem Thema anzusehen: Stimmt die Feststellung für Sie? Haargenau? Beinahe? Gar nicht? Wie müssten Sie sie umformulieren, damit Sie damit leben könnten, gut leben? Vielleicht, wenn Sie Glück haben und es geschickt anstellen, lässt sich Ihre Partnerin dazu verlocken, sich mit Ihnen gemeinsam auf das unübersichtliche Gelände vorzuwagen, weil sie neugierig ist. Neugierig wie Sie.

«Die glücklichste Ehe, die ich mir persönlich vorstellen kann, wäre die Verbindung zwischen einem tauben Mann und einer blinden Frau.»
Samuel Coleridge, engl. Dichter (1772–1834)

Liebe und Triebe reimen sich. Wenigstens die Wörter.

Gehören Sex & Liebe zusammen?

			Gefällt mir	So lala	Gefällt mir nicht
	1.	«Mit Sex kann ich meinem Partner besonders intensiv zeigen, dass ich ihn liebe.»	❑	❑	❑
Franz Kafka: Briefe an Milena	**2.**	«Liebe ist, dass du mir das Messer bist, mit dem ich in mir wühle.»	❑	❑	❑
	3.	«Nur liebesunfähige Leute sind auf bloßen Sex aus.»	❑	❑	❑
	4.	«Ich würde mich missbraucht fühlen, wenn er mich aus reinem Triebdruck heraus brauchen würde.»	❑	❑	❑
Gabriel Laub	**5.**	«Liebe ist ein nicht näher definierbares Gefühl, das im Leben unendliche Komplikationen hervorruft, besonders im Geschlechtsleben.»	❑	❑	❑
	6.	«Sexualität ist das Allerintimste, was wir miteinander haben können. Was brauchen wir mehr?»	❑	❑	❑
Balzac: Die Physiologie der Ehe	**7.**	«Die Liebe ist die Poesie der Sinne.»	❑	❑	❑
	8.	«Für mich äussert sich Liebe beim Sex vor allem in Zärtlichkeit.»	❑	❑	❑
	9.	«Die Liebe macht alles ganz einfach im Bett.»	❑	❑	❑
Nietzsche	**10.**	«Liebe ist das Vergnügen, das zwei Menschen aneinander haben.»	❑	❑	❑
	11.	«Sexuelle Bedürfnisse sind wie Hunger und Durst; sie wollen und können ohne Umschweife befriedigt werden.»	❑	❑	❑
	12.	«Nähe und Liebe ist doch dasselbe! Warum weist sie mich dann dauernd ab im Bett?»	❑	❑	❑
web 11 – 14 weitere Denkanstöße	**13.**	«Wie demütigend, Sex mit Liebe – und Reden – verdienen zu müssen!»	❑	❑	❑
	14.	«Liebe ist das stärkste Aphrodisiakum überhaupt. Wenn nicht das einzige.»	❑	❑	❑
Und wie denken Sie darüber?	**15.**	....	❑	❑	❑

Vielleicht ist es Ihnen ähnlich ergangen wie mir: Der Kopf fängt an zu rauchen beim Hirnen über Liebessex bis Sexliebe und zurück. Ich glaube, das ist gut so. Solange Sie hier nicht durchblicken und darob in Wallung geraten, sind Sie nicht ideologisch erstarrt. Testen Sie Ihre zerebrale Geschmeidigkeit! Kreuzen Sie spaßeshalber irgendeine zufällige andere Antwort an als vorhin und staunen Sie über sich: Es geht auch! Oder vergleichen Sie Ihre Kreuze mit meinen; ich habe sie versteckt im unscheinbaren Schatten des Quadrats (❐).

«In der Liebe klappt's, wenn man sich liebt.»
Schlagerweisheit

Bei aller auflockernden Verwirrung ist eines klar, scheint mir: Den lieben die Götter, der entdeckt, dass er möglicherweise auch gut lieben kann, wenn er nicht (mehr) verliebt ist. Wetten, es ist nicht ausgeschlossen! Ist «er» gar eine Frau, haben ihn die Olympier besonders innig ins Herz geschlossen! Sie beschenken so ein bewegliches Paar mit der Fähigkeit, auf krummen erotischen Linien gerade zu schreiben. «*Alles*» kann ja nie stimmen, wenn zwei mit dem Projekt beschäftigt sind, länger, jahrelang, miteinander zu leben. Im Gegenteil. Sie müssen feststellen: Lieben läuft streckenweise auf das strapaziöse Kunststück hinaus, mit einem oder mehreren Scheidungsgründen zu leben und zusammenzuleben. Dieser Versuch gelingt leichter, wenn Sie Ihrem Binnenklima sinnliche und kreatürliche Elemente beizumengen vermöchten. Friedrich Nietzsche war selber gewiss kein begnadeter Intimpartner, aber sein Satz in der Liste oben ist von beinah schwereloser Federleichtigkeit: «*Liebe ist das Vergnügen, das zwei Menschen aneinander haben.*»

«Mit der großen Liebe ist es wie mit den Gespenstern. Alle reden davon, und kaum einer hat sie gesehen.»
La Rochefoucauld

Kann sein, dass Sie Ihre gemeinsamen Fleischeslüste mit eherner Ideologiedisziplin von «Liebe» abhängig machen wollen und von «Verständnis», «Ernstgenommenwerden», «Vertrauen», «Wärme», «Geborgenheit», «Gespräch», «Stimmigkeit» und so weiter und so weiter. Kann sein, dass Sie sich jahrelang selber und gegenseitig gegrillt haben, um endlich die «notwendigen» klimatischen Bedingungen für eine himmlische Sexualität herbeizuzwingen – ohne Erfolg. Kann nämlich sein, dass Sie sich rösteten, indem Sie einander einen stumm-verbisse-

Kein Problem, wenn Sie das beide wollen, und wenn es Ihnen gelingt … Wenn!

nen Belagerungszustand bereiteten: *«Du musst ja nicht meinen …!»* und *«Mal sehen, wer den längeren Atem hat!»* – ohne Erfolg.

Oder vielleicht kämpften Sie – Sie oder Ihre Partnerin – in Ihren «Gesprächen» in Wirklichkeit bisher einzig darum, Recht zu bekommen – ohne Erfolg. Aber ehrlich, was hätten Sie davon, wenn Sie Recht bekämen? Weder vom Kämpfen noch vom Rechthaben wird je ein Mensch scharf. Schärfe wartet auf Sie beide wahrscheinlich eher hinter der Frage: Was macht uns Vergnügen aneinander? Was genau? Und nicht erst die Antwort kann erotisch erfrischend sein; bereits neugieriges Fragen zu zweit vermag vielleicht Ihr Klima aufzuhellen.

Sprache braucht innere Distanz bringt Klarsicht braucht Sprache bringt Nähe braucht Abstand bringt neue Sicht braucht Sprache bringt Intimität braucht Ihren ganzen Mut.

Erotisches Klima ergibt sich nicht von selbst. Die Vorstellung, zwei Körper könnten, ja müssten sich «intuitiv» finden, solange der Geist erfolgreich daran gehindert werden könne, deren natürliche Harmonie zu stören, ist ebenso rührend wie illusionär. Merkwürdigerweise wird diese Vorstellung von jenen Paaren am unverdrossensten verehrt, die am weitesten von intimem Einklang und sinnlicher Vibration entfernt sind.

Was nützt Ihnen «himmlische» Sexualität hier auf Erden?

Wie ist das bei Ihnen mit der Musik? Wie kommen Sie zu lustvollen, starken musikalischen Erlebnissen? Von selbst? Zufällig? Spontan? – Doch eher selten, nehme ich an. Um anspruchsvolle Musik zu hören & zu genießen, bringen Sie ganz selbstverständlich Konzentration, Aufmerksamkeit, Hingabe auf. Noch weniger überlassen Sie es dem Zufall, wenn Sie selber musizieren, vor allem zu zweit. Neben Begabung, Fleiß & Können steuern Sie das Atmosphärische bei, das für ein intensives Zusammen-Klangerlebnis nötig ist: Sie sind wach & bewusst, still & gelassen, offen & durchlässig, kommunikativ & aufeinander bezogen.

«Jede Liebe verleiht Worte.» Ovid: Heilmittel gegen die Liebe

Ihren klimatisch wirksamen Beitrag drücken Sie aus mit dem ganzen Körper, vor allem mit Ihrem Gesicht, aber auch mit Wörtern & Sätzen, die ihrer Mitspielerin anzeigen, wo und wer Sie sind in diesem Moment. Was Sie also einbringen, schafft jene Atmosphäre, die Erregung gebiert, während die Erregung wiederum die Atmosphäre schwängert.

Um so etwas zu erleben, im Bett, brauchen Sie mitnichten

verliebt zu sein oder vor «Liebe» zu beben. Es genügt, dass Sie sich zusammengehörig wissen, wohlig & geborgen sind & miteinander spielen wollen & die Worte finden, um Ihr Spiel zu erfinden, zu spielen & zu vertonen.

«Liebe ist eine so schöne Sache, dass man sie nicht den Verliebten allein überlassen darf.»
Henry Miller

2 Vokabular

Das Spiel mit erotischen Wörtern

Niemand weiß, wie viele deutsche Wörter es insgesamt gibt. Ein Teil davon, man schätzt eine halbe Million, ist lexikalisch erfasst; das 10-bändige Duden Wörterbuch enthält knapp die Hälfte von ihnen. Fachleute, Techniker und Wissenschafter aller Sparten kennen natürlich ein vielfach umfangreicheres Vokabular; der Gesamtbestand aller Fach- und Sondersprachen wird heute auf über 500 Millionen deutsche Wörter oder wortähnliche Gebilde hochgerechnet.

Wolf Schneider: Wörter machen Leute. Magie und Macht der Sprache. München: Piper 1986

Den passiven Wortschatz eines deutschsprachigen Durchschnittsbürgers, das heißt die Zahl der Wörter, die er versteht (egal, ob er sie selbst auch benützt oder nicht), veranschlagt man auf höchstens 50 000, mindestens aber 8000. Und wie umfangreich, glauben Sie, ist Ihr aktiver mündlicher Wortschatz? Linguisten behaupten, dass es ungefähr 3000 verschiedene Wörter sein können, die Sie in Ihren Gesprächen verwenden; Landarbeiter kommen offenbar mit 500 aus, der frühere deutsche Bundeskanzler Konrad Adenauer habe sich mit 800 bis 1000 begnügt. Ungefähr eben so viele Wörter umfasste der Wortschatz des sogenannten «Basic English», das der britische Sprachwissenschafter Ogden 1932 als internationale Hilfssprache entwickelt hat. Er tüftelte eine Liste von genau 850 Wörtern aus, mit deren Hilfe sich auch alle anderen Wörter umschreiben lassen. Mit dieser ausgeklügelten Minimalsprache

Gottfried Benns Lyrik braucht 2700 Wörter, James Joyces «Ulysses» enthält 32 000.

Charles K. Ogden: Basic English. London 1932

hoffte er, auf dem Wege drastischer Vereinfachung der natürlichen Sprache Sprachbarrieren zu überwinden.

«Die Liebe hat ihre eigene Sprache; die Ehe kehrt zur Landessprache zurück.» Russisches Sprichwort

Sprachbarrieren gibt es auch innerhalb enger Beziehungen. Offenbar werden diese Hürden mit der Zeit immer höher, wenn nichts gegen den Sprachzerfall getan wird. Untersuchungen belegen, dass im Lauf der ersten zehn Jahre Paargeschichte über 75 Prozent des ursprünglichen gemeinsamen aktiven Wortschatzes verdunsten und austrocknen. Was zurückbleibt nach langen Zeiten der Sprachschwindsucht, ist eine mehr und mehr rudimentäre, äußerst vereinfachte Paarsprache; Eheleute reden ja durchschnittlich höchstens ein paar Minuten pro Tag miteinander, man weiß es. Nicht nur, weil sie einander verleidet wären, das vielleicht auch; es ist eine ozeanische Flut von Wörtern, die sich seit ein paar Jahrzehnten Tag für Tag auf die Leute ergießt. Exzessiver Medienkonsum versenkt sie in eine historisch wohl einmalige verbale Passivität. Printredaktionen und Sendeanstalten lassen auf gewöhnliche Westmenschen im Lauf ihres Lebens mindestens doppelt so viele Wörter niederprasseln, wie diese selber formulieren, nämlich rund 723 Millionen. Vielleicht verschlägt es ihnen auch darum die Sprache in ihren vier Wänden.

Gängige Schätzungen: 4 bis 9 Minuten pro Tag. Bevorzugte Themen: Geld & Kinder.

Berechnungen von Wolf Schneider, siehe oben, Seite 360.

In der Sexualität sind die Wörter besonders knapp. Nicht dass es sie nicht gäbe, die Bezeichnungen für alles Erotische und Sexuelle. Ernest Bornemans «Lexikon der Liebe» ist 1540 Seiten stark und weiß Tausenderlei zu benennen, von dem Sie und ich noch nie gehört haben. Auch in anderen einschlägigen Büchern und periodisch erscheinenden Druckerzeugnissen und in manchen elektronisch verbreiteten Produkten scheint das geschlechtliche Vokabular locker in die Tastaturen und Mikrophone geflossen zu sein. Eng wird's erst, wenn wir mit einem Menschen allein zu zweit sind, der uns nahe steht. Da neigen die fälligen Wörter merkwürdigerweise dazu, uns gar nicht einzufallen, oder sie sind sperrig und quer oder unansehnlich und möglicherweise unaussprechlich. Wer macht nicht die anstößige Erfahrung: Die Broca-Hirnwindung, die als Verschlüsselungsapparat für die Sprachmotorik zuständig ist,

Ernest Borneman: Lexikon der Liebe. Materialien zur Sexualwissenschaft. Wien: Hannibal 1984

Eine milde amnestische Aphasie …

beginnt zu flimmern und flackern, sobald sie Sexuelles produzieren soll. Nicht ohne Erstaunen bemerke ich auch bei mir manchmal Anflüge von derlei sexuellen Sprachgebrechen; dabei habe ich's doch von Berufes wegen jeden Tag mit sexuellen Themen zu tun. Ich kenne es, dieses subtile Würgen im Hals, diese diffusen Lähmungserscheinungen im hinteren Zungenabschnitt, diese klammen Lippen, die Ungehöriges im letzten Moment daran zu hindern versuchen, aus dem Mund zu rutschen. Solche stottrigen Störungen sind auffällig ansteckend. Unterschwellig peinliche Stummheit neigt dazu, vom einen zum anderen überzuspringen. Darum empfinden es zwei sexuell Wortkarge als beinah unmöglich, ihrer gemeinsamen Sprachbeklemmnis zu entkommen.

«Am Anfang war das Wort. Dann muss es ihm die Sprache verschlagen haben.»
Heinrich Wiesner

Ihr erotischer Stammwortschatz

Die Sexualität sitzt zwar mitten in fast allen Beziehungen und Ehen, ob sie stattfindet (wie auch immer) oder nicht. Aber fast überall ist sie ein Un-Thema. Es ist, als ob Wörter fehlen würden oder ganze Sätze, um das Dringliche auszudrücken. Ohne Wörter bleibt nur das Schweigen. Oder die verdrehte Ausrede. Oder die missverständliche Körpersprache. Und natürlich die unrealistische Erwartung: Der andere soll *«es»* merken. Alles, was ich herauszuwürgen außerstande bin, muss er *«spüren»*, da ich es ihm doch schon jahrelang zu verstehen gegeben habe. Was sind irrationale Hoffnungen zählebig!

Die fiesesten Wortfindungsstörungen fallen Sie aus der Scham-Ecke an. Dort kauert und lauert ja nicht bloß die Scham selber; die Scham versteckt sich, solang es geht, hinter der Angst, sich zu blamieren. Die Scham-Angst lähmt womöglich Ihre lustvolle Fertigkeit, die Wörter über die Lippen zu bringen, welche die Dinge bezeichnen, die Ihnen am Herzen liegen oder auch im Bauch und zwischen den Beinen. Sie schamängstigen sich, den anderen vor den Kopf zu stoßen oder zu irritieren, selber zurückgestoßen oder abgewiesen zu werden, in

«Es ist niemals schwieriger, das rechte Wort zu finden, als wenn man sich schämt.»
La Rochefoucauld

Schamprävention macht Sie mundtot.

den Ruch primitiver Triebhaftigkeit oder selbstsüchtiger Rücksichtslosigkeit zu geraten.

Ich schlage Ihnen eine Rangliste jener zwölf Wörter und Sätze vor, die von Paaren im Umkreis von Bettlaken und

Stellen Sie Ihre eigene Hitliste auf!

Fehlender Ausdruck:	Also bleibt unausgesprochen:
1. «Nein!»	Sexuelle Selbstbestimmung: Ihre körperliche und emotionale Integrität.
2. «Ja!»	Hingabe: Ihre Lust, auf die Partnerin einzugehen.
3. «Mich macht heiß …»	Das Innere Ihrer Begehrlichkeit.
4. «Heute Abend möchte ich, dass du mir wieder mal einen richtigen Orgasmus machst!»	Ihr Mumm für deutliche sexuelle Initiativen.
5. «Wie ist das eigentlich bei dir?»	Ihre erotische Neugier: die Lust, Fragen zu stellen.
6. «Ich stelle mir vor, …»	Die schöpferische Welt Ihrer Phantasie.
7. «Lass uns so tun, als ob …»	Ihr Spieltrieb.
8. «Ich schlage dir vor: Einen Monat lang …»	Ihre kreative Kraft – strukturierend und elastisch gleichzeitig.
9. «Okay, ich komm' dir entgegen: …»	Ihre flexible Verhandlungsbereitschaft.
10. «Du riechst nicht so gut …»	Ihr Mut, Störungen zu melden und zu zweit zu beheben.
11. «Deine Fußsohlen sind seidenweiche Pfoten!»	Ihre Fähigkeit, erotische Komplimente zu verschenken.
12. «…äugen und züngeln und speicheln …»	Ihre Sprachlust, neue, eigene erotische Wörter zu zeugen.

«Nein!» müssen Sie immer zur Hand haben.

Schade, wenn sie's nicht mitbekommt!

Statt nur keuchen.

Statt dumpf zu darben.

Oder tappen Sie lieber im Dunkeln?

Ziehen Sie das Ewiggleiche vor?

Oder muss alles immer *«echt»* sein?

Muss es sich unbedingt *«ergeben»*?

Von selbst klappt *«es»* nicht.

Lieber nur ja nicht *«verletzen»*?

Sie wollen nicht, dass man *«alles zerredet»*?

Gefunden bei Thomas Mann

Schamhaaren wohl am häufigsten verdrückt und unterdrückt werden. Die meisten Ausdrücke kommen ihnen gewöhnlich so wenig auf die Zunge oder zu Ohren wie der Brunstruf eines westafrikanischen Wüstenfuchsweibchens in der Fußgängerzone Ihrer Stadt.

«Schamhaftigkeit steht jedem gut. Aber man muss verstehen, sie zu überwinden, ohne sie zu verlieren.» Montesquieu, franz. Schriftsteller (1689–1755)

Meistens behilft man sich umständlich mit Händen und Füßen, um doch noch irgendwie rüberzubringen, was man verborgen mit sich herumträgt. Manchmal leisten einem das Gesicht und seine Züge nützliche Dienste. Im Notfall erst greift man zu Wortfolgen wie *«Was bin ich müde!»* und gähnt – um *«Nein!»* zu sagen. Natürlich eignen sich die gleichen vier Wörter auch, um genau das Gegenteil auszudrücken – je nach Kontext: Mit *«Was bin ich müde!»* (gähn!) kann man den Partner auf die Idee bringen, den Rest des Abends erotisch ersprießlich im Bett statt stumpf vor der Kiste zu investieren.

Wenn man Glück hat!

Ist Ihnen aufgefallen, dass es eigentlich keinen wirklich brauchbaren Ersatz für die fehlenden Ausdrücke gibt? Oder haben Sie einen gefunden? Eine erotisch interessierte Frage müssen Sie doch stellen, eine sexuelle Phantasie will formuliert werden, Sie kommen fast nicht drum herum, auch nicht auf Umwegen über Gestik, Mimik und viel sagende Andeutungen. Wenn Sie also keine treffsicheren Worte finden, versinken Sie lautlos und beinah zwingend in Stummheit.

«Die Schamhaftigkeit verschafft dem Liebhaber sehr schmeichelhafte Genüsse: Sie lässt ihn kosten, welche Gebote man seinetwegen übertritt.» Stendhal: Über die Liebe

Verstehen Sie mich richtig: Ich meine überhaupt nicht, Sie müssten *alles* in Worte fassen und rauslassen, was Ihnen an sexuellen Gedanken einschießt – bewahre! Am besten sind Sie dran, wenn Sie über die luxuriöse Freiheit verfügen, das zu versprachlichen, was Sie möchten, und alles andere für sich zu behalten. Wenn also nicht Angst, Scham und Beklemmnis über Ihren Kontakt zu Ihrer Partnerin gebieten. Sondern Sie selbst!

Vielleicht möchten Sie wissen, wie umfangreich Ihr persönlicher sexueller Wortschatz im Moment ist. Ich biete Ihnen die Gelegenheit, abzuchecken, welche Wörter Sie konkret selber in den Mund nehmen. Notieren Sie nur Begriffe, die Sie in den vergangenen zwölf Monaten in einem intimen Gespräch

Wortspiel 1: Wie nennen Sie das?

Halt!
Bevor Sie Ihre erotischen Stammwörter in die leeren Zeilen füllen, fotokopieren Sie den Abschnitt. Vielleicht möchte nämlich Ihr Partner auch.

1 Das sanfte weibliche Organ, das bei «oben ohne» gezeigt wird. ....

2 Sitzt auf der 1 und wird steif, wenn ihr das Leben gefällt. ....

3 Sprießt zwischen den Beinen der Frau und soll sich angeblich schämen. ....

4 Blühen doppelt im schwülen Schatten der 3. ....

5 Die feucht-heiße Endstation Sehnsucht der 8. ....

Das gibt's wirklich!

6 Dient als einziges Organ überhaupt ausschließlich der Lust – und wie! ....

7 Strömt aus der 5, wenn der 5 etwas lustvoll fehlt. ....

Der Computer? – Nein!

8 Die einzige erogene Zone des Mannes. ....

9 Thront auf der 8 und ist noch viel erogener. ....

10 Baumelt kühl am Mann und lädt zum Fingerspiel. ....

Ja, eine Art Freudentränen …

11 Schießt heraus aus dem Mann, wenn's ihm zu viel wird. ....

12 Ist groß, glatt und nebenbei geschaffen zum Draufsitzen. ....

13 Versteckt sich mitten in der 12 und freut sich, entdeckt zu werden. ....

Die unteren natürlich auch. Aber nur nass.

14 Die oberen Lippen tun's liebend gern. Trocken oder nass. ....

15 *«Ich mache dir Lust!»* ....

16 *«Ich habe Lust.»* ....

17 *«Ich habe keine Lust.»* ....

«Kopfschmerzen»?

18 Mann: *«Meine 8 ist prall gefüllt mit Blut!»* ....

19 Das Gegenteil der 18. ....

20 An der 8 saugen. ....

… und lecken.

21 An der 5 lecken. ....

… und saugen.

22 *«Du gibst dich himmlisch hin!»* ....

23 *«Lass uns ‹richtigen›, landesüblichen Geschlechtsverkehr machen!»* ....

24 Ihr Hauptwort für: die 8 in die 5 einfahren lassen. ....

25 *«Hattest du einen Orgasmus?»* ....

Ist Ihnen das so wichtig?

26 Ihr poetisches Wort für: Selbstbefriedigung. ....

27 Sich selbst befriedigen (als Mann/als Frau) – lyrischer gesagt. ....

web a1-27 Zu den Stichwörtern 1–27 finden Sie im Anhang der Homepage www.klausheer.com insgesamt 3303 Synonyme.

mit Ihrem Partner wirklich mindestens einmal gebraucht haben. Wenn Ihnen mehr als ein Wort einfällt, schreiben Sie alles auf.

Sind Sie zufrieden mit ihrem sexuellen Wort-Inventar? Vermissen Sie nichts? Gerieten Sie weder eben beim Begriffe-Rätseln noch gewöhnlich beim Sex selbst in Verlegenheit, weil Ihnen das fällige Wort nicht einfiel oder nur mit Unbehagen über die Lippen kam, oder gar nicht? Können Sie alles benennen – und nicht nur denken! –, was Sie benennen möchten? Haben diese Wörter in Ihren Ohren einen aufregenden, intimen und herzhaften Klang? Und in den Ohren Ihrer Partnerin? Wissen Sie das, weil sie es Ihnen gesagt hat? Oder nehmen Sie es an, weil sie gut darauf reagiert? Oder sind Sie unsicher, wie Sie mit Ihrem sexuellen Wortschatz bei ihr ankommen? Indem Sie beide das Wortspiel 1 spielerisch vornehmen, Wort für Wort, erfahren Sie eine Menge über ihre sprachliche Empfänglichkeit.

«Das Wort ist als Klangkörper zu verstehen.» Gerhard Meier: Land der Winde. Frankfurt: Suhrkamp 1996

Wortspiel 2: Wühlen bis Sie wortfündig werden

Seien Sie ungeniert subjektiv! Messen Sie sich nicht an der Wortgewalt von Poeten und Romanciers! Ihre Wörter müssen einzig für Ihren persönlichen Bettgebrauch passen und dort die Funktion als Cheerleader Ihres sexuellen Tuns erfüllen, egal, ob sie fremde Leute aufzugeilen vermöchten oder nicht. Sollten Sie Ihren erotischen Wortschatz aufwerten wollen, können Sie unter *Web.a* auf den Wörterwühltischen herumkramen, auch gemeinsam mit Ihrem Partner natürlich, bis Sie fündig werden. Wenn Sie ein Wort herausgeklaubt haben, das für Sie einen erotischen Wohlklang hat, nehmen Sie es in die Sammlung des Wortspieles 1 auf. Freuen Sie sich über jede Trouvaille! Jonglieren Sie mit den neuen Wörtern, vielleicht zuerst für sich allein, dann zusammen mit Ihrem Partner, wenn er ebenso Spaß daran hat wie Sie; nach und nach auch beim Sex. Ein wirklich stimmiges Wort lässt sich immer und immer wieder in den Mund nehmen, und es schmeckt jahrelang! Zum Beispiel könnten *«fliegen»* oder *«flippen»* viel würziger und handlicher klingen als das blässliche *«Kommen»*, wenn es um den Orgasmus geht. *«Sich selbst befriedigen»* ist ebenso abgegriffen wie *«onanieren»*, nicht aber *«rubbeln»* oder *«ribbeln»*. Oder wie wär's mit *«abfingern»*, *«fingern»*, *«klimpern»*, *«kraulen»*, *«leiern»*, *«sich einen abzischen»*, *«wetzen»*?

Genießen dürfen Sie die wollüstige poetische Potenz trotzdem zum Beispiel mit Hermann Kinder: Die Klassische Sau. Zürich: Haffmans 1986 Eine sinnliche Wonne!

web a26+27

192 Wortvorschläge für *«sich selbst befriedigen»*.

«Stierig»!

Jeder Mensch muss zurechtkommen mit seinen eigenen biographischen Kulissen. Fast alle Leute können darauf verweisen, dass ihre erotische Sprachbehinderung und Wortknappheit in ihrer Kinderstube urinszeniert wurden. Mir zum Beispiel ist in meiner Kindheit und Jugend zu Hause kein einziges auch nur entfernt fleischliches Wort zu Ohren gekommen. Ein gähnendes Erfahrungsloch, ein unübersichtliches Übungsdefizit! Doch ich war nicht chancenlos. Im schummrigen Stall meines Vaters standen nämlich ein paar fortpflanzungstüchtige Rinder beiderlei Geschlechts.

Beliebtes Alibi: *«Meine Eltern waren niemals zärtlich miteinander...»* – Ja, und??

Der damals herrschende Pontifex maximus Pius XII. sah es zwar nicht gern, aber es musste sein: Mein Vater ließ den kraftstrotzenden Stier in Gottes Namen gelegentlich das tun, was dieser ohnehin am liebsten mehrmals pro Tag getan hätte. Und wie man sich auch wand: Man musste in diesem Zusammenhang Wörter in den Mund nehmen. Und die klangen in meinen Kinderohren abgründig-aufregend, geheimnisvoll-lockend, undurchdringlich-lüstern. *«Stierig»* waren die Kühe zum Beispiel, wenn sie brünstig wurden: Sie waren sichtlich unruhig, muhten langgezogen und sehnsüchtig, ein glitzernder Saft strömte fadenförmig aus ihrer geschwollenen Scheide. Mit dem Wort *«stierig»* verband ich die Ahnung, wie sexuelles Drängen sich anfühlen könnte. Für den Rindergeschlechtsverkehr gab es das Wort *«zulassen»*, ein transitives Verb, das auf das weibliche Rind angewandt wurde. *«Zulassen»* klingt für unbefangene Leute wie ein papierener, zwanghafter Begriff aus den Großraumbüros der Kantonalen Motorfahrzeugkontrolle. Ich war natürlich alles andere als unbefangen, sondern insgeheim brennend interessiert an den befremdlichen sexuellen Dingen, die weit außerhalb der Reichweite von Sprache und Erfahrung zu liegen schienen. So vermochte das scheinbar harmlose *«Zulassen»* mein Inneres in diffusen Aufruhr zu versetzen. Denn was mit der Kuh geschah, war ganz und gar nicht harmlos.

Eine animalische Sex-Szene beschreibt E. A. Rauter atemberaubend auf einer Seite in: Die neue Schule des Schreibens. Düsseldorf: Econ 1996 (Seite 96).

«Die Erotik ist ein von Gespenstern bevölkerter Bereich. Sie ist das Niemandsland, verflucht und verzaubert zugleich.» Camille Paglia

Und so ist es auch wirklich: Auch für uns erwachsene und urbane Menschen ist die Sexualität niemals ganz ohne Arg. Sie lässt sich auf keine Weise vollständig entdämonisieren und restlos durchschaubar und handzahm machen. Zum Glück! Es ist anzunehmen, dass jeder Mensch aus seiner Kindheit und Jugend erotische Erfahrungen mitbringt, deren vibrierende Spuren an bestimmten Wörtern haften, auch an Bildern, Klängen, Berührungen, Gerüchen, Empfindungen, Stimmungen. Diese Spuren nennt man «sexuelle Skripts», also höchstpersönliche, geheime «Drehbücher», in denen die nachhaltigsten und tiefgreifendsten sinnlichen und erotischen Erlebnisse unseres Lebens, vor allem in unseren ersten Lebensjahren, aufgezeichnet sind. Es sind nicht unbedingt die «schönsten» Erfahrungen, die Lust und Erregung am spitzesten aufstacheln; alte Wunden und Konflikte, alles andere als harmlos und in schamvolle Verschwiegenheit gehüllt, entfalten oft eine viel mächtigere Lust-Potenz. Diesem ganz persönlichen erotischen Profil auf die Spur zu kommen ist nicht ganz einfach, dafür aber umso spannender. Gewiss ist die Wahl Ihres Geschlechtspartners von Ihrem sexuellen Skript beeinflusst, doch was Sie mit ihm spielen, genau und in allen Details, das ist vermutlich viel bedeutsamer. Wenn Sie Mal für Mal stumm und taub die arterhaltende Original-Paarung abspulen, bleibt Ihre ganz persönliche Lüsternheit Ihr Lebtag lang unentdeckt.

Wie Sie lustvoll zu den Urquellen Ihrer Lust vorstoßen können, lesen Sie nach bei Jack Morin: Erotische Intelligenz. Die Erschließung der inneren Quellen sexueller Leidenschaft. München: Goldmann 1997 (Seite 198 ff.)

Schade wär's!

Wortspiel 3: Federleichte erotische Einfälle

Eine alte und bewährte Methode, versunkene psychische Schätze zu bergen, ist die Assoziation. In der Psychotherapie überlässt man sich frei oder gerichtet seinen Gedankengängen, um sein Inneres zu vertiefen und kennen zu lernen. Der Schatz, den Sie in unserem Zusammenhang vielleicht suchen und finden möchten, ist Ihr erotischer Kernwortschatz. Er ist Ihre persönliche Sammlung jener Wörter und Wendungen, mit denen Sie sich im Sex und beim Reden über Sex wohl und

«Jeder Mensch muss sich eigentlich seine Sprache erfinden und jeden Begiff in jedem Wort so verstehen, als wenn er ihn erfunden hätte.» Johann Gottfried Herder

wach fühlen, direkt & deutlich, innig & intim, leicht & lebendig, scharf & schamlos, sicher & sinnlich, vertraut & verspielt – je nach Situation. Auch wenn Sie nicht (mehr) verliebt sind, brauchen Sie nicht von vornherein auf das Labsal einer glitzrigen erotischen Sprechverbindung mit Ihrer Partnerin zu verzichten. Die Verbindung errichtet sich allerdings nicht von selbst! Ein Teil der spielerischen Vorarbeit könnte eine assoziative Fingerübung sein.

Ich gebe Ihnen eine Stange von Wörtern vor, von denen jedes einen Aspekt einer sexuellen Szene abbildet. Die Bilder erschaffen natürlich Sie; ich gebe Ihnen immer neue Impulse, Ihre Szene laufend zu verändern. Nun lesen Sie aus den Bildern in Ihrem Kopf blitzschnell auch das Wort, das Ihnen als erstes dazu einfällt – ganz egal, ob's Ihnen schepp oder quer vor-

Lippen	➜	*feucht*
reiben	➜	*Klitoris*
Laken	➜	*Sportflecken*
eindringen	➜	*stöhn!*
spreizen	➜	....
nass	➜	....
Fingerbeere	➜	....
«Ich komme!»	➜	....
erregt	➜	....
Schenkel	➜	....
reizen	➜	....
Stoß	➜	....
Achselhöhle	➜	....
samten	➜	....
«Nein!»	➜	....
wild	➜	....
Gänsehaut	➜	....

Wenn Ihre Partnerin Lust hat, unabhängig von Ihnen ebenfalls zu assoziieren, wird's vergnüglich, die beiden neuen Wortreihen nachher zu vergleichen.

Nicht grübeln wie bei einer Übersetzung in der Schule! Das nächstliegende Wort zack! aus dem Kopf schütteln!

Erfinden Sie eigene Wörter und beschenken damit Ihren Partner!

web 12 13 weitere Assoziationsimpulse

kommt. Sehen Sie sich zuerst meine vier Musterassoziationen an, und dann starten Sie mit Ihren eigenen: Achtung–fertig–los!

Und, wie war's? Je schneller Sie die Reihe hinunterassoziiert haben, umso größer Ihre Chance, dass sich unter Ihren Instant-Kreationen eine Perle befindet oder zwei. Suchen Sie Ihre Kolonne ab, und nehmen Sie das unscheinbare kleine Kleinod in die Sammlung Ihrer Wortpreziosen auf.

Ein witziges Gesellschaftsspiel zu zweit gefällig? Ein scrableartiges Wörterrätsel, nur vergnüglicher, weil zügig und erotisch? – Also: Assoziieren Sie blitzartig und um die Wette mit Ihrem Partner! So zeigen Sie sich; Sie zeigen, wer Sie sind, als Frau, als Mann. Und Sie sehen, mit wem Sie es zu tun haben. Warnung des gesunden Menschenverstandes: Naiv-rabiate Ehrlichkeit kann Ihre Beziehung gefährden! Wählen Sie im Zweifelsfall eher Ihren zweiten, harmloseren Einfall.

«Jede Liebe verleiht Worte.» Ovid

Wortspiel 4: Ein Wort gibt das andere

Wenn Sie Spaß finden am gerichteten Hinzuassoziieren, gelüstet es Sie vielleicht, noch einen Schritt weiterzugehen. Diesmal starten Sie wieder mit einem vorgegebenen Wort, das ein bestimmtes Bild in Ihnen weckt. Das erstbeste Wort, das sich zeigt, greifen Sie unbesehen auf und machen es zum Ausgangspunkt eines veränderten neuen Bildes, das Ihnen ein neues erstbestes Wort zuspielt und so weiter. Sie bilden also flugs eine Kette von bildgestützten Begriffen. Schriftlich? – Warum nicht, wenn Ihnen die Wörter rasant aus den Fingern rinnen! Mit der bunten Wortgirlande verzieren Sie die bewegte Bilderfolge, die ihr zugrunde liegt.

«Ein Wort gebiert ein Wort, das dritte läuft von selbst.» Russisches Sprichwort

Es gibt wohl kein Thema auf der Welt, das derart von merkwürdigen Bezeichnungen durchsetzt ist wie die Sexualität. Populär sind die sauberen und linkischen Wörter wie *«miteinander schlafen»* (dank schlafwandlerischer Begabung können sich manche Leute offenbar schlafend paaren …), *«verkehren»*, *«zuein-*

Heiße Assoziationsketten

Bauchnabel ➜ *Kuss* ➜ *nass* ➜ *schlürf!* ➜ *Zunge* ➜ *züngeln* ➜ *lippeln* ➜ *schenkeln* ➜ *weit & breit* ➜ *spreizen* ➜ *Mast* ➜ *prall & praller* ➜ *scharf* ➜ *keuch!*

Reißverschluss ➜ ……………………………………

……………………………………

……………………………………

……………………………………

Schaumbad ➜ ……………………………………

……………………………………

……………………………………

……………………………………

von hinten ➜ ……………………………………

……………………………………

……………………………………

……………………………………

innig ➜ ……………………………………

……………………………………

……………………………………

……………………………………

> Los geht's … … von einem Bild … … zum anderen. Von einem Wort … … zum nächsten!

> web 13 6 weitere Anstöße für Assoziationsketten

ander gehen», «*sich gern haben*», «*zusammensein*», «*etwas miteinander haben*», «*sich sehen*», «*zueinander schlüpfen*» und «*es schön haben miteinander*». Und die gängigen Dreckswörter: «*ficken*», «*vögeln*» und «*bürsten*». Dazwischen ist nicht viel. – Doch, doch: «*bumsen*»! Der Duden bringt als erste Bedeutung von «*bumsen*» ungerührt «*dröhnend aufschlagen*» und erst als zweite «*koitieren*». Vielleicht können Sie etwas anfangen mit: «*begießen*», «*datteln*», «*den Vogel zwitschern lassen*», «*die Lustflügelchen überziehen*», «*die Passionsblume*

> Für «*koitieren*» sammelte Ernest Borneman rund 1500 Wörter. Eine ergänzte Auswahl davon, 397 Synonyme, finden Sie unter web a23

begießen», «eine Tour machen», «fiedeln», «flippern», «glitschen», «lustquirlen», «rubbeln», «schwengeln» oder *«wackeln»*?

bietet Ihnen 117 Synonyme für *«Brüste»*.

Einen misslichen Beigeschmack hat für mich das Wort *«Busen»*. Wortgeschichtlich hat *«Busen»* dieselbe Wurzel wie *«pusten», «Pausback», «böse»* und *«Beule»*. Genauso unsympathisch klingt *«Busen»* in meinen Ohren. Anderen Leuten kommt *«Brust»* oder sogar *«Brüste»* vermutlich zu prall vor, zu deftig, zu saftig. Mit dieser liebenswürdigen Verklemmtheit hängt wahrscheinlich die Tatsache zusammen, dass *«Busen»* ja eigentlich gar nicht die Brüste selber bezeichnet, sondern vornehm ausweichend die Vertiefung zwischen den beiden Brüsten.

26 andere Wörter für *«Brustwarze»*

Und dann die entsetzliche *«Warze»* auf der Brust der Frau! Hat die *«Papilla mammae»* (offizielle anatomische Bezeichnung der *«Brustwarze»* der Frau) vielleicht eine derartige Verschandelung verdient? *«Knospe», «Himmelsbeere»* oder *«Liebesauge»* zum Beispiel klingen viel musikalischer.

Eigenartige Klänge auch rund um den weiblichen Schoß: Dort sitzen ja *«Schamhaare»* auf den *«Schamlippen»* und drum herum und auf dem *«Schamhügel»*, und das Ganze nennt sich *«die Scham»* – selbstverständlich nur bei der Frau. Für den Mann hört nämlich das Schämen bei den *«Schamhaaren»* auf. Oder haben Sie jemals jemanden reden hören von *«Schamstängel»* oder *«Schambeutel»*?

«Bestürzend armselig»

Die Sprache zeige sich wenig hilfreich, wenn man die Verzückung der Liebe ausdrücken wolle, schreibt die Schriftstellerin Benoîte Groult. *«Ich weiß, dass mir Lächerlichkeit auflauert. Dass meine erlesenen Gefühle der Banalität nicht entkommen können, und dass jedes Wort nur darauf wartet, mich zu verraten. Jedes Wort: jämmerlich oder vulgär, fad oder grotesk, wenn nicht gar abstoßend.»* Wenn es sich um Sex handle, verliere sogar die Anatomie ihre Unschuld. *«Die Wörter, diese verdammten Schurken, die ihr Leben unabhängig von uns führen, zwingen uns feststehende Bilder auf und ver-*

Benoîte Groult: Salz auf unserer Haut. Roman. München: Droemer 1989

bieten einen unbefangenen Gebrauch. Sie gehören zum Mediziner-Latein oder zum Schundvokabular, zum Pennälerjargon oder zur Gossensprache. Wenn sie überhaupt existieren. Denn das Vokabular der weiblichen Lust erweist sich, sogar bei den größten Autoren, als bestürzend armselig.»

Extrem karg und ärmlich nimmt sich unser alltägliches Sex-Vokabular aus. Oder fallen Ihnen vielleicht spontan mehr als zwei handliche Wörter für *«Penis»* ein? Wer sich nur maßvoll exponieren möchte, sagt einfach *«zwischen den Beinen»* oder *«da unten»*.

Die meisten westeuropäischen Haushalte kommen gut zurecht ohne sexuelle Bezeichnungen. Man braucht sie glücklicherweise gar nicht, also vermisst man sie auch nicht. Höchstens wenn die Kinder noch klein sind und unvernünftig, nötigen sie einen manchmal dazu, das Wort *«Penis»* in den Mund zu nehmen. In der Schweiz nennt man ihn dann meist *«Pfiffli»*, die Miniaturausgabe einer Pfeife. Gebietsweise hört dasselbe Organ auf den herzigen Namen *«Schnäbi»* oder gar *«Schnäbeli»*. Es ist noch immer dasselbe *«Pfiffli»* beziehungsweise *«Schnäbeli»*, das einem die eigenen Eltern auf dem Wickeltisch beigebracht haben. Wenn die Leute dann beim Arzt oder beim Paartherapeuten nicht mehr anders können, als davon zu reden, dann kommt's halt immer noch, dieses erbärmliche *«Pfiffli»* – von erwachsenen Männern und Frauen. Ohne Rücksicht auf die Tatsache, dass das *«Pfiffli»* inzwischen längst lang und dick genug geworden ist, um ansehnliche Söhne und Töchter damit zu zeugen.

Gefällt Ihnen das glitschige *«Glied»*? – Mir nicht.

Der Band 8 des rechtschaffenen Duden für sinn- und sachverwandte Wörter füllt immerhin eine halbe Spalte mit Synonymen für *«Penis»*. Bei genauerem Hinsehen wird aber deutlich, dass nicht alle Angebote auch brauchbar sind. Hinter den meisten Ausdrücken steht nämlich in Klammern entweder «kindersprachlich» (zum Beispiel *«Zipferl»*, *«Pillermännchen»*, *«Piephahn»*), «scherzhaft» (*«Giesskanne»*, *«Elfter Finger»*, *«Hanswurst»*) oder «salopp» (*«Gurke»*, *«Horn»*, *«Lümmel»*), «umgangssprachlich» (*«Apparat»*, *«Johannes»*) oder aber – am häufigsten – «vulgär»

«Schwanz» passt mir besser. Und wie ist das bei Ihnen?

web w8 624 Synonyme für *«Penis»*. Vielleicht werden Sie fündig.

(*«Ständer»*, *«Schwanz»*, *«Fummelhobel»*). Was könnte Ihnen zusagen: vielleicht *«Aal»*, *«Blockflöte»*, *«Bockshorn»*, *«Freudenfühler»*, *«Glühwurm»*, *«Goldfinger»*, *«Hochspannungsmast»*, *«Liebstöckel»* oder *«Lustwurzel»*?

Metaphern sind Musik

Metaphern prägen unsere Wahrnehmung, unser Denken und unser Handeln. Anspruchsvolles Buch dazu von G. Lakoff & M. Johnson: Leben in Metaphern. Heidelberg: Carl-Auer-Systeme 1998

An diesen Wortbeispielen sehen Sie deutlich, dass das sexuelle Vokabular sich zu einem großen Teil aus Metaphern zusammensetzt. Eine Metapher ist eine Bezeichnungsübertragung zwischen ähnlichen Gegenständen oder Erscheinungen. Man braucht sie immer, wenn die Sprache für die Bezeichnung einer Sache oder eines Geschehens (noch) keine eigene, spezifische Benennung kennt (*Stuhlbein, Flussarm*). Oft werden Metaphern ihrer stilistischen oder poetischen Wirkung wegen eingesetzt; durch Analogie und Assoziation machen sie die Sprache plastisch und reich.

Nehmen Sie zum Beispiel das Wort *«Sperma»*: Von *«Achsenfett»* bis *«Wonnekleister»* bewegen sich die metaphorischen Ideen: samt und sonders Wörter, die einem harmlosen alltäglichen Zusammenhang entlehnt sind. Sobald Sie sie aber in die Nähe sexuellen Tuns rücken, kann vielleicht das eine oder andere von ihnen mit erotischer Energie aufgeladen werden. Es zergeht prickelnd in Ihrem Mund, schmilzt im Ohr Ihres Partners: erotische Musik! Beispiele: *«Ambrosia», «Crème», «Eierlikör», «Mumm», «Nektar» oder «Tunke».*

web a11 75 metaphorische Alternativen für *«Sperma»*

Es könnte sein, dass Sie unter den Synonym-Angeboten keine einzige Metapher finden, die Ihnen beiden Freude macht. Ja, und? Kein Problem. Schöpfen Sie Ihre eigenen Wörter, entweder indem Sie ein vorgegebenes verändern, bis es passt (*«Liebesbalsam»*, *«Lustschaum»*), oder indem Sie frei drauflos Metaphern erfinden, die poetisch und genau wiedergeben, wie Sie das Sperma erleben und jetzt mit einem privatsprachlichen Wort persönlich feiern möchten. Ein selbstgeschaffenes, nach und nach ausprobiertes kleines erotisches Vokabular stimmt

«Jeder erotische Reiz, jede Form der Berührung, jeder Orgasmus ist geprägt durch Schattenbilder der Psyche.» Camille Paglia

natürlich viel besser als eines, das Sie kurzerhand übernehmen von diesem Buch oder von einem anderen Medium. Es macht Spaß und ist intim.

Könnte Ihnen *«Kligeva»* vielleicht gefallen? Die private Wortschöpfung eines amerikanischen Schwestern-Autorenpaares möchte die Wortlücke wohlklingend schließen, die Frauen *«da unten»* zwischen den Beinen haben. *«Kligeva»* – die Anfangssilben von *Klitoris, G-Punkt* und *Vagina* – steht für die Ganzheit der weiblichen Genitalien und klingt, wenn man *«cligeva»* amerikanisch intoniert, wunderbar schlüpfrig: *«klaidschihwa»*.

Marcia & Lisa Douglass: Und – wie war's? Das etwas andere Sexbuch. München: Goldmann 1999

Intime Privatsprache braucht überhaupt nicht weichgespült und kuschelig zu sein. Es könnten darin Wörter vorkommen, mit denen Sie sich nicht ungestraft in die Öffentlichkeit wagen dürften. Intim ist das gemeinsame Sondieren nach Ausdrücken, die klangvoll & saftig sind, innig & inbrünstig, lüstern & anrüchig, lustig & lustvoll, verzaubert & verhext, rüde & kühl.

Wortspiel 5: Wörter benennen das Unsägliche

Am liebsten würde ich Ihnen das Bild zeigen, das, aus einem Sexheft kopiert, vor mir liegt. Wenn ich könnte, würde ich Sie einladen, das Bild sorgfältig anzuschauen und es andächtig in allen Details zu beschreiben. Sie hätten dabei die Gelegenheit, prall durchblutete und sensibel innervierte sexuelle Wörter zu brauchen. Das ist aus technischen Gründen nicht möglich, darum mache ich Ihnen einen Vorschlag: Ich schildere Ihnen das Bild, mit meinen Worten natürlich, und Sie lassen das Bild – Ihr Bild! – auf Ihrem Phantasiebildschirm entstehen. Und nun sehen Sie sich die einzelnen Wörter genau an, die ich verwendet habe (besonders die *kursiv* gedruckten), und entscheiden Sie, ob es auch die Wörter sind, die auf Ihr Bild passen. Wenn nicht, gibt es neben meinem Text viel Platz für Ihren persönlichen Wortschatz.

web 14 Im Internet finden Sie das aufregende Bild!

Machen Sie das doch mal, wenn Sie Lust haben: ein fruchtiges Sexbild minutiös beschreiben. Allein oder zu zweit.

«Wir wagen es nicht, unsere Glieder mit ihren eigentlichen Namen zu benennen, und benutzen sie ohne weiteres zu allerart nicht sehr anständigen Funktionen.»
Montaigne: Essais (um 1585)

web a unterstützt Sie bei Ihrer Wörtersuche.

Zu scharf? – Ich wollte Sie doch bloß ein wenig provozieren!

Wortbilderrätseln Sie!

Stellen Sie sich vor: Sie schauen zu, wie ein Mann und eine Frau auf einem großen Bett *vögeln*. Sie sitzen am Fußende des Bettes und haben eine *erregende* Aussicht auf die beiden: Die Frau liegt mit weit gespreizten *Schenkeln* auf dem Rücken – auf dem Mann. Mit ihrem *Arsch* ist sie eingebettet in seinem *Schoß*, ihre Beine und Füße sind verschlungen mit seinen Beinen und Füßen. Oben haben sich die beiden ihre Gesichter zugewendet, sehen einander *innig* in die Augen und *zungenküssen* sich *selbstvergessen*. Mit ihrem rechten Arm zieht sie ihn zu sich heran, während er sie mit seinem linken Arm *umfängt* und mit seinen Fingern ihre linke *seidenweiche Brust liebkost*. Aus Ihrer Perspektive gesehen ragt ihr rechter *Paradiesapfel* genau in die *Kuss*-Szene hinein; es ist, als ob die *pralle Brustknospe* bei dem *Züngeln* auch dabei sein wollte. Unmittelbar vor Ihnen *greift* eine *schamlose* kräftige Männerhand mitten in den *dunklen Lustgarten*. Drei Finger liegen zwischen den *flutschigen Liebeslippen*, der Mittelfinger *drängt sich* an die *Klit*. Von unten, aus der Mitte des *haarigen Männerschoßes*, *zwängt sich* in die *fleischige Bresche* die *pralle Rute*, deren *Lustspitze* von den *zarten Spaltblättlingen umfangen* wird. Wo das *Füllhorn* aus dem Mann herauskommt, *hängen tierisch* die beiden *Samendatteln* im *Dudelsack*.

Wer auf Deutsch über Sex reden will, tut gut daran, mehrsprachig zu sein, am besten mit Altphilologie-Studienabschluss. Nehmen Sie als Beispiel das Wort *«Scrotum»*. Sie wissen nicht, was ein *«Scrotum»* ist? Nie gehört? – Die Brunst einer südostasiatischen Erdkröte? Das wahnhafte sexuelle Desinteresse des alternden Zweifingerfaultiers? – Nein, es ist ein Wort aus dem medizin-chinesischen Kulturkreis. Dort gibt es eine Menge Wörter, die Insider gebrauchen, damit kein Unberufener sie versteht. Fachsprachen sind Geheimsprachen.

Lat. scrotum, -i. n

In der bleichen Bürokratensprache heißt das Skrotum *«Hodensack»*. Auf alltagssprachlich kurz *«Sack»*, oder noch lieber *«Säckli»* (falls das Ding überhaupt je in einem anständigen mitteleuropäischen Gespräch auftaucht). In blumiger Sprache kommen vielleicht *«Marmelbeutel»*, *«Eierschaukel»* oder eben *«Dudelsack»* zum Zug, während man in der hemdsärmligen Untergrundsprache mit Vergnügen zur *«Wichstasche»*, zur *«Pulverkiste»* oder zum *«Kugellager»* greifen würde. Ganz ordinär heißt das Ding manchmal sogar *«Säckel»*, auch wenn statt Moneten zwei Eier drin sind. Sind Sie Liebhaberin kostbaren baumelnden Geschmeides? Dann sagen Sie doch einfach *«Kronjuwelen»*.

web a10

35 Wörter für Hoden (-Sack)

Die meisten Sex- und Pornohefte sind sprachblöd und obendrein orthographieschwach: «Fotze» wird oft doof und dümmlich mit «V» geschrieben.

Ich nehme nicht an, dass Sie sich jetzt ein Arsenal von vulgären Wörtern zulegen wollen, um Ihren Partner zu dessen Verblüffung plötzlich mit verbalen Grobheiten zu traktieren. Sie werden ihm kaum nächstens ohne Vorwarnung ins Ohr bellen: *«Fick mich, verdammt nochmal, du stinkiger Bock, in meine knallenge Fotze!»* Oder haben Sie vielleicht das Verlangen, Ihre Partnerin mit *«Du geile Sau, mach das Maul auf und leck mich, du beschissenes Luder!»* zu titulieren, nur weil Sie in einer Pornoschwarte eine hemmungslos «geile» Blondine positiv auf derlei Unflätigkeiten haben reagieren sehen? Ich glaube nicht, dass Sie mit Hilfe von kommerziellen Sexprodukten wie Heften, Videos, Filmen und TV-Erzeugnissen Ihren erotischen Wortschatz reizvoll aufstocken können. Die Herren und Damen (die gibt's auch!) Texter schreiben einander die brutal-biederen Wörter und Sätze systematisch ab, und Sie würden ziemlich sicher unangenehm auffallen, wenn Sie sich im Bett auf einmal

Dirty Talk? – Nein danke?

Viel, viel gescheiter, aber nicht gerade porentief sauber ist das feministische Buch von Sallie Tisdale: Talk Dirty to Me. Eine intime Philosophie des Sex. Berlin: Berlin Verlag 1995

von dieser dumpfen Geistlosigkeit inspirieren ließen, nur weil Sie sich in den Kopf gesetzt haben, mit der Sprachlosigkeit im Bett müsse es jetzt ein sofortiges Ende haben. – Außer …

Ja, so eindeutig ist das auch wieder nicht! Vulgäre Sprache kann in ihrer Zweideutigkeit heiß sein und ein scharfes Gewürz im erotischen Mörser. Indem Sie hart an die Grenze des Ungehörigen gehen, vielleicht sogar einen halben Fingerbreit darüber hinaus, wird's allenfalls gehörig kribblig. Verlassen Sie sich auf Ihr Musikgehör, bedenken Sie aber auch, dass die Bedeutung von Wörtern von ihrem Gebrauch abhängig ist. Der Begriff *«schwul»* zum Beispiel hat in den letzten Jahren seinen schwülen Beiklang fast vollständig verloren und ist ohne viel Aufhebens ins salonfähige Vokabular eingegangen. Die Dinge stracks zu benennen, ohne verklemmte Verbrämung, ist erleichternd und belebend.

… besonders, wenn Sie beide bereits am Glühen sind.

Und wie wär's mit *«vögeln»*? Der Duden erzählt, *«vögeln»* habe in seiner althochdeutschen Form *«Vögel fangen»* bedeutet, ab mittelhochdeutsch auch *«begatten»*, wenn Vögel es taten. Heute, auf die menschliche Paarung angewandt, nennt er den Begriff «derb»; ich habe ihn inzwischen so häufig in so erquicklichen Zusammenhängen gehört und selber gebraucht, dass er jetzt für meine Ohren den genau richtigen zärtlich-scharfen Sound erreicht hat. Nicht dass ich mit Bestimmtheit wüsste, ob es den Vögeln beim Vögeln auch so beflügelnd wohl & ekstatisch zumute ist, wie das uns Menschen passieren kann. Doch die Metaphorik stimmt wohl: Fliegen, Sich-Ausbreiten, Aufwind, Leichtigkeit, Alles-unter-sich-Lassen, Hingabe. Und doch – in manchen Situationen, mit manchen Leuten, will mir *«Vögeln»* partout nicht über die Lippen. Zu Recht. Dann vielleicht lieber: *«Bummel», «Clinch», «Eiertanz», «Fegefeuer», «Kaiserwalzer», «Minigolf», «Partie», «Rabatz», «Rutscher», «Sache», «Schieber», «Stichprobe», «Triller», «Tupfer», «Vorstoß»*, oder *«Wonne»*?

«fogalon» (ahd.), «vogelen» (mhd.)

«Vögeliwohl» – schweizerdeutsch für *«sauwohl»*

web a24 111 Synonyme für *«Koitus»*

Gewisse Wörter, besonders solche mit herber Poesie, sind nur brauchbar in der Hitze des sexuellen Gefechts. *«Ahhh, besteig mich jetzt, bitte!»* klingt vielleicht oberscharf, wenn Sie beide schon scharf sind; sollten Sie aber Ihrer Partnerin mitten beim Sonntagsfrühstück gemütlich kauend offenbaren: *«Ich will dich nachher bespringen!»*, bräuchten Sie nicht erstaunt zu sein, wenn sie sich verschlucken würde. Sie werden also bei Ihrer Wortwahl mit Vorteil den Kontext im Auge behalten; das tun Sie sonst im Leben auch immer. Allerdings: Wenn Sie allzu eng und ängstlich kontextverklebt sind, bleiben Sie vermutlich weiterhin wortlos oder wortkarg. Und unerotisch-langweilig. Umgekehrt treten Sie womöglich in widerwärtige Fettnäpfchen, wenn Sie Ihren sexuellen Wortschatz naiv-munter drauflos sanieren, ohne mit Sorgfalt darauf zu achten, dass Ihr Partner mitkommt und Ihr gemeinsames Vokabular mitgestalten kann.

Spielerisch-augenzwinkernd liegt vielleicht mehr drin!

Wer sagt, Sex sei ein Kinderspiel?

Wortspiel 6: Wörter erfassen erotische Stimmungen

Vielleicht würden Sie Ihrem Partner ganz gern außerhalb des Bettes einmal berichten, wie's Ihnen im Bett eigentlich geht mit ihm. Ich nehme an, dass es Ihnen auf die Dauer nicht wohl sein kann, wenn Sie überhaupt nie etwas Zusammenhängendes und Ausführliches vom anderen darüber hören, wie er das empfindet, was Sie mit ihm treiben. Bekommen Sie manchmal hinterher nur mehr oder minder deutliche Launenausschläge nach oben oder nach unten mit? Müssen Sie aus dem Kaffeesatz lesen, ob ihm wohl ist dabei, ob er schwelgt & schwebt – und wenn ja, wie genau? – oder was ihm fehlt, was ihn irritiert, was er nicht ausstehen kann? Vermissen Sie erquickliche Komplimente wie *«So scharf, wie unverschämt du mich nimmst!»*? Oder richtunggebende Hinweise wie *«Ich möchte zu gern mal erleben, dass du dich mir völlig wehrlos überlässt!»* Verständlich, wenn Sie sich unsicher fühlen und allmählich ins Schwimmen kommen beim Sex.

«Was wir sagen, tritt in die Welt, was wir nicht bereden, bleibt Schimäre.» Wolf Schneider

Sagen Sie Ihrer Partnerin – auf Anfrage – häufig, *«es»* sei *«schön»* gewesen, aber Sie würden es ihr gern genauer, kontrastreicher, farbiger schildern, wissen aber nicht wie? Oder möchten Sie ihr vermitteln, dass irgendetwas im erotischen Klima

«Es»? – Würden Sie gern Wörter finden, die Ihren Wunschsex abbilden?

Schätzung: Zwei Drittel aller Paare reden nicht über ihre sexuellen Wünsche, Bedürfnisse, Ängste, Frusts und Phantasien.

gefehlt, gewackelt, geklemmt, ein wenig gestört, nicht ganz gestimmt hat, aber es fehlen Ihnen die Wörter, um es differenziert zu beschreiben? Möglicherweise tragen Sie sich mit dem Gedanken, Ihrer Partnerin nächstens ausführlich zu skizzieren, wie Sie sich Ihren Sex und die Stimmung rundherum eigentlich vorstellen und wünschen. Aber Sie fürchten, sich nicht nuanciert genug ausdrücken zu können oder eventuell missverstanden zu werden, weil Sie die griffigen Begriffe nicht zur Hand haben?

Sprache braucht innere Distanz bringt Klarsicht braucht Sprache bringt Nähe braucht Abstand bringt neue Sicht braucht Sprache bringt Intimität braucht Ihren ganzen Mut.

Erotische Stimmungselemente

- ❑ abgehoben
- ❑ abgelenkt
- ❑ abgründig
- ❑ abrupt
- ❑ abstoßend
- ❑ abtastend
- ❑ abwartend
- ❑ abwechslungsreich
- ❑ abwehrend
- ❑ achtsam
- ❑ aggressiv
- ❑ akrobatisch
- ❑ aktiv
- ❑ alltäglich
- ❑ ambivalent
- ❑ amüsant
- ❑ angenehm
- ❑ angeregt
- ❑ angriffig
- ❑ ängstlich
- ❑ animalisch
- ❑ anmutig
- ❑ anregend
- ❑ anspruchsvoll
- ❑ anständig
- ❑ anstößig
- ❑ anstrengend
- ❑ appetitlich
- ❑ atemlos
- ❑ aufmerksam
- ❑ aufregend
- ❑ aufreizend
- ❑ aufwändig
- ❑ aufwühlend
- ❑ ausdauernd
- ❑ ausgefeilt
- ❑ ausgeklügelt
- ❑ ausgelassen
- ❑ ausgeliefert
- ❑ ausschweifend
- ❑ automatisch
- ❑ banal
- ❑ bang
- ❑ bedächtig
- ❑ bedeckt
- ❑ bedrängend
- ❑ bedrohlich
- ❑ bedrückend
- ❑ bedürftig
- ❑ befangen
- ❑ beflügelnd
- ❑ befremdend
- ❑ befriedigend
- ❑ begehrlich
- ❑ begierig
- ❑ beglückend
- ❑ behaglich
- ❑ beherzt
- ❑ behutsam
- ❑ bekümmert
- ❑ bemühend
- ❑ bemüht
- ❑ berauschend
- ❑ berechnend
- ❑ bereitwillig
- ❑ beruhigend
- ❑ berührend
- ❑ beschämend
- ❑ beschwingt
- ❑ beseligt
- ❑ besessen
- ❑ bewusst
- ❑ bezaubernd
- ❑ blind
- ❑ blockiert
- ❑ blumig
- ❑ brav
- ❑ brünstig
- ❑ brutal
- ❑ bestimmt
- ❑ bunt
- ❑ chaotisch
- ❑ charmant

web a28 bietet Ihnen 580 erotische Stimmungselemente.

Sehen Sie sich die 83 Adjektive an. Sie sind geeignet, eine sexuelle Situation, vor allem deren äußere und innere Stimmung, zu beschreiben. Wenn Sie die Begriffe ankreuzen, die auf Ihre Sexualität zutreffen, kreieren Sie ein feinrasteriges Bild, das Sie vielfältig & spielerisch nutzen können.

Richtig aufregend wird es natürlich, wenn Sie sich zu zweit an das Projekt machen. Sie werden einander mit Hilfe Ihrer beider Stimmungsprofile vermutlich mit weniger Aufwand mehr und Differenzierteres rüberbringen können, als dies in einem spontanen Gespräch möglich wäre.

Wieder mal ein fruchtiges Thema zu zweit!

Und so wird's gemacht: Sehen Sie das folgende Angebot von Gesichtspunkten durch, unter denen Sie Ihre Sexualität beschreiben können, wenn Sie Lust haben. Welches erotische Stimmungsprofil interessiert Sie am meisten? Gelüstet Sie eine Standortbestimmung, also eine Auslegeordnung: Wie setzt sich unsere erotische Stimmung zusammen, so wie ich sie im Moment im Bett erlebe? Möchten Sie wissen, wie sich das Geschehen in Ihrem Bett in den letzten Jahren entwickelt hat? Oder eher, welche Richtung Sie künftig vielleicht einschlagen könnten? Wenn Ihr Partner mitspielt: Wo stimmen Ihre Empfindungen überein? Und – viel spannender – wo nicht? Ja, natürlich! Erschrecken Sie nicht! Je mehr Differenzen Sie feststellen zwischen Ihnen, umso ergiebiger wird Ihr Austausch nachher.

Vive la différence!

Erotisch anregend ist nicht die psychogeklonte Deckungsgleichheit von Mann und Frau! Harmonie stellt sich nicht ein, wenn Sie und Ihre Partnerin im Bett «das Gleiche» erleben. Das ist auch gar nicht möglich! Und wo bliebe da die Anziehung? Halluzinierte Harmonie wär's. Freuen Sie sich über jeden Unterschied! Denn jeder Unterschied gibt Ihnen Gelegenheit, interessiert und neugierig zu sein. Interesse & Neugier sind Synonyme für Eros, und ein stummer Eros ist wie ein Schmetterling, der seine Flügel verloren und noch nicht wieder gefunden hat.

Ihre Ehe ist keine vierfüßige Kreatur. Was Sie zwei verbindet, ist das herzwarme Interesse füreinander.

Erotisches Stimmungsprofil:
Was möchten Sie beschreiben?

1. Ihre letzte sexuelle Begegnung mit Ihrem Partner.
2. Die durchschnittliche Atmosphäre bei Ihrem Sex im letzten halben Jahr.
3. Wie's bei Ihnen war beim ersten Mal, vor Jahren?
4. Die erotische Stimmung zwischen Ihnen beiden in den ersten drei Monaten Ihrer gemeinsamen sexuellen Geschichte.
5. Ihre Träume: Wie hätten Sie's gern mit Ihrer Partnerin im Bett?
6. Ihre realistische Utopie: Skizzieren Sie Ihre Träume, die Sie nach Ihrer Einschätzung auch verwirklichen könnten. Welche Stimmungselemente können Sie vermutlich, nüchtern betrachtet, im Moment realisieren, wenn Sie beide optimal zusammenarbeiten?
7. Ihr Solosex: Beschreiben Sie Ihre erotische Stimmung bei der Selbstbefriedigung.

«Hätten wir das Wort, hätten wir die Sprache, wir bräuchten die Waffen nicht.» Ingeborg Bachmann: Frankfurter Vorlesungen

Beispiel Gesichtspunkt 6: Sie gehen die 83-Wörter-Liste von Anfang bis Ende langsam durch und streichen alle Adjektive an, die den Sex beschreiben, den Sie sich mit Ihrem Partner wünschen. Da Sie ihn und sich selbst gut kennen, werden Sie sich nicht irgendein abgehobenes Phantasiebild zusammenwünschen, sondern die Realität als mitbestimmenden Faktor einfließen lassen in Ihre Wünsche. Angefangen bei A wie «abgehoben» könnte Ihr Profil vielleicht so aussehen:

Vergleichen Sie Ihr realistisches Wunschprofil mit dem Ihres Partners.

Achtsam – angenehm – animalisch – anregend – anspruchsvoll – aufmerksam – aufregend – aufwändig – und so weiter!

Lassen Sie erquickliche Wörter klingeln!

Sollten Sie den Aufwand nicht scheuen, die Liste nach Ihrem Profil abzusuchen, dann beginnen Sie am besten mit dem Gesichtspunkt 6; er ist der bedeutsamste. Die nüchterne Sicht auf Ihre Wünsche bringt Ihnen am meisten, besonders wenn Sie sich dafür mit Ihrer Partnerin zusammentun. Sie riskieren weniger, sinnlosen Vorwürfen und verbissenen Rechthabereien zu verfallen. Es ist die zukunftsgerichtete Perspektive, die Sie zuallererst interessieren müsste; spürbar wird für Sie beide unmittelbar, dass Sie beide geglückteren Sex möchten. Sie bewahren sich davor, verschwommenen Illusionen aufzusitzen. Wie das? Ein feingliedriges Koordinatensystem von Wörtern leistet Ihnen hilfreiche Dienste, sich detailliert und konkret klarzuwerden, wie Sie und Ihr Partner Ihre Wunschsexualität beschreiben könnten. Und Sie dürfen sich darauf verlassen: Zu zweit werden Sie Ihre Wünsche ziemlich zuverlässig daran hindern, undiszipliniert ins Kraut zu schießen. Zwei Hirne bringen bisherige Erfahrungen unbestechlicher ins Spiel als nur eines.

«Wohl finden wir unsere Worte auf den Lippen der Freunde wieder, aber nicht mehr als unser, sondern als ihr Eigentum.»
Marie von Ebner-Eschenbach

Lustvoll kann es sein, dieses Austauschen & Vergleichen, Aushandeln & Feilschen, Werweißen & Mutmaßen, Annähern & Abgrenzen, Anfragen & Antworten, Unterscheiden & Übereinstimmen, Wünschen & Beschränken, Sichzeigen & Kennenlernen. Vorbei ist die diffuse bange Unsicherheit, ob Sie beide bei Ihrem nächsten Ausgang auf ein lohnendes abendfüllendes Thema stoßen werden oder nicht; überflüssig die Zweifel an Ihrer gemeinsamen Fähigkeit, in intime Zonen Ihrer Beziehung vorzudringen – eine Sehnsucht, die beinah alle Menschen in einer festen Beziehung gleichermaßen erwärmt.

Werweißen: aus «wer weiß, ob, wann, wo …» Schweizerdeutsch für «hin und her raten, sich überlegen» Duden

web a28 Zeichnen Sie als Paar Ihr präzises sexuelles Profil. 580 Wörter stehen Ihnen dafür zur Verfügung.

Wortspiel 7: Wörter sind erotische Regisseure

Angenommen, Sie möchten Schwung in Ihre Sexualität bringen. Wörter haben eine Menge bewegende Energie in sich; Wörter vermögen spielerische erotische Vielfalt in Gang zu setzen. Vielleicht haben Sie das bereits im Wortspiel 6 erfahren: Verengte sexuelle Stimmung kann sich entkrampfen, Befangenheit löst sich etwas, Ödnis lässt sich vielleicht befeuchten, bewässern sogar, wenn es gelingt, Wörter zu finden und über die Lippen zu bringen, die zutreffend beschreiben, was ist. Und was sein könnte.

Ähnliche Impulse finden Sie auch im Kapitel über Inszenierungen (Seite 203).

Jetzt schlage ich Ihnen ein dynamisches Spiel mit Wörtern vor, das Sie dazu verleiten könnte, Ihre Bettszene auszustatten mit neuen Ideen & Impulsen. Im Unterschied zum Wortspiel 6 sind Sie hier auf einen Mitspieler fast angewiesen. Zusammen mit ihm kommen Sie erst auf den Geschmack: Ein einzelnes unscheinbares Wort kann überraschende Potenz entwickeln, wenn Sie sich zu zweit darauf konzentrieren.

Nehmen Sie zum Beispiel das Verb *«schmecken»*. Stellen Sie sich vor: Sie einigen sich darauf, miteinander *schmecken* zu inszenieren. Der eine *schmeckt*, der andere lässt sich *beschmecken* – sagen wir eine volle Stunde lang! Nachher, besser ein anderes Mal, tauschen Sie die Rollen.

Glauben Sie vielleicht, Sie schmecken überall gleich? Wo denken Sie hin?! Sie sind eine reich gedeckte Geschmackstafel. Auf der Zunge Ihrer Partnerin gibt es über 10 000 Geschmacksknospen; diese können die wasserlöslichen Substanzen, die sie auf Ihrer vielgestaltigen Körperlandschaft finden, nach den vier Grundkomponenten süß, sauer, salzig und bitter feinstens unterscheiden, samt allen Übergängen und Kombinationen. Die Zunge wird zusätzlich unterstützt von Informationen über die Oberflächenbeschaffenheit und den Geruch Ihrer Häute und Schleimhäute. Heraus kommt ein Geschmacksbild, das höchst vielfältig ist und Ihre Partnerin dazu anstiftet, ihre Geschmacksexpedition über Ihre weitläufige Körperlandschaft mit Wörtern ausführlich zu beschreiben, zu besingen. Was für eine Geschmacksballade für Ihre Ohren!

«In Sachen Sexualität verwechseln viele das Stimmen der Instrumente mit dem Konzert.»
Henry Miller

«Schmecken» ist das siebzehnte von 31 spielerischen Wörtern, die ich Ihnen in der folgenden kleinen Liste zum Spielen zuspielen möchte. Ich habe es zufällig ausgewählt. Das können Sie auch tun. Bestimmen Sie und Ihr Partner, wer dran ist. Der Gewinner tippt blind auf eine Zahl zwischen 1 und 31. Oder vielleicht fahren Sie lieber mit der Fingerspitze von Wort zu Wort und lesen bewusst eines aus, das Sie ins Vibrieren bringt. Wie wär's mit zwei Wörtern? Oder dreien? Sie können sie kombinieren zu einem spannungsreichen Szenario.

1 satteln
2 saugen
3 scharf schleifen
4 schärfen
5 scharfmachen
6 scharwenzeln
7 schauen
8 schaukeln
9 schauwichsen
10 Scheide mit den Fingern füllen
11 schieben
12 schlagen
13 schlemmen
14 schlummern
15 schlürfen
16 schmatzen
17 schmecken
18 schmeicheln
19 Schmerz zufügen
20 schmoren lassen
21 schnäbeln
22 schnurren
23 schütteln
24 schwänzeln
25 schweben über
26 sich aalen in
27 sich abreagieren
28 sich amüsieren
29 sich aufeinanderstürzen
30 sich aufgeilen
31 sich ausliefern

«Sexuelles wird erst durch Phantasie und Geheimnis möglich.»
Holger Schenk

web a29 416 spielerische Wörter zum erotischen Spielen

Eine erotische Scharade!

Zusätzliche Spannung könnte aufziehen, wenn Sie beide Ihre Wahl in die Tat umsetzen, ohne den anderen ausdrücklich darüber zu informieren. Raten Sie, welchen Begriff Ihr Partner in Szene setzt. Oder genießen Sie sie einfach in Aktion! Nicht ausgeschlossen, dass Sie ein einziges erotisch potentes Wort – oder zwei – dazu anstiften könnte, gleichzeitig spielerisch und zärtlich miteinander zu sein. Wortlos schaffen Sie das höchstens rein zufällig…

3 Erotisch schwarz auf weiß

Lustvoll schreiben & lesen

Paare im erotischen Ödland versuchen manchmal verzweifelt, den abgerissenen Gesprächsfaden neu zu knüpfen, indem sie zum geschriebenen Wort Zuflucht nehmen. Sie tun es, weil Gespräche gar nicht zustande kommen oder, wenn doch, gewöhnlich kippen und zu schwer erträglichem Hader entarten. Vielleicht schämen sie sich auch, heikle Dinge in den Mund zu nehmen und der heißen Reaktion des anderen ausgesetzt zu sein. Also versuchen sie es indirekter und schreiben einander Zettel und Briefe oder legen sich Artikel und ganze Bücher aufs Kopfkissen, in der Hoffnung, auf diese Weise besser verstanden zu werden.

Not macht erfinderisch …

… doch manche Erfindung steigert die Not.

Leider ist die Wirkung der schriftlichen Botschaften nicht immer optimal. Geschriebene Gedanken sind zwar meistens sorgfältiger überlegt, versöhnlicher formuliert und emotional weniger provokativ oder verletzend als Äußerungen in einem spontanen «Gespräch». Doch scheinen sie beim Empfänger selten Lust zu wecken, den Ball zurückzuspielen und einen Austausch anlaufen zu lassen. Die häufigste Reaktion bei den Adressaten: keine Reaktion. Das bedeutet viel Frust bei den bemühten Schreibern und Schreiberinnen.

«Die Worte sind nur Mauern./ Dahinter in immer blauern/ Bergen schimmert ihr Sinn.» Rilke

Wenn sexuell nichts mehr läuft zwischen Ihnen beiden, müssen Sie Ihre Erwartungen entschieden im Zaum halten. Sie würden sich mit ziemlicher Sicherheit Ihre nächste Enttäu-

Je mehr Sie wollen, umso weniger bekommen Sie.

schung zubereiten, wenn Sie angestrengt glauben oder hoffen sollten, Sie könnten auf schriftlichem Weg all das vom Partner bekommen, was Sie bisher gesprächsweise (oder schweigend) nicht erreichen konnten. Sex liegt häufig darnieder, weil einer vom anderen etwas will, unbedingt. Oder stumm von ihm erwartet, dringend. Oder mit handfestem Druck herauszupressen versucht, auf Teufel komm raus. Mit verbissener Bedürftigkeit untergraben Sie Ihre Würde und manövrieren sich selbst in einen ohnmächtigen Bettlerstatus. Und je ausgehungerter Sie sich darstellen, umso unattraktiver erscheinen Sie Ihrem Partner. Ich kann verstehen, dass Sie raus möchten aus diesem langweiligen Teufelskreis. Aber wo ist der gangbare Ausweg versteckt?

Ein neuer Zugang

Schlimmer als sexuelle Voll-Entwöhnung: Einsamkeit zu zweit.

Ob Sie Sex wollen oder nicht – in beiden Fällen sind Sie vielleicht daran interessiert, mit dem anderen einen persönlichen und intimen Kontakt zu haben. Eine beinah geschäftsmäßige Interessen- oder Wohngemeinschaft ist nicht jedermanns Sache; oft ist sie nichts anderes als der klägliche Rest, der nach Jahren des häuslichen Funktionierens von Verliebtheit, Innigkeit und glänzenden Augen übrig geblieben ist. Nur eine Minderheit von Menschen mag sich ohne Groll und Bitterkeit mit einer solchen Skelettbeziehung abfinden.

Sex gilt als Herzstück einer festen Beziehung. Bei uns, in unserer Kultur. Heute.

Anderswo und zu anderen Zeiten ist's und war's anders.

Eine sanft entschlafene Sexualität muss indes nicht bedeuten, dass die Ehe oder Beziehung am Ende und nichts mehr wert ist. Die Schwierigkeit ist, die Dinge auseinander zu halten: Was lastet am meisten auf Ihnen – Ihr Bruder-und-Schwester-Dasein oder die Verstopfung, die verunmöglicht, dass das Thema Bruder-und-Schwester-Dasein endlich als Thema auf den Tisch kommt? Oder vielleicht Ihr Unglück darüber, dass Sie nicht nur im Bett meilenweit voneinander entfernt sind, sondern auch mit Ihrem Herzen?

Angst, Scham und Hemmungen können Sie daran hindern,

mit Ihrer Partnerin Verbindung aufzunehmen, um ihr das mitzuteilen, was Sie drückt. Das Gewicht jahrelangen Schweigens hält Ihr Kontaktbedürfnis und Ihre Sehnsucht nieder, aus Ihrer Isolation zu zweit herauszukommen. Körperkontakt und Sexualität zu vermissen ist hart, nicht darüber reden zu können doppelt dornig. Dreifach karg wird die Eros-Öde, wenn der andere Ihnen überhaupt ganz fremd geworden ist. Ebenso lastend kann es aber auch sein, sich dauernd oder immer wieder sexuell bedrängt zu fühlen und außerstande zu sein, die Malaise mit der Partnerin anzusprechen und zu bereinigen.

Duden: Unmittelbar unter «Eros» steht – «Erosion».

Erste Schritte

Je länger Ihre gemeinsame Sprachlosigkeit bereits dauert, umso anspruchsvoller könnte es werden, Zugang zum anderen zu finden. Sollten Sie sich entscheiden, es schriftlich zu versuchen, überlegen Sie sich zuerst, welche Form Sie am besten wählen. Das geläufigste kommunikative Schriftmedium, der Brief, ist vielleicht nicht das geeignetste für Sie, weil es zu viel Gewicht hat und Sie dazu verleitet, den anderen unter Druck zu setzen. Auch ohne dass Sie sich dessen bewusst sind, ohne dass Sie es wollen. So unglaublich es klingt: Die Botschaft wird vom Empfänger gemacht, nicht vom Sender. Lassen Sie also zunächst schwerelose Zettel flattern!

Nur ja nicht noch mehr Druck!

→ Post-it®!

Wer zusammenlebt, kommt ohne die kleinen Zettel kaum aus, mit denen er den anderen an Termine erinnert, einen Anruf mitteilt oder um eine Kleinigkeit bittet. Sie könnten die sachlichen Mitteilungen mit einem unsachlichen Satz anreichern und verzieren. Oder vielleicht kleben Sie eine kleine Liebesbotschaft an eine Türe, auf den Stuhl des anderen, ans Lenkrad, in die Zeitung. Irgendwohin, wo er sie nicht erwartet.

Missbrauchen Sie Ihre Pinnwand!

Kreuzen Sie 3 Sätze an, die für Sie als Zettel-Botschaften in Frage kommen.

Gefühlswarme Denkzettel

1. «Ich vermisse deine weiche Haut.»
2. «Ich bin jeden Tag schärfer auf dich.»
3. «Ich umarme dich.»

Anton Tschechow an seine Frau Olga 1904.

4. «Ich umarme meinen kleinen Kakerlak und schicke ihr eine Million Küsse.»
5. «Gehen wir vielleicht heute Abend aus?»
6. «Ich muss mit dir reden.»

Oliver Cromwell an seine Frau Elizabeth 1650

7. «Ihr seid mir teurer als jedes andere Geschöpf.»
8. «Ich möchte wieder einmal Zeit verschwenden mit dir.»
9. «Schmusen wär schön. Garantiert ohne Sex!»
10. «Wollen wir bis zum Pflegeheim keusch bleiben??»

web 15 13 weitere erotische Kurzbotschaften

11. «Ich möchte wieder Vertrauen haben können zu dir.»
12. «Ich liebe dich.»
13. ....

Haben Sie eine der Nummern 2, 4, 5, 10, 11 oder 12? angekreuzt?

Seien Sie vorsichtig! Möglicherweise enthalten diese Sätze zu viel Druck.

Als elektronisch gewiefte Zeitgenossin schicken Sie Ihre erotischen Messages durchs Mobilnetz. Das geht ganz einfach: Gratis und beinah mit Lichtgeschwindigkeit zaubert zum Beispiel «MTN – Internet Short Message Services» 160 beliebige Buchstaben und Zeichen – auch liebevolle und anzügliche – auf das Handy-Display Ihres Partners. In Deutschland werden jeden Monat 500 Millionen SMS losgeschickt, in der Schweiz 66 Millionen. Natürlich geht das auch von Handy zu Handy, aber nicht so schön einfach und umsonst.

www.mtnsms.com oder *www.directbox.com*

Ein Zettelsatz ist eine kleine Blume, die Sie in des anderen Garten hinüberwerfen: leicht, beiläufig, nichtfordernd, ohne

Anlass, überraschend, ab und zu wieder eine neue. Denken Sie beim Schreiben an die Hemmungen, die es Ihnen beiden bisher erschweren oder verunmöglichen, miteinander über Ihren Sex zu reden. Mindestens ein Anflug von dieser Zurückhaltung muss in Ihren Sätzen noch spürbar sein, sonst erschrecken oder verbiestern Sie den anderen, oder Sie wirken überdehnt und unglaubwürdig.

Illustrierte & animierte Botschaften über www.bluemountain.com oder www.virtualflorist.com

Preschen Sie mit Ihren intimen Ansprüchen nicht plötzlich so weit vor, dass Sie Ihren Partner an die Wand drücken oder misstrauisch machen. Was konkret zu weit geht, wissen Sie selbst am besten. Sie kennen des anderen Druckstellen. Wenn Sie unsicher sind, machen Sie sich darauf gefasst, dass das Echo ungünstig ausfällt oder – noch wahrscheinlicher – ganz ausbleibt. Daraufhin können Sie korrigieren.

Druck erdrückt die Lust.

Vorsicht Erwartungen!

Natürlich werden Sie sich nicht der Illusion hingeben, dass zwischen Ihnen beiden das Paradies ausbricht, nur weil Sie einen oder zwei anbändelnde Sätze an den Kühlschrank oder an die Pinnwand geheftet haben. Wenn der andere zunächst mit abwartender stummer Skepsis (das heißt gar nicht) auf die neuen Töne reagiert, ist das verständlich. Immerhin werden Sie feststellen, dass es Ihnen selber wohl tut, ab und zu ein kleines warmherziges Signal an Ihre Partnerin zu senden, egal ob Antwort kommt oder nicht. Damit erarbeiten Sie sich stückchenweise innere Unabhängigkeit. Das erleichtert Sie. Versuchen Sie, sich freizuhalten von aller Erwartung an Ihr Gegenüber: Machen Sie es, um sich selbst etwas zuliebe zu tun, machen Sie es mit druckfreier, weicher Hartnäckigkeit. Wenn Sie Glück haben, werden Sie erfahren, dass nichtfordernde Blumengrüße an den anderen befreiender sein können als verletztes oder vertrotztes Warte-Schweigen, in das Sie sich selber einschließen wie in ein stickiges Privatgefängnis.

Für Ihr persönliches seelisches Betriebsklima sind Sie selber verantwortlich. Niemand sonst.

Jede Erwartung ist ein Klotz an Ihrem Bein.

Und wenn sexuell noch etwas läuft…?

…dann dürfen Sie sich einen kleinen Schritt weiter vorwagen auf die erotische Tanzfläche! Phantasie, Kreativität und Witz sind gefragt. Und erotischer Scharfsinn.

In guten Schreibwarengeschäften gibt's spiegeltaugliche «Lippenstifte».

- ★ Schreiben Sie mit Seife oder Lippenstift auf einen Spiegel! Aufs Toilettenpapier, auf die Zigarettenschachtel. Auf Ihren Körper. Innen in den Slip Ihres Partners (am besten mit Textilkleber).
- ★ Kreieren Sie auf dem Computer eine zurückhaltend-begehrliche Etikette für einen Spitzenwein.
- ★ Bringen Sie Blumen mit großen, geschlossenen Blüten. Schmuggeln Sie klein zusammengerollte Botschaften hinein und lassen Sie die Kelche in der Wärme aufgehen.
- ★ Schreiben Sie mit wasserfester Tinte, frieren Sie Ihr erotisches Häppchen in einen Eiswürfel ein, und servieren Sie ihn zu einem Apéro.

Ideen aus Michelle Lovric: Love Letters. München: Ars Edition 1996 Ein charmantes, instruktives Bändchen!

Möchten Sie gerne schreiben? Fällt Ihnen nichts ein?

Zitieren Sie einfach! Zum Beispiel einen starken Satz aus dem Buch, das Sie gerade lesen, oder aus Harenberg Lexikon der Sprichwörter & Zitate. Dortmund: Harenberg 1997

Doch geschriebene Wörter und Sätze, besonders wenn sie in den Alltag gestreut werden wie erotische Depeschen, bergen fast immer ein gewisses Missverständnis-Risiko. Sie hinterlassen Ihre kurze Liebesmeldung und können kaum voraussehen, in welcher Verfassung sie der andere lesen wird. Überschwängliches kann in den falschen Hals geraten. Es wirkt schnell lächerlich oder drängend, je nach der sexuellen Geschichte und dem erotischen Klima, das Sie beide verbindet oder trennt.

Sie möchten natürlich ernst genommen und nicht (wieder) als jemand missverstanden werden, der Druck ausübt. Darum wählen Sie als Blütenbotschaften im Zweifelsfall statt schwülstige Orchideen eher schlichte Margeriten. Dies gilt natürlich besonders für den Fall, dass Sie sich sexuell gewöhnlich in der Bittstellerrolle fühlen und dankbar sein müssen, vom anderen rangelassen zu werden. Mit einem plumpen Hochdruck-Geschoss *(«Ich platze, wenn ich heute nicht vögeln kann!»)* richten Sie möglicherweise mehr Verwüstung an, als Sie sich beim unbedachten Schreiben vorstellen können – selbst, wenn Ihr Satz wahr und kein bisschen übertrieben ist.

Viel chancenreicher ist vermutlich eine Meldung, die den anderen dort abholt, wo er ist: nämlich bei seinen aktuellen Beziehungsbedürfnissen. Wenn er sich also zum Beispiel immer wieder beklagt, er fühle sich von Ihnen seit Jahren übersehen und links liegen gelassen, und er könne sich aus diesem Grund Sex mit Ihnen nicht gut vorstellen, macht es wenig Sinn, ihm Ihre sexuellen Verführungskünste angedeihen zu lassen, mögen sie noch so poetisch daherkommen *(«Lass uns zusammen in den siebten Himmel entschweben!»)*. Er braucht etwas anderes, um warm zu werden.

Ihr Nahverkehrsbetrieb ist vermutlich vielfach vernetzt.

Umgekehrt genauso: In den Ohren eines chronisch sexunterversorgten Menschen kann es wie Hohn klingen, wenn Sie immer so tun, als wüssten Sie überhaupt nichts von seinem Mangel *(«Wir haben es doch so schön miteinander!»)*. Vermutlich sollten Sie sich entscheiden: Entweder schicken Sie dem anderen ein schlüpfriges Signal *(«Ich werde dich heute Abend nackt im Bett erwarten.»)*; dann dürfen Sie sich nicht wundern, wenn er scharf wird auf Sie – oder aber frustriert, falls Sie ihn abweisen würden. Oder Sie überraschen ihn mit einem garantiert unschuldigen, aber klimatisch bedeutsamen Satz *(«Ich möchte am Freitag mit dir ins Bellevue – mit dir allein!»)*. Oder aber Sie wählen eine andere, weniger missverständliche Mitteilungsform, die Ihnen Möglichkeiten offen hält, sich auszudrücken. Zum Beispiel den Brief.

Das wäre unfair!

Sex ist keine Hors-Sol-Tomate. Sex braucht bei den meisten Leuten fruchtbaren Humus.

web 16 Genug vom ehelichen Dauerzölibat?

→ Mit einem Brief über die Schwelle

Haben Sie Lust, es noch einmal zu versuchen – diesmal etwas anders? Nicht alles versinken zu lassen im sprachlosen Sumpf? Trotz einiger entmutigender Erfahrungen in der Vergangenheit? Suchen Sie einen neuen Zugang zum anderen? Es könnte sein, dass Ihnen der erste Schritt besonders schwierig vor-

Durchs Nadelöhr zum andern?

kommt. Wie können Sie das Schweigen brechen? Wie finden Sie den günstigen Augenblick, um die Rede auf das Glatteis-Thema zu bringen? Treffen Sie den Tonfall, der den anderen nicht erschreckt oder abschreckt?

Vergnüglich & nostalgisch: Michelle Lovric: Leidenschaftliche Liebesbriefe. München: Ars Edition 1996.

Ein Brief könnte Sie vielleicht über die heikle Schwelle bringen. Ihre Aussichten stehen besonders gut, wenn Sie auf eine Ressource aus einer früheren Epoche Ihrer Paargeschichte zurückgreifen können. Es kann doch sein, dass Sie einander irgendwann einmal Liebesbriefe geschrieben haben. Womöglich liegen sie noch in einer heiligen Schatulle und warten auf ein Comeback – in angepasster Form, versteht sich. Das Gesicht Ihrer Beziehung hat sich ja inzwischen deutlich verändert, Ihre Liebe auch. Also wird ein zeitgemäßer Liebesbrief kaum mehr eine Ähnlichkeit haben mit der Post von damals – außer dass es wieder ein Liebesbrief werden soll.

Ein Gag der Deutschen Post AG: Unter <u>www.evita.de</u> gibt's ein Ghostwriter-Programm für wortgewandte Liebes-E-Mails.

Schreibend haben Sie einen großen Vorteil: Sie können Ihre Gedanken noch zweimal durchlesen, bevor Sie sie abschicken. Mit nüchternem Verstand kommen Sie vielleicht sogar zu dem Schluss, Ihr Schriftstück zu zerreißen, wenn es Sie beim Durchlesen am nächsten Tag anbiedernd, unwürdig, sezierend, aufdringlich, vorwurfsvoll, selbstquälerisch oder sonstwie unmöglich anmutet.

Aber bedenken Sie: Ein Brief hat als Kommunikationsmedium eigentlich etwas Schwergewichtiges und Dramatisches an sich, allein weil er – und nicht das selbstverständliche Gespräch – die Verbindung zwischen fest zusammenlebenden Partnern herstellen soll. Er erinnert den Empfänger vielleicht an das längst versunkene Goldene Liebes-Zeitalter, als Briefe noch den Herzrhythmus durcheinander brachten. Als Brief macht er sichtbar, dass der Beziehungs-Kanal inzwischen hartnäckig verstopft ist. Der Briefschreiber möchte offenbar per Hochdruckreiniger den Kommunikationspfropf wegpusten. Niemand lässt sich einen Service gern bieten, den er gar nicht bestellt hat.

Ein Brief kann weh tun.

Haben Sie bereits einen oder gar mehrere Briefversuche hinter sich? Sind Sie abgeprallt, ins Leere gelaufen, ohne Echo geblieben, vertröstet worden? Dann lassen Sie vielleicht lieber die Finger von einer Neuauflage und lesen Sie weiter auf Seite 99.

«Liebesbrief» auf französisch? – *«billet doux»*.

«Herzallerliebstes Schnuggilein»?

Schon mit der Anrede können Sie weit danebengreifen. Kosenamen aus Ihrer gemeinsamen Balzzeit wirken in Ihrem jetzigen erotisch kargen Gelände ziemlich sicher schmerzlich, aufgesetzt oder aufdringlich. Beschwörende, abgegriffene Formeln sind gut gemeint und bewirken das Gegenteil dessen, was Sie gerne möchten. Sie wollen ja den persönlichen Kontakt zum anderen wieder aufnehmen, nehme ich an. Also adressieren Sie Ihre Botschaft direkt und klar. Am ehesten mit dem Vornamen. Vielleicht so, wie Sie Ihren besten Freund, Ihre beste Freundin in einem Brief ansprechen würden: *«Lieber Peter»* oder einfach *«Melanie»*.

Über ausgefeilte Liebesbrieftechnik lesen Sie mit Gewinn nach bei John Gray: Männer sind anders. Frauen auch. München: Goldmann 1993. (Seite 229 ff.)

Und jetzt – wie geht's weiter im Text? Mit welchen Gedanken und Gefühlen möchten Sie den Kontakt wiederherstellen? Vielleicht sind Sie versucht, die Anliegen schriftlich zu fassen und rüberzuspedieren, mit denen Sie seit Jahren bei Ihrem Partner mündlich nicht durchgekommen sind. Sie erhoffen sich eine nachhaltigere Wirkung von der brieflichen Fassung Ihrer Mitteilung. Sie haben Recht: Seine Reaktion wird wahrscheinlich stärker ausfallen, als wenn Sie ihn mündlich ansprechen. Misstrauen und Ärger, Hilflosigkeit und Zurückhaltung werden zunehmen, wenn er abermals dasselbe lesen muss, was er längst nicht mehr hören kann.

Keine emotionale Briefbombe bitte ...!

... lieber ein neues Angebot!

Zu erwarten ist also, dass Sie seine unguten Gefühle mehren, die er dann bei sich stapeln muss, wenn er nicht bersten will. Er kann fast nicht anders: Ihr Brief überfordert ihn nämlich. Er sieht zwar vielleicht Ihren guten Willen und Ihr Engagement, kann aber mit Ihrem Vorstoß nichts anfangen und reagiert in emotionaler Notwehr.

Je schlichter, umso kommunikativer.

So einfach ist das mit einem Liebesbrief!

Das hatten Sie doch alles schon. Zur Genüge.

★ Gebrauchen Sie Ihren Liebesbrief nicht, um dem anderen Vorwürfe zu machen. Entladen Sie Ihren Groll lieber mündlich und direkt. Vielleicht auch gegenüber einem außenstehenden vertrauten Menschen. Muss es denn immer Ihre Partnerin sein, die all Ihr Ungemach abbekommt?

★ Holen Sie nicht zu einer erschöpfenden Lage-Analyse Ihrer Beziehung aus. Lassen Sie auch Ihre geschichtsforschenden Tendenzen aus dem Spiel, wenn Sie einen Liebesbrief schreiben wollen. Derlei ist für niemanden ein leckerer Lesespaß.

«Die Realität ist wie eine Auster. Den perlmuttnen Schimmer in ihrem Inneren erkennt man – wenn überhaupt – nur in Briefen.» Christopher Morley

★ Hüten Sie sich, Ihre Ehe, Ihre Sexualität und/oder Ihre Partnerin zu pathologisieren. Richten Sie Ihre Aufmerksamkeit beim Schreiben nicht auf das, was Sie in Ihrer Partnerschaft, beim anderen oder auch bei sich selbst als *«gestört»*, *«krank»* oder *«kaputt»* empfinden. Das ist zu unappetitlich, finde ich.

★ Entschuldigen Sie sich für nichts, solange Sie dabei im Staub zu kriechen vorhaben. Aufrecht sind Sie attraktiver, wenn Sie zu etwas Schiefem stehen wollen.

★ Rechtfertigen Sie sich niemals, erst recht nicht in einem Liebesbrief. Es ist sinnlos und langweilig.

★ Fordern Sie gar nichts. Was Ihnen nicht geschenkt wird, ist weiß Gott nicht einzutreiben mit Hilfe eines Liebesbriefes.

★ Präsentieren Sie nicht noch einmal die gleichen Heilungsrezepte für Beziehung und Sexualität, die Sie schon oft erfolglos vorgebracht haben. Das wäre zu penetrant für einen Liebesbrief, oder?

Das heißt: Sie zeigen Ihre berührungsbegabte Seite.

★ Es ist ganz einfach: Ein Liebesbrief ist ein Liebesbrief. Sonst nichts.

Die Füße gehören auf den Boden, oder?

Wenn Ihr Brief weder defensiv noch aggressiv ausfällt, auch nicht nörgelnd und aufsässig, oder besserwisserisch und belehrend, oder tranig und wehleidig, dann wird er persönlich – ein Liebesbrief eben. Nicht ein verstiegener, freischwebender Liebesbrief einer wahnhaft Verliebten natürlich; dafür kennen Sie sich und den anderen inzwischen zu gut. Sie zeigen sich Ihrem Partner so, wie Sie sind. Sie tun es offen, aufrecht und verbindlich, indem Sie beschreiben, was Sie heute bewegt.

Ein Liebesbrief für nichtverliebte, gestandene Paare ist dann ein Genuss zu lesen,

web 17 Beispiel eines unverschnörkelten, bodennahen Liebesbriefes

- ➜ wenn Ihr Ton so freundlich und zugewendet ist wie irgendeinem Menschen gegenüber, den Sie gut mögen – nicht mehr, nicht weniger
- ➜ wenn Sie ganz persönlich schreiben
- ➜ wenn Sie etwas Selbsterlebtes erzählen
- ➜ wenn Sie eine positive Perspektive im Auge haben (statt das Elend in der Beziehung zu beklagen)
- ➜ wenn Sie spielerische Phantasie mitschwingen lassen
- ➜ wenn Sie einen konkreten, nichtfordernden Vorschlag machen
- ➜ wenn Sie sich so kurz wie möglich fassen (nicht länger werden als eine bis höchstens zwei Seiten)

«Dieser Brief ist ziemlich lang geworden, weil ich leider nicht die Zeit fand, ihn zu kürzen.» Blaise Pascal

Ihre Sexualität hat einigermaßen überlebt?

Sie haben Glück! Es ist statistisch gesehen überhaupt nicht zu erwarten, dass Sie nach Jahren der hautengen Zweierseilschaft überhaupt noch Freude an Haut und Schleimhaut haben können – auch wenn Ihre Paarungen längst keine prickelnden Sommernachtsträume mehr sind. Immerhin! Sie sollten vielleicht wirklich daran denken, Ihr Glück auch in Briefform zu genießen, es womöglich sogar zu begünstigen.

Lesen Sie einen knisternden Liebesbriefwechsel. Beispielsweise Anaïs Nin & Henry Miller: Briefe der Leidenschaft. München: Droemer 1992

Ihre Sexualität liebt es, gehätschelt zu werden wie ein verwöhnter Sprössling; sie ist scharf drauf, dass Sie sich mit ihr beschäftigten, dass Sie sie spielerisch verzaubern mit Wörtern, die luftig und farbig sind wie Luftballone. Vielleicht finden Sie, Sie seien alles andere als eine begnadete Schriftstellerin oder ein von der Muse geküsster Dichter. Es fällt Ihnen schwer, vor einem leeren Blatt Papier auf die befriedigenden Formulierungen zu warten – die dann nicht kommen. Es ist wirklich so: Schreiben ist anspruchsvoll und anstrengend, manchmal auch

web 18 Beispiel eines Sex-Briefes. Für starke Nerven.

frustrierend. Viel Schreibstress und Schreibstau gehen aber aufs Konto überrissener Ansprüche und perfektionistischer Erwartungen. Wohltuend zu lesen ist doch ein schnörkelloses Gedankenbild, in ein paar einfache Sätze gefasst.

Versteht sich von selbst, dass Sie sich mit einem scharf gewürzten Sex-Brief möglicherweise exponieren. Der andere nimmt Ihnen die Würze vielleicht übel, besonders wenn er sich schon immer gegen Ihre sexuellen Initiativen und Vorstöße stemmen musste, weil sie ihm zu viel waren oder nicht stimmten. In diesem Fall müssen Sie damit rechnen, dass ihm das ganze Thema zum Hals heraushängt, weil er zu lange damit belästigt wurde. Seine Last könnten Schuld- und Versagensgefühle sein. Vielleicht ist er aber auch bloß überfüttert. Seien Sie also zurückhaltend mit Sex-Briefen, wenn Sie nicht davon ausgehen können, dass der andere derlei ausgesprochen liebt.

«Schreiben macht scharf.» Arno Schmidt

Falls er aber sehnsüchtig auf sexuelle Lebenszeichen von Ihnen wartet, können Sie ihm natürlich mit solchen Leckerbissen eine unerwartete Freude machen. Tun Sie das, wenn es Sie reizt! Aber reizen und locken Sie ihn nicht mehr, als Sie anschließend in der Lage sind und Lust haben, seinen Reaktionen standzuhalten, ohne dass Sie ihm (wieder) eine Menge Enttäuschung kredenzen müssen. Sie können seine Erwartungen ein wenig (nicht zuverlässig!) zügeln, indem Sie Ihre Absichten samt Ihren Grenzen freundlich, aber bestimmt formulieren. Sicher ist es unfair und zerstörerisch, ihm den Speck durch den Mund zu ziehen und ihn dann zurückzustoßen, wenn er zugreifen will.

Vorsicht bei saftigen Sex-Briefen! Sie rutschen leicht ins Billige ab. Es ist ein kleines literarisches Kunststück, nicht dem ordinären Porno-Slang zu verfallen. Augenzwinkernde Andeutungen sind kommunikativer als krassse Sex-Klumpen. Und lockender.

Wenn Sie beim Durchlesen feststellen, dass Sie's nicht oder nur knapp schaffen, einen Liebesbrief zu schreiben, der in Ihr Beziehungsklima passt, schicken Sie ihn nicht ab. Verstauen Sie ihn zuunterst in Ihrer Schreibtischschublade oder versenken Sie ihn in den Datenfluten Ihrer Harddisk. Folgen Sie Ihrem (selbst-) kritischen gesunden Menschenverstand. Und lassen Sie Ihre bisherigen Beziehungserfahrungen mitreden und mitentscheiden.

→ Hin-&-Her-Tagebuch

Vielleicht gibt es eine Möglichkeit, eine Verbindung zu Ihrer Partnerin herzustellen, aus der so etwas wie ein roter Faden zwischen Ihnen beiden werden könnte. Ein wetter- & korrosionsbeständiger heißer Draht! Eine komfortable Einrichtung in einer länger dauernden Beziehung! Versuchen Sie es mit einem gemeinsamen Tagebuch, das zwischen Ihnen beiden hin und her pendelt. Das Reizvolle eines solchen Unternehmens: Sie können sich gemeinsam um Beziehungsqualität bemühen – statt nur einer oder gar keiner; es ist nicht mehr nur zufällig und punktuell, dass Sie sich erotisch wecken und wach halten und wie Sie sich sexuell entfalten. Sie bleiben beide dran!

Nur 17 Prozent der Deutschen haben jemals Tagebuch über Liebesbeziehungen geführt. Emnid Bielefeld 1997

Sie können jederzeit zurückblicken auf den Weg, den Sie miteinander bereits gemacht haben. Die Investition beider über eine längere Zeit ist für beide stets sichtbar und motiviert Sie, nicht locker zu lassen. Sie empfinden Dankbarkeit dem anderen gegenüber: Sie müssen sich nicht mehr drüber grämen, dass Sie sich von ihm dazu verdammt fühlen, allein für die Misere und für die Abhilfe verantwortlich zu sein. Die Paarsolidarität hat eine konkrete & spurtreue Form gefunden, indem Sie gemeinsam ausdauernd nach unentdeckten Bodenschätzen im Beziehungsuntergrund fahnden.

Über das Führen eines Beziehungstagebuchs lesen Sie Jennifer Louden: Tut euch gut! Das Wohlfühlbuch für Paare. Freiburg: Hermann Bauer 1996. Seite 35 ff.

Wahrscheinlich wird sich eine solche Erfahrung wärmend auf das Beziehungsklima auswirken, egal ob Sie greifbare «Lösungen» gefunden haben oder (noch) nicht. Nach langen winterlich-rauen Tiefdrucklagen sind bereits leicht gemilderte Frühlingslüfte ein willkommener Zuwachs an Lebens- & Zusammenlebensqualität.

Besorgen Sie sich einen so genannten Blindband, d. h. ein Buch mit lauter leeren Seiten.

So lösen Sie sich vom Zwang, immer «etwas» zu dem sagen zu müssen, was der andere eben gesagt hat. Ist erholsam!

22 Prozent der Deutschen haben schon einmal ein Liebesgedicht verfasst. Emnid Bielefeld 1997

web 19 Beispiel eines genießerischen Lustgedichts von Erich Fried

So könnte Ihr Hin-&-Her-Tagebuch aussehen:

★ Entweder: Sie schreiben einander Briefe ins Tagebuch, die eine Anrede, einen Gruß und ein Datum enthalten wie ein gewöhnlicher Brief. Ihr Beitrag ist jeweils eine Antwort auf den vorausgegangenen Beitrag Ihres Partners.

★ Oder: Sie definieren «Tagebuch» enger und adressieren Ihre Einträge nicht an den anderen, sondern bringen zu Papier, was Sie beschäftigt. Es kann reizvoll sein, nicht direkt auf seine Äußerungen einzugehen. Beide erzählen abwechselnd, was sie zu erzählen gelüstet.

★ Oder: Legen Sie sich vorübergehend eine fremde Identität zu und kommunizieren Sie so, in Brief- oder Tagebuchform. Am einfachsten & abenteuerlichsten: Schlüpfen Sie in die Haut des anderen. So erfahren Sie eine Menge darüber, wie Sie einander wahrnehmen. Prickelnd kann es auch sein, so zu tun, als würde man sich überhaupt nicht kennen und sich jetzt in einen intensiven Briefwechsel miteinander verwickeln lassen.

★ Beschränken Sie Ihre Einträge auf einen einzigen Satz.

★ Versuchen Sie es mit der Gedichtform. Lassen Sie sich nicht stressen mit der Forderung nach gereimten Zeilenenden auf Wilhelm-Busch-Niveau. Achten Sie vielmehr auf sorgfältig gewählte Wörter und fein gedrechselte Sätze (die auch unvollständig sein dürfen!) sowie auf einen fließenden Rhythmus. Und: Ein sechszeiliges intimes Gedicht kann anspruchsvoller & ansprechender sein als ein dreiseitiges Epos.

Ein beneidenswerter Glücksfall, wenn der andere auch gerade jetzt ausgerechnet ein Hin-&-Her-Tagebuch anfangen möchte – wie Sie … Viel Glück!

Machen Sie sich keine Illusionen: Ein gemeinsames Tagebuch ist fast so diffizil und anspruchsvoll wie Beziehung überhaupt. Zwei Leute müssen hier auf dieselbe Weise und zur selben Zeit dasselbe wollen, so's gehen soll. Schon der Einstieg verlangt viel Fingerspitzengefühl. Wenn Sie die Initiative für ein solches Projekt ergreifen wollen, müssen Sie wissen, dass Drängen und Drücken das Gelingen in Frage stellen, noch bevor Sie Gelegenheit hatten, überhaupt gemeinsam einzusteigen. Sie kennen ihn ja und wissen ziemlich genau, wo er druckempfindlich ist. Räumen Sie ihm (innerlich und auch ausdrücklich) die volle Chance ein, nein zu sagen oder jederzeit wieder auszusteigen. Überprüfen Sie andererseits aber auch Ihre Annahme, der andere würde «bei so etwas niemals» mitmachen. Viel hängt sicherlich von der Art und Weise ab, wie Sie ihm das Vorhaben verkaufen.

Vielleicht sehen Sie überhaupt keine Möglichkeit, mit dem anderen ein gemeinsames Tagebuch zu schreiben, fühlen sich aber dennoch mitteilsam und schreiben gerne. Dann fangen Sie doch Ihr eigenes Tagebuch an! Damit können Sie sich ausgiebig ausdrücken, Ihre Gedanken ordnen und so reflektierend zu neuen Erkenntnissen und Handlungsimpulsen kommen. Entscheiden Sie sich aber klar, ob Sie möchten, dass niemand – wirklich kein Mensch! – Ihre Aufzeichnungen liest. Wenn ja, schreiben Sie nämlich ganz anders, als wenn Sie insgeheim darauf spekulieren, dass Ihre Partnerin Ihr Tagebuch aufstöbert und schlechten Gewissens darin liest. Via gezielte Indiskretion können Sie bestimmte heiße Informationen unter Umständen am wirkungsvollsten übermitteln und gleichzeitig das Gesicht wahren. Wenn Sie eine hingebungsvolle Spielernatur sind und der andere auch, bringen Sie auf diese Weise vielleicht sogar erotischen Pep in die Beziehung. Ganz risikofrei ist Spielen allerdings nie.

Bei allem Schreiben und Reden: Es bleiben immer zwei undurchdringliche Kerne – du & ich.

Lassen Sie Ihr Tagebuch «top secret» herumliegen.

→ Mit Füller, Fax oder E-Mail

Ein Liebesbrief, der mit der regulären Post, per Snail Mail, kommt, ist natürlich eine Überraschung und etwas Besonderes. Sie zeigen damit, dass Sie mehr investieren wollen an Aufmerksamkeit & Zuwendung, als wenn Sie kurzerhand eine Seite aus dem Schulheft ihrer Tochter herausreißen und sie dem anderen aufs Kopfkissen legen. Eindrücklich & berührend kann es doch sein, wenn Sie Ihrer Partnerin gegenüber den gleichen Respekt und dieselbe Sorgfalt zeigen wie jedem anderen Menschen, mit dem Sie näher zu tun haben. Sie können einen offi-

Machen Sie den Versuch: Schreiben Sie einmal ohne jeden Grund und Anlass!

Auch nicht, weil Sie am Ende Ihres Lateins sind und gesprächsweise nicht an Ihre Partnerin herankommen.

ziellen Anlass benützen, um einen Brief zu schreiben, einen Geburtstag oder ein anderes Jubiläum (Hochzeitstag) zum Beispiel. Möglicherweise wirkt aber ein Brief mehr, der unerwartet mitten in den profanen Alltag hineinflattert.

Dasselbe gilt für andere Übermittlungsarten. Wenn Sie Ihrem Partner noch nie eine persönliche Fax-Nachricht geschickt haben, können Sie jetzt damit Furore machen. Eine unvermutete intime Fax-Meldung auf dem Bürotisch wirkt unter Umständen wie ein geflügeltes Geschenk des Himmels und angenehm prickelnd. Doch bedenken Sie: Das Fax ist ein indiskretes Medium in einem Bürobetrieb. Jedermann, der zufällig am Apparat vorbeikommt, kann ein Auge voll davon nehmen. Ersparen Sie dem anderen kompromittierende Situationen.

Vorsicht! Für viele Männer ist der Computer der unantastbare heilige Gral!

Der Computer eröffnet Ihnen eine Reihe von spielerischen Möglichkeiten, wenn Sie damit umgehen können. Zaubern Sie eine heiße Datei auf den Desktop Ihrer Partnerin! Mit manchen Schreibprogrammen, zum Beispiel Word, lassen sich Dateien schützen und Texte unsichtbar machen. Spielen Sie dem anderen die notwendigen Infos (Kennwort oder Hinweis auf Handbuch) zu, mit deren Hilfe er (und niemand anders!) an Ihre Nachricht herankommt.

Vorsicht: Kann bös in die Hose gehen!

Vielleicht verstehen Sie sogar etwas von Computer-Kommunikation. Dem anderen eine E-Mail in den elektronischen Briefkasten zu hexen kann auch für Sie aufregend sein, besonders wenn Sie's zum ersten Mal machen und wenn er es überhaupt nicht erwartet. Sind Sie eine durchtriebene Spielerin, die mit dem Risiko umgehen kann? Können Sie klar unterscheiden zwischen kalkulierbarem und abgründigem Risiko? Dann legen Sie sich unter einem Phantasie-Namen eine neue E-Mail-Adresse zu und peilen Ihren Partner an – gut getarnt hinter einer elektronischen Maske. So können Sie, wenn Sie's geschickt anstellen, eine virtuelle eheliche Außenbeziehung mit Ihrem eigenen Partner anfangen, eine tropische einheimische Liebschaft.

Zum Beispiel über <u>www.hotmail.com</u> oder <u>www.gmx.de</u> oder <u>www.gmx.ch</u>

Und erst Internet! Haben Sie schon daran gedacht, ihn listig über eine News Group oder gar via Chat-Club an die Angel zu bekommen und ihn in einen luftigen Flirt zu verwickeln? Bestimmt gelingt es Ihnen, sich mit einem befreundeten oder Ihnen bekannten Internet-User zu verschwören. Während Sie also abends «im Ausgang» sind, sitzen Sie in Wirklichkeit am Computer Ihres Freundes, Ihrer Freundin und versuchen, den anderen auf den Bildschirm zu bekommen. Dazu brauchen Sie seine Internet-Adresse (User-ID) und Kenntnisse über seine Chatgewohnheiten und -vorlieben. Sie müssen wissen, in welchen Foren er wann verkehrt und wenn möglich unter welchem Handle oder Nickname (Pseudonym). Das alles können Sie geschickt einfädeln in einem raffinierten E-Mail-Vorspiel, wo Sie ihn zu einem Live-Chat verführen und sich mit ihm konkret verabreden.

Gemeinsam im Netz der Netze zappeln!

Alles, was Sie für einen solchen Trip wissen müssen, erfahren Sie ausführlich und sehr konkret aus Elisabeth Reisch: Vernetzte Herzen. Chat, Flirt und Leidenschaft im Cyberspace. Düsseldorf: Econ Taschenbuch 1997

In vielen Chat-Foren herrscht eine erotisch aufgeladene Stimmung; Hotchats leben von Anzüglichkeiten. Als Mann haben Sie mehr Chancen mit zurückhaltenden Avancen, die verspielt und interessiert klingen. Wenn Sie eine Frau sind, können Sie sich einen direkteren Zugriff erlauben und schneller etwas deutlicher werden, was manche Schlaumeiermänner dazu verleitet, sich im Netz als Frau auszugeben.

Achtung Internet-Risiko!

Sie müssen sich allerdings unbedingt der Risiken bewusst sein, die Sie eingehen, indem Sie sich mit Ihrem Partner auf ein Internet-Abenteuer einlassen. Ihr Unternehmen kann schnell seinen spielerischen Charakter einbüßen, wenn Sie damit ausgesprochene oder unausgesprochene Spielregeln Ihrer Beziehung verletzen. Viele, wenn nicht die meisten Ehen vertragen überhaupt keine Abweichung von «Wahrheit» und «Ehrlichkeit», meist weil es in der Vergangenheit schmerzliche Vertrauensbrüche gegeben hat. In diesem Fall würde Ihr gut gemeintes Versteckspiel als Lüge und Betrug empfunden, und Sie müssten mit ernsten und unabsehbaren Turbulenzen rechnen.

Naivität ist strafbar!

Heikel kann es auch werden im Zusammenhang mit Ihrem Treuevertrag. Nehmen wir an, Sie gehören zu den vielen Paaren, die noch nie oder seit Jahren nicht mehr explizit und konkret darüber gesprochen haben, wie sie es mit ihrer Treue halten wollen. Das bedeutet, dass die Treueregelungen im Kleingedruckten festgehalten sind. Das Kleingedruckte ist das Unausgesprochene; es sind die unangefochtenen festen Regeln. Beide nehmen an, der andere teile die eigenen Vorstellungen, ohne dass diese Annahmen immer wieder sorgfältig überprüft worden wären – was sie plötzlich zu Zeitbomben werden lässt.

Liegt ein unbeschwerter «Betrug» drin? Aus «Betrug» wird sehr schnell Betrug.

Meist erweist sich die Idee der selbstverständlichen Übereinstimmung als irrig, sobald der Untreue-Fall eintritt, und einer oder beide fallen aus allen Wolken. Wenn Sie nun also aus Ihrer virtuellen Anonymität heraus mit dem andern anbändeln und sich dabei Schamlosigkeiten erlauben, auf die er bereitwillig oder sogar begierig eingeht, könnten Sie selber in die Falle tappen, die Sie ihm gelegt haben. Als Mensch, der zu Eifersucht neigt, sollten Sie lieber die Finger lassen von derlei Spielchen – es sei denn, Sie sind darauf aus, den anderen auf frischer Tat online zu fassen zu kriegen, um ihn dann bösartig triumphierend überführen zu können.

Gedankensünden werden manchmal als schlimmer empfunden denn handfeste Schandtaten.

Vielleicht bevorzugen Sie die harmlose offene Internet-Version. Dann vereinbaren Sie eine Chat-Stunde und begegnen sich dann «zufällig» in einem Forum, indem einer den anderen zu einem Gespräch ins «Séparée» («Private Chat») einlädt. Es kann spannend und aufregend sein, in gemeinsam inszenierten interaktiven Phantasien so zu tun, als sei man sich völlig fremd und taste sich zum ersten Mal aneinander heran. Der Verfremdungseffekt des Mediums Internet kann eine unerwartete erotisierende Wirkung haben auf zwei Leute, die spielerisch begabt sind. Das digitale Medium ist flüchtig & unmittelbar, gleichzeitig auch unfassbar-anonym & distanziert.

Nicht fies, aber nicht weniger aufregend!

Spielen Sie «fremd»! Einem «fremden» Menschen können Sie fast alles sagen.

Die Distanz macht es vielleicht auch möglich, einen blockierten Austausch selbst über beängstigende Dinge auf leichtgewichtige, humorvolle Weise wieder in Gang zu setzen und dann auch am Laufen zu halten. Vielleicht entdecken Sie, dass

Genießen Sie Ihre erotische Maskerade!

Virtuell scharf

petra: stell dir vor, jetzt hab ich mir eben eine kerze angezündet

raul: mir wird ganz warm. ums herz. und weiter unten ;-)

petra: :-)) wirklich? erzähl mal! aber genau bitte!

raul: ich stell mir vor, ich steh hinter dir. du sitzt vor dem compi und flirtest mit mir über die tastatur

petra: was machst du da hinter mir?

raul: ich greife dir am hals vorbei langsam an die brüste

petra: =;-O ui! deine hände, so weich und frech! <rekel>

raul: deine haut ist weich & warm wie ein sommerabend am mittelmeer

petra: und du wirst hart + heiß – weiter unten, sagtest du doch…

raul: woher weißt das, du hexe? :'-)

petra: das spür ich doch an meinem nackten hintern

raul: jetzt wird's aber ganz heiß. nackt sitzt du da??

petra: natürlich nicht. ein kurzes weißes t-shirt…

raul: …wo ich drunterlange, oben. du windest dich wie eine träge schlange unter meinen fingern <stöhn>

petra: während meine finger in die tasten greifen. als ob nichts wäre

raul: was tasten denn deine finger?

petra: im moment schreiben sie dir: «dein goldfinger reibt sich satt an meiner glatten haut. hinten.»

raul: uuuh! hör auf! :-XXX, und weiter? schreib bitte weiter. ich bin süchtig auf dein getastetes, scharfes

Hot Chat on!

Für Fortgeschrittene. Besonders geeignet auch für Urlaub & Geschäftsreise.

So zum Beispiel kommen Sie an Chats heran:
www.webchat.de
www.swisstalk.ch

Internet-geläufige «Emoticons» (nichtverbale Stimmungsbeschreibung in Form abgewandelter Smilies):

;-) Zwinkern

:-)) Begeistertes Doppellachen

=;-O Zwinkerndes Erschrecken

:'-) Rührung

:-XXX, 3 Riesenküsse, nass

der Austausch erotischer Zeilen aus digitaler Distanz eher möglich ist als ein zäh belastetes «Gespräch» in Ihrer Doppelbett-Gruft. Es könnte eine neue Form sexueller Erregung daraus werden, die entstanden ist aus einer für Sie beide bisher nicht erreichbaren verbalen Intimität. Denn alle Erregung wird gezündet von Lustimpulsen im Kopf. Insofern ist jede Lust virtuell.

Den Verfremdungsbonus des entrückten Mediums Internet können Sie sich aber auch zunutze machen, wenn es zwischen Ihnen und Ihrem Partner klimatisch hapert. Oder wenn Sie handfeste «Probleme» oder gar «PROBLEME» haben, die Ihr Zusammenleben durchwuchern. Solche aufdringlichen Themen haben die leidige Neigung, sich auf Ihrer Seele breit zu machen und Ihre Emotionen zu besetzen. Sie büßen die innere Distanz zu ihnen ein, die Sie bräuchten, um denk- & handlungsfähig zu bleiben, einzeln & gemeinsam; Sie stellen fest: Wir sitzen uns gegenseitig mehr und mehr im Nacken und haben fast allen Respektsabstand voneinander verloren. Sie sind sich schließlich kein bisschen fremd mehr – ein erschreckender, zur Gänze unerotischer Zustand, den Sie daran erkennen, dass Sie keine Freude mehr aneinander haben. Weil Sie beide genau zu wissen glauben, was für einer der andere ist.

«Die Schrift hat das Geheimnisvolle, dass sie redet.» Paul Claudel

Probieren Sie's aus: In der dünnen Luft des digitalen Raums können Sie vielleicht leichter atmen, also auch unbeschwerter reden miteinander. Finden Sie heraus, ob Sie nicht unverkrampfter und effizienter miteinander nach Lösungen fahnden, wenn Sie sich dabei nicht anschauen müssen. Ein geschriebener Satz treibt Sie eventuell weniger in die Defensive und Gegenoffensive als ein gesprochener, bei dem Mimik, Gestik und Tonfall Sie zusätzlich zum anspruchsvollen Inhalt irritieren. Womöglich haben Sie Glück, und es gelingt Ihnen eher, die schriftlichen Klagen Ihres Partners nicht als Anklagen misszuverstehen, sondern sie wirklich zu hören, ohne sich angegriffen zu fühlen; und, was das Entscheidende ist, mit ihm zusammen über neue Perspektiven in der Beziehung nachzudenken. Bildschirm, Tastatur & Maus können Ihnen vielleicht zu warmherziger Sachlichkeit verhelfen.

Über die Kunst, dem anderen Gehör zu verschaffen, vernehmen Sie einiges ab Seite 30.

Noch einmal reden lernen – diesmal erotisch!

Niemand weiß mit Sicherheit und genau, wie ein Kind sprechen lernt. Selbst wenn man annimmt, dass angeborene (Hirn-)Strukturen maßgeblich am Spracherwerb beteiligt sind, ist unbestritten: Noch nie ist ein vollständig isoliertes Kind von selbst über ein unverständliches Lallen hinausgekommen. Die Sprachgemeinschaft *«oktroyiere»* jedem Kind die verbalen Bräuche auf, schreibt José Ortega y Gasset; Ludwig Wittgenstein spricht davon, dass es zur konkreten Sprache *«abgerichtet»* werden müsse. Beim Spracherwerb wirkt also Imitation bestimmt entscheidend mit.

Wie kommt der Mensch zur Sprache? – Lesen Sie nach bei David Crystal: Die Cambridge Enzyklopädie der Sprache. Zürich: Verlag NZZ 1995. Ab Seite 227

Doch angenommen, Sie wollen sexuell reden lernen – wen sollen Sie denn als Kind oder später imitieren? Ich bin nicht sicher, ob es wirklich viel Sinn macht, den Eltern (und der Schule) hier jammernd Versagen und Versäumnis anzulasten. Möglicherweise gehört erotischer und sexueller Spracherwerb zu den Entwicklungsvorhaben und Lernchancen des erwachsenen Menschen. Da Sie zur Zeit sowieso kein Kind mehr sind, erübrigt sich das Grübeln; bleibt die Frage: Wie kommen Sie an erotische Sprachkostbarkeiten heran, die nachzuahmen lohnend & lustvoll sein könnte?

Learning by doing

Kommerzielle Sex- und Pornoprodukte eignen sich nur sehr beschränkt; die allermeisten sind geistig und sprachlich schwer behindert, ihre Phantasie ist zwanghaft eingeschränkt und einseitig auf männliche (und gänzlich unglaubwürdige weibliche) Kümmerhominiden mit dem sagenumwobenen Triebhochdruck ausgerichtet. Aus ethologischen oder ethnologischen oder kabarettistischen Interessen mag's angehen: Mit viel Glück können Sie lachen über die knüppeldicken Nummern, oder Sie werden sexuell angeregt, ein bisschen wenigstens, vielleicht sogar zu zweit; aber sollten Sie wirklich einmal ein brauchbares sexuelles Wort oder einen halbwegs musikalischen Satz aufspüren, müssten Sie sich als von den Göttern verhätschelten Sterblichen betrachten.

Wenn's zu zweit geht – ohne jeden Druck, versteht sich – sind Sie eh ein privilegiertes Paar.

Erotisches und sexuelles Sprachgeschmeide finden Sie in

Wie kommen Sie an die Bücher heran?

➜ Ausgiebig schmökern in Ihrer Buchhandlung, vielleicht zu zweit, ist besonders ergiebig.

➜ Wenn Sie wissen, was Sie wollen: Online-Bestellung über

<u>www.buecher.de</u>
<u>www.bol.ch</u>
Hier Lieferung gratio & zuverlässig:
<u>www.amazon.de</u>
<u>www.hanshuber.com</u>

Goldrichtig zum Vorlesen

Vielleicht eher für stillen Genuss allein

Feinste erotische Häppchen

der Literatur. Interessiert? Um Ihnen die Suche zu erleichtern, gebe ich Ihnen ein paar Titel an – eine kleine Auswahl dessen, was meine eigene Suche zu Tage gefördert hat. Sicher gibt's auch hier Qualitätsunterschiede: Erotik und Sexualität sprachlich zu vertonen stellt für jeden Menschen, auch den dichterisch hoch begabten, eine Herausforderung dar. Und Sie werden sehen: Geschmäcker und Zungenschläge sind verschieden; Sie werden Ihre Suche konzentrieren müssen auf das, was Sie schließlich wirklich entzückt und lockt, Ihr sprachliches Repertoire zu weiten und zu verflüssigen.

Sind Sie in der beneidenswerten Lage, dass Sie in Aussicht nehmen können, sich gemeinsam mit Ihrem Partner in der erotischen Literatur umzusehen? Da eröffnen sich Ihnen neue einladende Möglichkeiten, Ihre Sexualität auch sprachlich zu feiern, nicht allein fleischlich, meine ich. Den gleichen Text lesen, nacheinander, lädt ein zum Austausch hinterher; den Text, ein ganzes Buch, vorlesen, vorgelesen bekommen, das kann ein besonders anmutiges Projekt sein. Wenn Sie es anreichern mit atmosphärischen Verzierungen, entwickelt es sich vielleicht zu einem unerwarteten Berührungspunkt mit überraschenden Ausbaumöglichkeiten. Mit Ihrer genussreichen Beschäftigung mit erlesenen erotischen Texten können Sie das Thema Sexualität warm halten; hier sind bekanntlich Kaltstarts schwer zu bewerkstelligen, besonders zu zweit.

Erotisches Sprachgeschmeide

Die schärfsten Stellen aus der Weltliteratur.
«Seid säuisch!»
Goethe

Hermann Kinder (Hrsg.):
Die klassische Sau***
Das Handbuch der literarischen Hocherotik
München: Goldmann 1996

Heinz Ludwig Arnold (Hrsg.):
Das Erotische Kabinett****
München: Heyne (Diana Taschenbuch) 1998

Von zärtlich bis deftig, von Barock bis heute, von Paul Fleming über Heinrich Heine bis Wolf Biermann

Alina Reyes:
Labyrinth des Eros**
Sie/Er steht vor einer geschlossenen Tür.
Sie/Er öffnet sie und geht hindurch.
München: Droemer (Knaur Taschenbuch) 1996

Lüsterner Irrgarten, zugänglich von Mann und Frau von zwei Seiten; von hinten & von vorn

Anaïs Nin:
Das Delta der Venus*****
München: Droemer (Knaur Taschenbuch) 1997

«Poetisch und pornographisch, sinnlich und sensibel – ein schamlos schönes Buch.»
Henry Miller

Erich Fried:
Liebesgedichte*****
Quartbuch
Berlin: Wagenbach 1988

Erlesenste Poesie, heutige Liebe und Liebende besingend

Von * bis ***** kennzeichne ich meine persönliche Wertschätzung.

web 20
21 weitere hocherotische Bücher

4 Neugier ist erotisch

Fragen & ausfragen

Die meisten Frauen und Männer, die lange zusammenleben, sind fest davon überzeugt, dass sie einander wirklich gut kennen. Tatsächlich verschaffen ihnen die vielen gemeinsamen Jahre unendlich viel Gelegenheit, miteinander Erfahrungen zu machen. Beide wissen, was sie voneinander zu erwarten haben, welche Aktion gewöhnlich welche Reaktion auslöst. Was, außer Smalltalk, hat man sich da noch zu sagen?

Im alltäglichen Leben zeigt sich, dass diese Vorhersehbarkeit des anderen Vor- und Nachteile hat. Einerseits weiß man, mit wem man es zu tun hat. Man kann sich in der gegenseitigen Berechenbarkeit wohlig einrichten, und man tut es auch. Vertrautheit gehört zum Beziehungskomfort. Andererseits hält man sich aber auch je in Schach und sorgt wachsam dafür, dass alles beim Alten bleibt. Persönliche Entwicklung wird im Stillen beargwöhnt und unauffällig verhindert. Beide haben ein ziemlich stabiles Bild vom anderen und sind verunsichert, wenn er daran zu rütteln versucht oder Dinge tut, die mit diesem Bild nicht mehr zur Deckung zu bringen sind. Merkwürdigerweise nagelt man sich besonders gern auf Wesenszüge und Verhaltensweisen des Gegenübers fest, die man selbst nicht schätzt oder kaum ausstehen kann.

«Du gehörst mir, ich gehöre dir, wir sind das Monstrum du und ich.»
Pascal Bruckner & Alain Finckielkraut

In der Sexualität gilt dies alles in noch viel ausgeprägterem Maße. Hier machen sich Mann und Frau besonders deutliche

Bilder voneinander. Männer sehen in ihren Frauen häufig sexuell uninteressierte und entsprechend unterentwickelte Wesen, während Frauen umgekehrt ihre Männer als undifferenziert und eher triebhaft wahrnehmen. Beide Geschlechter neigen dazu, ihr Gegenüber mit speziell abschreckenden und krassen Beispielen zu vergleichen (*«Du bist genau so vertrocknet und männerfeindlich wie deine Mutter!» oder «Was könnte aus deiner Familie anderes kommen? Schau doch mal deinen Bruder an!»*).

Würden Sie zum Beispiel nicht misstrauisch, wenn der andere eines Tages zur Tür hereinkäme und Sie – einfach so – mit einer ungewohnt langen & innigen Umarmung begrüßen würde?

Das hat natürlich viel mit Sprachlosigkeit zu tun. Wenn Sexualität kein Thema ist, gehen keine relevanten Informationen mehr hin und her. Unwissenheit und Unsicherheit nehmen zu. An die Stelle von genauen und aktuellen Kenntnissen über den anderen als Geschlechtswesen treten Annahmen und Phantasien. Verständlich, dass sich dieser verkannt oder nicht wahrgenommen fühlt und sich emotional noch mehr zurückzieht – meist wortlos. So verstärken sich Informationskluft und Beziehungsfrust gegenseitig.

«Hinsichtlich Sex weiß ich gar nichts, – ich war immer verheiratet.»
Zsa Zsa Gabor

Wenn Sie nun dem sexuellen Frust zu Leibe rücken möchten, können Sie versuchen, den Informationsfluss zwischen Ih-

Sie wissen alles? Fast alles? Sind Sie sicher? Sicher können Sie erst sein, wenn Sie dem anderen jede einzelne Frage explizit gestellt und eine ausführliche Antwort bekommen haben.

Wissen Sie zum Beispiel, ...

★ ... was Ihren Partner wirklich erregt?

★ ... ob der andere befriedigt ist von der Sexualität mit Ihnen? Und was «Befriedigung» für ihn bedeutet, bedeuten würde?

★ ... was ihm die Lust am Sex verschlagen hat? Was hat das mit Ihnen zu tun – aus seiner Sicht? Was nicht?

★ ... was ihn im Bett unter Druck setzt, behindert, blockiert, ängstigt, beschämt?

★ ... was der andere im Sex mit Ihnen liebend gern verändern, verbessern möchte? Und warum ihm das nicht gelingt?

web 21
8 weitere Testfragen

nen und Ihrem Partner in Gang zu bringen. Stellen Sie als Erstes fest, von welchem Basis-Wissensstand Sie ausgehen müssen.

Stumm, weil frustriert. Frustriert, weil stumm.

Wenn Sie eine langjährige gemeinsame Schweigetradition in Sachen Sex hinter sich haben, dürfen Sie davon ausgehen, dass Ihr Informations-Inventar karg ausfällt. Sie wissen nur wenig Zuverlässiges über den anderen und wer er ist als Mann oder Frau. Zu wissen, dass Sie wenig wissen, ist gewiss viel aufregender als zu meinen, Sie kennen ihn genau! Ihnen steht noch das Abenteuer bevor, eine Menge über ihn zu erfahren – direkt von ihm. Dieses Abenteuer ist nicht unbedeutender als die Aufregung damals, als Sie ihn kennen lernten. Da war es selbstverständlich, dass Sie nichts über ihn wussten. Heute ist es eine Überraschung, zu erkennen, dass Sie ihn in Wirklichkeit so wenig kennen. Werden Sie zu dem Unwissenden, der Sie sind, und Sie werden entdecken, was Sie wissen möchten.

«Liebe besteht zu drei Vierteln aus Neugier.» Giacomo Casanova

Und wie kommen Sie an den entscheidenden Wissensschatz heran? Natürlich mit Hilfe von Fragen. Mit Fragen signalisieren Sie dem anderen,

- dass Sie interessiert, neugierig sind.
- dass Ihnen daran gelegen ist, sich nicht (mehr) abzufinden mit einer brachliegenden oder verklemmten Sexualität.
- dass er Ihnen wichtig ist. Als Mann, als Frau.
- dass Sie sich nicht (mehr) zufrieden geben wollen mit der illusionären Sicherheit von verfestigten Ideen und erstarrten Bildern von vorgestern über ihn und Ihre gemeinsame Sexualität.
- dass Sie offen sind für einen intimen Austausch, der in festen Beziehungen gewöhnlich Voraussetzung ist für jede fleischliche Intimität.
- dass Sie sich nicht (mehr) von Angst und Scham abhalten lassen wollen, mit ihm persönlich zu tun zu haben.
- dass Sie auch bereit sind, sich von ihm befragen zu lassen.

«Und Neugier nur beflügelt jeden Schritt.» Goethe: Faust I

Einwände gegen Fragen?

Fragen ist Ihnen grundsätzlich zuwider? Wappnen Sie sich mit stichhaltigen Argumenten!

A. R. Bodenheimer: Warum? Von der Obszönität des Fragens. Ditzingen: Reclam 1984

Ja, ich habe Einwände. Ich bin dagegen, wenn ein Paar darauf aus ist, sich und seine Sexualität mit Fragen durchsichtig zu machen. Mann & Frau, Beziehung & Erotik sind ein unergründliches Geheimnis. Mit Fragen stoßen Sie vor ins Innere des Geheimnisses, doch mit jeder Antwort geht eine neue Innenwelt auf. Sie staunen, immer wieder. Ihr Leben ist zu kurz und zu hintergründig, um je ans Ende Ihrer und Ihres Partners Welt vorzudringen.

Auch nicht einverstanden bin ich mit der Idee, Sie oder Ihre Partnerin *müssten* alle intimen Fragen stellen und beantworten, zum Beispiel weil Sie sich liebten. Sie müssen gar nichts. Gönnen und bewahren Sie sich die innere Freiheit, zu fragen oder nicht zu fragen, zu antworten oder nicht oder nur teilweise zu antworten. Ein sprachloses Paar kann nicht anders als schweigen, es ist gefangen in seiner Stummheit. Sie hingegen sind frei, neugierig oder zurückhaltend zu sein, eindringend oder diskret, unbesorgt oder vorsichtig. Sie beide sind schließlich die ausgewiesensten Experten in Sachen eigene Beziehung und können am ehesten beurteilen, ob und wenn ja, wie Sie was wann fragen werden.

«Die Liebe ist das Kind der Freiheit.» Altfranzösisches Sprichwort

Entschließen Sie sich nun zum Fragen, dann seien Sie nicht erstaunt: So einfach der Impuls *«Fragen Sie doch!»* klingen mag, so knifflig ist es in der Beziehungswirklichkeit, tatsächlich intime Fragen zu stellen. Fragen wären doch die eigentlichen Türöffner zum Innern der Sexualität, aber die meisten Menschen machen die Erfahrung, dass sie sich kaum über die Intimitätsschwelle des anderen getrauen. Oder dass die Schwelle einfach zu hoch ist. Sie sehen eine Reihe von Gründen, die ihnen die Hürde unüberwindbar erscheinen lassen.

Vielleicht hilft Ihnen jemand auf die Sprünge: ein Freund, eine Freundin.

→ ***«Ich kann nicht fragen. Keine Ahnung, wie ich formulieren könnte, was ich gerne wissen möchte.»***

Vielleicht sind Sie unsicher, wenn es um Sexualität geht, oder Sie fühlen sich in Bezug auf Ausdrucksfähigkeit dem anderen unterlegen. Das könnten Sie ihm doch als Einleitung zu Ihren Fragen sagen. Wahrscheinlich ist er dann eher bereit, Ihre Fragen als wichtig und gewichtig ernst zu nehmen.

➜ ***«Es ist mir zuwider, ihm die Würmer aus der Nase zu ziehen.»***
Ist ja auch wirklich widerlich! Aber vielleicht haben Sie Glück: Es kann gut sein, dass die Art Ihrer Fragen unappetitlich ist und nicht die Verstopftheit Ihrer Partnerin! Ein misstrauischer, pingeliger, nörglerischer, rechthaberischer, streitlustiger, rachsüchtiger Frager verbiestert jedes Gegenüber.

Eine Unmenge neugieriger Fragen an und für Paare in Philip Keel: Alles über uns. München: Droemer-Knaur 2000

➜ ***«Wenn ich frage, fühlt sie sich sofort ausgefragt und blockt ab: Sie verstummt oder wechselt unauffällig das Thema.»***
Männer und Frauen, die keine Übung haben mit intimen Fragen, reagieren oft ängstlich und abwehrend. Sie wissen nicht, worauf die Fragen hinauswollen, welchen kriegerischen Zielen sie womöglich insgeheim dienen könnten. Versuchen Sie, Ihre Absichten grundsätzlich offen zu legen. Das können Sie vielleicht am elegantesten tun, indem Sie selber Persönliches preisgeben – entgegen Ihrer bisherigen Embargo-Politik. Sie müssen auch damit rechnen, dass Ihre Partnerin innerlich panisch oder mit einem Blackout reagiert, wenn Sie ihr heikle Fragen stellen, unvermittelt und mitten ins Gesicht. Mit dem Brecheisen richten Sie nicht viel aus. Bedenken Sie, dass beides ansteckend ist, die Stummheit und die Offenheit. Durchsetzen wird sich die beharrlichere und charmantere Kraft, und beides nicht von heute auf morgen.

Eine Einstiegsschwierigkeit!

Panik und Blackout des anderen können für Sie unsichtbar bleiben, wenn er stumm ist.

➜ ***«Der andere hat mir vorgeworfen, ich verwende alles, was er mir Persönliches anvertraut habe, später gegen ihn. Darum beantworte er mir meine Fragen nicht mehr, und so habe ich mit Fragen aufgehört. Aber es stimmt doch nicht, was er sagt!»***
Doch, natürlich stimmt das. Oder glauben Sie im Ernst, er würde sich die Mühe machen, seine unangenehmen Erfahrungen mit Ihnen zu erfinden, etwa um Sie mit seinen Erfindungen zu ärgern? Vielleicht könnten Sie's versuchsweise so ma-

Im Krieg wird eben auch mit Fundmunition gekämpft.

chen: Fragen Sie ihn, was er von Ihnen bräuchte, um sein Vertrauen wieder zu gewinnen. Sagen Sie ihm, ob Sie ihm seine Bitte erfüllen können, wenn ja, ganz oder teilweise.

➜ *«Das geht nicht. Sowie ich ihn etwas frage, haben wir Krach, oder er läuft davon.»*

Welche konkreten Möglichkeiten haben Sie?

Schauen Sie nach unter «Zuhören» ab Seite 29.

Sie könnten einen grundsätzlichen Vorstoß unternehmen, die Gesprächskultur in Ihrer Beziehung zu entwickeln. Stressige Auseinandersetzungen zeigen meist an: Beide möchten dringend reden, aber es ist keiner da, der hören will. Wer weggeht aus einem laufenden Gespräch, will damit sagen: *«Ich bin überfordert.»* Oder *«Ich gerate unter grausamen Druck!»* Verstopfte Ohren und Überforderung können aber nur mit einer gemeinsamen Anstrengung saniert werden. Es macht wenig Sinn, sich gegenseitig die Schuld an dem Desaster zuzuschieben. Sie dürfen im Sündenbockreflex sogar getrost den eigentlichen Kommunikations-Knoten sehen. Wenn Sie nicht hören wollen oder können, brauchen Sie auch keine Fragen zu stellen.

➜ *«Ich habe Angst zu fragen. Schäme mich, bin gehemmt.»*

Wenn Sie fragen, exponieren Sie sich wirklich. Sie brechen vielleicht ein lange gehätscheltes Schweigen und verstoßen damit gegen ein eingewachsenes Beziehungstabu. Sie riskieren, bei Ihrem Partner eine nicht abschätzbare Reaktion auszulösen, die Sie selbst wieder beschämen oder verletzen könnte. Dieses Risiko können Sie vielleicht etwas vermindern, indem Sie einleitend über Ihre Ängste, über Ihre Schamgefühle berichten, statt sie zu überspielen. Ganz eliminieren können Sie es indes nicht. Haben Sie nicht kürzlich gedacht oder gesagt, Sie empfänden Ihre Beziehung als langweilig? Dieses Problem zumindest hätten Sie damit gelöst …

«Scham und Tabu sind Voraussetzung für intensive Sexualität.» Holger Schenk

➜ *«Für meine Fragen finde ich nie den günstigen Zeitpunkt.»*

Informieren Sie sich über Ihre Chancen auf Seite 23.

Tatsächlich hängt der Erfolg eines intimen Gesprächs auch von den äußeren Umständen ab: Manche Momente eignen sich nicht dafür, und nicht jeder Ort ist tauglich. Also gibt's nur eines: Sorgen Sie dafür, dass grundsätzlich über das Drum und Dran Ihrer künftigen Gespräche verhandelt wird. Machen Sie Ihrer Partnerin einen Vorschlag – aber bitte nicht im ungelegensten Augenblick und am unmöglichsten Ort!

Der Königsweg zur Intimität

Nehmen wir an, Sie schaffen es: Sie fragen Ihre Partnerin endlich, was Sie schon lange wissen wollten. Die äußeren Bedingungen sind günstig, die inneren ebenfalls. Sie möchten wissen und sind offen, und der andere scheint bereit, auf das einzugehen, was Sie interessiert. Ich möchte Ihnen zeigen, welche vielfältigen Möglichkeiten & Chancen sich Ihnen eröffnen, wenn es Ihnen gelingt, mit Hilfe von Fragen den intimen Zugang zu ihm zu entdecken. Vielleicht finden Sie hier brauchbare konkrete Anstöße & Formulierungsvorschläge für Ihr Anliegen. Ein paar Wegweiser zeigen Ihnen auch den kürzesten Trampelpfad in die nächstliegende Sackgasse.

Eine Frage ist möglicherweise intimer als eine Antwort.

→ Angenommen: Sie wollen das Schweigen brechen

Fragen können Schlüssel für lange verschlossene Türen in Ihre gemeinsame erotische und sexuelle Intimität sein – wenn sie passen. Wahrscheinlich brauchen Sie sogar mehrere passende Schlüssel, um wirklich ins Innere hineinzukommen, und der erste ist wohl am schwierigsten zu finden. Er entscheidet darüber, ob Ihr schweigendes Komplott weiter besteht oder ob ein Fluss zwischen Ihnen zustande kommt. Ein Fluss ist etwas Weiches. Wenn Sie nun Ihr Schweigen «brechen» wollen, könnte es sein, dass Ihre Fragen zu hart ausfallen. Sie laufen Gefahr, etwas zu zerbrechen, was besser aufgetaut oder geschmolzen würde.

«Nur die Vernunft lehrt schweigen. Das Herz lehrt reden.»
Jean Paul

Verunglücktes Fragen

Die fieseste (Frauen-)Frage: *«Bist schon drin?»*

Die unglücklichste aller Fragen: *«Was denkst du?»*. Eine Hirnwäscherfrage! Es gibt wahrscheinlich keine einzige Begründung, gar keine Voraussetzung, die diese indiskrete Frage je rechtfertigen könnte. Sorry, aber die müssen Sie sich verkneifen, auch wenn die chronische Verbalverstopfung Ihres Partners Sie nervt und peinigt bis ins Mark. Mein Vorschlag: Gewähren Sie ihm den gleichen Respekt, mit dem jeder Mensch rechnen kann, den Sie mögen.

Suggestiv-Fragen

Trojanische Pferde sind's.

Musterbeispiel: *«Hast du nicht bemerkt, dass ich in der letzten Zeit eigentlich mehr Lust auf Sex gehabt hätte?»* – Suggestiv-Fragen sind in Wirklichkeit Mitteilungen und keine Fragen, obwohl sie wie Fragen aussehen. Das Musterbeispiel heißt im Klartext: *«Seit einigen Wochen zeige ich dir meine Lust viel deutlicher, aber du vernagelter Typ merkst es nicht einmal!»* Eines der untrüglichen Erkennungsmerkmale von Suggestiv-Fragen: Wie in fast allen rhetorischen Fragen kommt darin das verräterische *«nicht»* vor.

Inquisition: Mittelalterliches Verfahren zur Entsorgung von Ketzern

Inquisitions-Fragen

Musterbeispiel: *«Mir ist da etwas aufgefallen: In letzter Zeit duschst du immer am Abend, bevor du ins Bett kommst. Woher hast du das?»* – Inquisitorische Fragen erkennen Sie am drohenden, manchmal bittersüßen Unterton. Wer damit konfrontiert ist, tut gut daran, sich zu verschanzen. Vorschlag: Statt indirekt zu drohen, könnten Sie sich klarwerden, inwiefern Sie sich selbst beunruhigt und bedroht fühlen. Sagen Sie das dem anderen direkt und fragen Sie ihn, ob er Ihnen behilflich sein kann, mit Ihrer Beunruhigung zurecht zu kommen. Das Musterbeispiel könnte vielleicht dann so klingen: *«Mich plagen seit zwei, drei Monaten dumme Gedanken. Du duschst doch neuerdings häufig vor dem Schlafengehen. Jetzt kriege ich die Phantasie nicht aus dem Kopf, dass du das bei einer Frau kennen gelernt haben könntest. Quäle ich mich zu Unrecht?»*

Ist der andere ein Ketzer, wenn er unverständliches Zeug sagt oder macht?

Druck-Fragen

Musterbeispiel: *«Ist dir eigentlich bewusst, dass du mich mit deiner Kälte in die Arme eines anderen treibst?»* – Mit einer Druck-Frage drücken Sie Ihren Partner in die enge Schuld-Ecke. Von dort aus gibt es für ihn keinerlei Sicht mehr auf eine Lösung, außer Selbstverteidigung und Notwehr. Wenn Sie dem Schweigen ein Ende setzen wollen, sind hingegen Fragen günstig und erfolgversprechend, die neue Perspektiven eröffnen, statt die alte Aussichtslosigkeit zu zementieren. So zum Beispiel: *«Zwischen uns läuft seit langem nicht viel. Das liegt mir auf dem Magen. Könntest du mir beschreiben, was du bräuchtest, um wieder wärmere Gefühle zu bekommen?»*

Statt den anderen zu drücken, sagen Sie ihm, was Sie bedrückt.

Warum-Fragen

Musterbeispiel: *«Warum hast du ständig nur den Geschlechtsverkehr im Kopf, wenn du mich nackt siehst?»* – Warum-Fragen kann eigentlich niemand beantworten. Manchmal sind sie genau genommen gar keine Fragen, sondern Seufzer: *«Mein Gott, mein Gott, warum hast du mich verlassen?»* Häufig sind sie der ungeschickte Versuch, den anderen dazu zu bringen, etwas zu erklären, was man nicht versteht. Eine Warum-Frage suggeriert aber unglücklicherweise die Vorstellung, dass die Dinge logisch-rational miteinander verbunden sein müssten. Wenn es um Beziehung oder Sexualität geht, tun sie das nur selten. Also müsste die interessierte Frage mit Vorteil eine Einladung an den anderen sein, zu beschreiben, wie es in ihm aussieht: *«Erzähl mir bitte, was bei dir im Kopf und weiter unten abgeht, wenn du mich beim Ausziehen siehst. Magst du?»*

Der Hintergrund ist viel spannender als der Grund.

Matth. 27, 46

Beschreiben macht mehr Spaß als Begründen. Und ist intimer.

Türöffner-Fragen

Musterbeispiel: *«Ich möchte, dass wir wieder einmal über unseren Sex reden. Es wäre nötig, glaube ich, weil mir nicht mehr wohl ist dabei. Hilfst du mit?»* – Sie sehen, dass eine Türöffner-Frage eine Art Doppelschlüssel ist: wie ein alter Tresorschlüssel mit einem

«Wer fragt, geht nicht fehl – aber sein Geheimnis ist aufgedeckt.»
Afrikanisches Sprichwort

Schreckend oder lockend?

Bitte suchen Sie:

• Die 3 Suggestiv-Fragen

• Die 3 Inquisitions-Fragen

• Die 3 Druck-Fragen

• Die 3 nicht-beantwortbaren Fragen

• Die 3 Türöffner-Fragen

Auflösung siehe nächste Seite.

Fragen ist die Kunst, den anderen freiwillig zum Reden zu bringen.

Höflich ja. Friedhöflich nein.

Vexierrätsel: Hart oder weich?

1. «Warum reden wir eigentlich nie übers Bett?»
2. «Mich bedrückt, dass bei uns nichts Sexuelles mehr läuft. Wie ist es bei dir?»
3. «Das gefällt dir: Seit Monaten schleichen wir um den heißen Sex-Brei. Stimmt doch, oder etwa nicht?»
4. «Jetzt muss ich endlich mit dir reden. Was sollen die Pornohefte in deiner Schreibtischschublade?»
5. «Sag mal, meinst du wirklich, ich merke nicht, was da hinter meinem Rücken vor sich geht?»
6. «Stimmt es, dass du seit vorletztem Silvester keine Lust mehr hast auf mich, oder fast keine? Es macht mir Herzklopfen, dich das zu fragen.»
7. «Kannst du mir erklären, warum du seit Jahren systematisch erst ins Bett kommst, wenn ich schon schlafe?»
8. «Dir ist wohl scheißegal, dass ich seit Jahren zu kurz komme bei dir?»
9. «Hast du mir nichts zu sagen zum Thema Sex?»
10. «Glaubst du vielleicht, es macht mir Spaß, immer die unangenehmen Dinge in unserer Ehe auf den Tisch bringen zu müssen?»
11. «Ich weiß, dass ich dir viel zu langweilig bin im Bett. Wär's nicht besser, du würdest dich bei einer Hure abreagieren?»
12. «Mir ist seit einiger Zeit nicht mehr so wohl mit dir, besonders am Abend, wenn wir schlafen gehen. Hilfst du mir, herauszufinden, was los ist?»
13. «Ich frage mich in letzter Zeit ständig, warum bei dir immer alles stimmen muss, bevor wir auch nur an Sex denken können.»
14. «Jetzt will ich, dass du ein einziges Mal ehrlich bist: Du hast einen anderen. So ist es doch, oder?»
15. «Ich möchte dich mal grundsätzlich fragen, ob ich deinen sexuellen Wünschen nicht schon genug entgegenkomme.»

zweifachen Bart, einem nach oben und einem nach unten. Sie enthält eine persönliche Äußerung über Sie selbst und eine einladende Frage. Sie öffnen also gewissermaßen zuerst Ihre eigene Tür, und dann klopfen Sie beim anderen an. Eine offene Tür wirkt meist selber einladend, während das interessierte Anklopfen zusätzlich verlockend ist. Es lässt den Partner grundsätzlich frei, wie vorgeschlagen oder anders oder vielleicht erst später auf das Gesprächsangebot einzugehen.

Auflösung des Vexierrätsels auf der vorigen Seite:

Suggestiv-Fragen: 5, 11, 15

Inquisitions-Fragen: 3, 4, 9

Druck-Fragen: 8, 10, 14

Warum-Fragen: 1, 7, 13

Türöffner-Fragen: 2, 6, 12

Und wenn Sie abblitzen? Sind Sie dann erstaunt? Erbost? Bestätigt in Ihrer Resignation? Die einfachste Reaktion auf Abweisung ist tatsächlich, den anderen als hartnäckig unzugänglich zu taxieren, von ihm abzulassen und sich in eine Ecke zu verdrücken. Schade nur, dass Sie so mit Ihrem Anliegen stecken bleiben. Eine anspruchsvolle Herausforderung für Sie: Überprüfen Sie Ihre Frage noch einmal auf ihre Türöffner-Qualitäten. Achten Sie zusätzlich auf Stimme, Gesichtsausdruck und Gesten. Sie sind beziehungserfahren genug, um zu wissen: Kein Problem, allein mit dem Tonfall eine Türöffner-Frage mit inquisitorischem Charme oder erpresserischem Druck zu drapieren. Das kann für das Empfänger-Ohr widersprüchlich und darum irritierend klingen; er macht dicht. Werden Sie sich also zuerst klar, was Sie wirklich fragen oder sagen wollen, und seien Sie dann eindeutig.

→ Angenommen: Ihnen fehlt der sexuelle Gesprächsstoff

Sexuelle Sprachlosigkeit ist ein stiller Risikofaktor für Ihre Beziehung.

Vielleicht sind Sie ein gut eingespieltes Paar. Sie haben es ganz ordentlich, auch im Bett. Sexuelle Probleme gibt's eigentlich keine, jedenfalls nicht solche, die Sie manchmal mit Interesse in den Beratungsspalten der Zeitschriften nachlesen. Höchstens – soll das alles gewesen sein? Diese monotone Monokultur im Bett: ein bisschen blass und ganz ohne Unkraut. Ein wenig farbiger & wilder hätten Sie's schon gern. Und intensiver, intimer auch. Gut geschmierte Sexualität kann eben nicht so aufregend und berührend sein, wie es Ihnen Ihre Sehnsüchte einflüstern.

«Die Tabuierung von Antworten ist nie so schlimm wie die Tabuierung von Fragen.» Ludwig Marcuse

Und Ihnen ist auch nicht ganz wohl dabei, dass es seit geraumer Zeit kein herzerwärmendes Gespräch über Ihre Sexualität gegeben hat. Es fehlt Ihnen etwas. Die sexuelle Sprachlosigkeit ist das intime Ozonloch in Ihrer Beziehung: Es tut nicht weh, aber ganz ungefährlich ist es nicht, das ahnen Sie.

Wenn Sie darüber nachdenken, bedrängt Sie leise die ungemütliche Vermutung, dass Ihnen als Paar und Ihnen selbst wegen Ihrer Sprachlosigkeit vielleicht Entscheidendes entge-

Fragen Sie sich hinter die Reibungslosigkeit!

Ihr Gesprächsanstoß darf freundlich und einladend klingen.

★ «In Thessaloniki haben wir zum letzten Mal über unseren Sex geredet. Das war aufregend, weißt du noch? Für mich ist das aber sehr lange her. Hilfst du mit, das Thema wieder einmal auf den Tisch zu bringen?»

Einladen ist viel besser als säuerlich herummeckern.

★ «Ich hab heute mit Gerhard gesprochen. Er sagte, er habe richtig Angst, seiner Esther zu gestehen, dass er sich ein wenig langweilt mit ihr im Bett, weil alles immer gleich abläuft. Mir wurde klar, dass das auch für uns ein dankbares Thema sein könnte. Was meinst du?»

★ «Wir haben super gevögelt. Ich bin noch ganz zittrig! Wie kommt es eigentlich, dass wir das nicht häufiger machen? Hilfst du mir, es herauszufinden?»

Einladungen sind beinah unwiderstehlich.

★ «Gestern Abend hast du mir beim Liebemachen zum ersten Mal seit unserer Verlobung ‹Annina› ins Ohr geflüstert. Das hat den Rücken hinaufgeprickelt! Wir könnten doch zu ergründen versuchen, was uns in den letzten fünfzehn Jahren so stockfischstumm macht im Bett. Magst du?»

★ «Letzte Woche habe ich zufällig in ‹Liebe Sünde› auf Pro 7 gesehen, was ein älteres Paar miteinander treibt. Ich bekam das Gefühl, wir seien ziemlich fade im Bett, ich vor allem. Ich möchte dir gern schildern, was mir durch den Kopf gegangen ist.»

Ein maßgeschneiderter Einfall?

★ ....
....

hen könnte. Sie sind wenig geschützt vor Missverständnissen und Fehlentwicklungen in Ihrer erotischen Beziehung. Sie leben aber auch an innovativen Impulsen vorbei, mit denen Sie gemeinsam Ihre Sexualität ins Strömen bringen könnten. Stummer, reibungsloser Sex mag eine Weile praktisch sein; auf die Dauer neigt er dazu, Grünspan anzusetzen.

→ Angenommen: Sie fühlen sich unsicher

Menschliche Sexualität, die auf Dauer wohl tut & befriedigt, ist keine berechenbare Verrichtung. Eher ein Spiel mit letztlich ungewissem Verlauf und offenem Ausgang. Wenn der Einstieg immer derselbe, Handgriffe und Mundarbeit routinemäßig, das Scharfmachen vorhersehbar, der Orgasmus zwingender zentraler Programmpunkt und der Abschluss abzusehen sind, werden Sie ziemlich bald, sicher aber mit den Jahren, dringend Abwechslung brauchen. Unwägbarkeit und Risiko sind Aphrodisiaka, ebenso wie die Angst. Ambivalenz und Angst steigern die Erregung, indem sie zur körperlichen Aufregung beitragen: Muskelspannung und Blutfluss steigern sich, Herzschlag und Atmung werden schneller. Sie reagieren ähnlich auf beängstigende und sexuell erregende Situationen – vorausgesetzt die Angst überwältigt Sie nicht. Übrigens: Mit der Scham ist das ganz ähnlich: Sie steigert, verschämt im Hintergrund, die Erregung.

Viel Gescheites zu diesem Thema bringt Jack Morin: Erotische Intelligenz. Die Erschließung der inneren Quellen sexueller Leidenschaft. München: Goldmann 1997

Wenn Ihnen also nicht wohl ist mit Ihrer Unsicherheit und Angst im Bett, nehmen Sie sich am besten dieser Gefühle an, versuchen Sie sie aber nicht auszurotten. Ihrer Erregung steht eine Prise unguter Gefühle ebenso gut an wie der Cayennepfeffer dem Chili con carne. Und überhaupt: Es wird Ihnen in Ihrer Beziehung niemals gelingen, Ihre Sexualität bis in alle Ecken auszuleuchten, auch wenn Sie viel & kompetent miteinander nachdenken & austauschen & Fragen über Fragen stellen.

Mit Fragen haben Sie das geeignete Instrument zur Hand, um Unsicherheit und Angst nicht nur erträglich zu machen,

Lieber fragen als brüten.

Passt einer der Sätze auf Sie? Vielleicht können Sie den einen oder anderen umformen und Ihren Bedürfnissen anpassen.

Ins Ungewisse hineinfragen

★ «Wenn wir miteinander schlafen, schaust du mich nie an. Ich weiß gar nicht, was in dir vorgeht, und bin weit weg von dir. Das macht mich ganz unsicher, und ich vermisse dich mehr und mehr in diesen Momenten. Kannst du mir sagen, wo du jeweils bist?»

★ «Wir haben jetzt seit zwei Monaten keinen Sex mehr miteinander. Das macht mir Angst, und es fällt mir schwer, davon anzufangen. Was ist los?»

★ «Die letzten Male hattest du Mühe, deinen Schwanz steif zu halten beim Vögeln, vermute ich. Du selbst schienst steif und verbissen, und ich wagte bis jetzt nicht, dich zu fragen, was dir Probleme macht. Bist du gestresst mit mir im Bett?»

Was benannt ist, verliert den größten Teil seines Schreckens. Wie bei Rumpelstilzchen.

★ «Es kommt dir vielleicht blöd vor, aber ich bin ganz durcheinander, weil du seit einiger Zeit nicht mehr so nass wirst in der Scheide bei unserem Vorspiel. Ich stelle mir die schlimmsten Dinge vor, die dafür verantwortlich sein könnten. Ich versteh's einfach nicht.»

★ «Sag mal, spinne ich, oder bist du neuerdings wirklich so zugeknöpft mit Zungenküssen? Stinke ich etwa aus dem Mund?»

Fragen ist beziehungsstiftend.

★ «Als Anja und Rolf da waren, hatte ich den Eindruck, deine Augen seien immer hinter Anja her. Das beschäftigt mich seither. Ich weiß nicht, was das für uns beide bedeutet. Fehlt dir etwas bei mir?»

Hier könnte Ihre persönliche Frage stehen.

★ ....
....

sondern sie in ein erfrischendes erotisches Gewürz umzuwandeln.

Angst und bedrängende Ungewissheitsgefühle können manchmal aber auch nützlich sein als sensible Warnsysteme. Ähnlich wie elektrische Sicherungen schützen sie Sie und Ihre Beziehung vor Überlastung. Ein Kurzschluss ist zu erwarten, wenn Sie beide überfordert sind, dem Energiestoß standzuhalten, der durch eine geladene Frage und die Antwort darauf ausgelöst wird. Ein berüchtigtes Beispiel ist das kopflose Geständ-

«Die Wahrheit kann auch eine Keule sein, mit der man andere erschlägt.» Anatole France

nis auf die Frage: *«Hast du eine andere?»* Eine derart geballte Ladung «Wahrheit» lässt fast immer die Hauptsicherung durchbrennen. Darum: Zwingen Sie den anderen niemals zu einer Antwort, von der Sie bereits im Voraus wissen, dass Sie ihr nicht gewachsen sind. Die Angst und Unsicherheit, die Sie empfinden, wenn Sie eine bestimmte Frage auf der Zunge haben, möchten Sie auf die Idee bringen, Ihre persönliche Belastbarkeit und auch jene der Beziehung vorher abzuwägen.

Andererseits müssen Sie aber mit schwer wiegenden Nachteilen rechnen, wenn Sie sich in Ihrer Ehe wie in einem Sanatorium einrichten und den anderen behandeln, als wäre er schwer gefährdet und vertrüge nicht das mindeste frische Lüftchen. Die abgestandene Luft der verschüchterten Schonung lässt Sie schließlich beide kaum mehr atmen. Sie bleiben auf Ihren gestauten Themen und Anliegen sitzen, Beziehung und Sexualität stagnieren und schrumpfen.

Wenn Sie eine gewisse Scheu und Unsicherheit daran hindert, mit indiskreten Fragen in die ureigenste persönliche Sphäre Ihrer Partnerin einzudringen, dient das einer respektvollen Beziehungsatmosphäre. Dadurch, dass der andere eingewilligt hat, sich auf eine Bindung mit Ihnen einzulassen, haben Sie sich nicht das Recht erworben, ihn gläsern und bedingungslos verfügbar haben zu wollen. Er ist er, und sie ist sie.

Fahren Sie die kunstvolle Mittellinie zwischen Schonung und Brutalität.

Darum möchte ich Sie ermutigen, Fragen zu stellen, die intimitätsstiftend sind und gleichzeitig die persönlichen Grenzen achten. Das kann eine anspruchsvolle Gratwanderung werden; vielleicht gelüstet es Sie, sich die notwendige Offenheit und Sensibilität zuzulegen.

Ihr Ziel ist wahrscheinlich nicht die gläserne Beziehung, sondern mehr Intimität.

Es ist paradox: Intime Fragen, die den Respekt vor dem anderen mitausdrücken, enthalten meist auch eigene persönliche Informationen des Fragenden: *«Ich bin erschrocken …»* oder *«Das macht mich ganz unsicher.»* Ich respektiere also zuerst mich selbst, was mich bewegt, bedrängt, verunsichert; ich formuliere das, und dann stelle ich meine klärende Frage vor diesem Hintergrund. Auf diese Weise sieht sich auch mein Gegenüber respektiert, und ich habe mehr Chancen, dass der andere mir

«Unheimlich kann auch tiefes Schweigen sein.» Sophokles: Antigone

Die 10 Fragen sind alle ziemlich intim und persönlich – aber nicht alle drücken gleich viel Respekt aus.

Vorschlag: Ordnen Sie die 10 Fragen in eine absteigende Reihenfolge, d. h. der respektvollsten Frage geben Sie den Rang 10, der übergriffigsten den Rang 1.

Vergleichen Sie Ihre Hitparade mit der meinen. Siehe unten.

«Uns kröne das schönste Geschenk aus Götterhand: Schamhaftigkeit.» Euripides: Medea

Wie intim & respektvoll?

1. «Mich beschäftigt mehr und mehr die Frage, ob ich dir mit meinem dauernden Grapschen nicht zu nahe auf die Pelle rücke. Nerve ich dich?»
2. «Ich möchte wissen, was du denkst, wenn wir uns lieben. Ich würde mich doch gern dir ganz hingeben können.»
3. «Warum spreizt du eigentlich deine Beine nie richtig?»
4. «Hin und wieder plagt mich der Gedanke, du könntest mir einen Orgasmus vorspielen, um mir das Gefühl vom starken Mann zu geben. Stimmt das?»
5. «Ich glaube einfach, du kannst mit meinen Streicheleinheiten nichts anfangen. Oder?»
6. «Als ich letzthin Spermaspuren von dir in der Bettwäsche entdeckte, bin ich zuerst erschrocken. Dann aber wurde ich zunehmend neugierig, wie du dich selbst befriedigst. Darf ich dich ein wenig ausfragen?»
7. «Ehrlich gesagt bin ich nie ganz sicher, wo deine Klitoris genau sitzt. Das mag dich erstaunen … Zeigst du sie mir – jetzt? Und zeigst mir auch, wie ich sie gut berühren kann?»
8. «Sag mal: Warum wäschst du dich nicht richtig mit Seife da unten? Weißt du eigentlich, dass du stinkst?»
9. «Offenbar ekelst du dich vor mir. Sonst würdest du mich doch lecken. Liebst du mich denn nicht mehr?»
10. «Ich weiß nicht, was es bedeutet, dass du seit langem keine Anstalten mehr gemacht hast, mich zu verführen. Das macht mich ganz unsicher, und ich zweifle an mir als Frau. Kannst du mir sagen, was los ist?»

Respektvolle Fragen? Meine Rangfolge (von oben nach unten – von brutal bis einfühlend): 8, 9, 3, 2, 1, 5, 6, 7, 4, 10

bei meinem Klärungsanliegen behilflich ist. Ich zeige mich bereit, die Risiken der Offenheit mit ihm zu teilen. Spieße ich ihn aber unvermittelt, gewissermaßen aus dem Hinterhalt heraus, mit einer blanken intimen Frage auf, bin ich – aus seiner Sicht – emotional nicht legitimiert für seine intime Antwort auf meine intime Frage.

→ Angenommen: Sie wollen Ihre Annahmen überprüfen

Sexualität in festen Beziehungen ist eine Brutstätte für wild wuchernde Phantasien. Je knapper der Austausch zwischen zwei Partnern, umso üppiger sprießen schwarze «Theorien» über die Dinge, die verschwiegen werden müssen, weil sie niemand in den Mund zu nehmen wagt. Und je umfangreicher das Depot der unausgesprochenen Themen, desto mehr Angst hindert die Leute daran, das Lager abzubauen, und umso stärker verzerrt und versperrt die Angst die korrekte Wahrnehmung.

Wenn sich zum Beispiel eine Frau lange Zeit uninteressiert zeigt an Sex und sexuelle Initiativen immer wieder abweist, ist es für den Mann schließlich eine ausgemachte Sache, dass seine Frau «frigide» ist und ihre fleischlichen Bedürfnisse definitiv abgestellt hat. Fragt man aber «lustlose» Frauen unverblümt und wirklich interessiert, stellt sich meistens heraus, dass sie sich nach einer geglückten Sexualität sehnen und darunter leiden, dass sie unerreichbar scheint. Der Mann indes hat seine eigene unhaltbare Idee zu einer fast unverrückbaren Überzeugung verfestigt; er sieht nur noch die «Lustlosigkeit» seiner Frau. Derselbe Lapsus passiert auch Frauen mit ihrem sexuell vertrockneten Partner.

Die beliebtesten Sex-Schimpfwörter in Frustbeziehungen:
«impotent»
«frigide»
«beziehungsunfähig»
«kalt»
«unsensibel»
«Psychopath»
«Hure»
«hörig»
«nymphoman»

Es kann an- & aufregend sein, die eigenen Annahmen über sein Gegenüber und dessen Sexualität von Zeit zu Zeit zu überprüfen. Mit Hilfe interessierter Fragen kommen Sie schnell und zuverlässig zu neuen und aktuellen Informationen. Denken Sie aber auch hier daran, dass die Überprüfung Ihrer Annahmen möglicherweise schwer verdauliche Ergebnisse zu Tage fördert. So kann es Ihnen passieren, dass Ihre Partnerin Ihnen eine schlimme vage Befürchtung rundheraus bestätigt. Werden Sie sich also im Voraus klar, ob Sie allenfalls eine solche Auskunft wirklich hören möchten und vertragen könnten.

Misstrauen Sie Ihren Diagnosen über die Sexualität Ihrer Partnerin. Zu Ihrem eigenen Vorteil.

Jede ungeprüfte Annahme über Ihren Partner und sein Tun schränkt Sie in Ihrem erotischen Spielraum ein. Solange Sie den Realitätsgehalt Ihrer Vermutung nicht abtasten, müssen

Sex ist unstet wie Quecksilber. Heute so, morgen ganz anders.

Checken Sie Ihre Annahmen durch!

- ❑ «Ich glaube von dir zu wissen, dass du mit einem Quickie gar nichts am Hut hast. Stimmt das?»
- ❑ «Du hast mir einmal gesagt, am liebsten würdest du nur gestreichelt werden, das würde dir genügen. Seither habe ich kein gutes Gefühl, wenn wir miteinander vögeln. Muss das so sein?»
- ❑ «Ich nehme an, es stört dich, wenn ich beim Liebemachen schwitze. Das stresst mich, weil ich es nicht ändern kann. Aber ich weiß gar nicht, ob es bei dir wirklich so ist.»
- ❑ «Liege ich falsch, wenn ich glaube, du könntest niemals deinen Rüssel unverrichteter Dinge abschwellen lassen, wenn er einmal scharf ist?»
- ❑ «Eigentlich möchte ich, dass du mit der Hand nachhilfst, sodass ich beim Liebeln auch einen Orgasmus hätte. Aber mir scheint, du rackerst dich lieber ab, damit du mir mit deinem Mast einen machen kannst. Ist mein Eindruck richtig?»
- ❑ «Ich habe immer ein ungutes Gefühl, weil ich zu schnell komme und nicht auf dich warten kann. Du bist manchmal so unwirsch nachher; daraus schließe ich, dass du mir das übel nimmst. Stimmt's?»
- ❑ Bisher glaubte ich immer, ...

  Ist das wirklich so?

Hier täuschen Sie sich!

«Vorlust, Nachlust und nächtliches Zaudern – es macht so viel Spaß, darüber zu plaudern.» Kurt Tucholsky: Schnipsel

Gedankenlesen nasführt Sie meistens!

«Einander kennen lernen heißt lernen, wie fremd man einander ist.» Christian Morgenstern

Sie einen Bogen um den Bereich machen, der für Sie im Dunkeln liegt. An dieser Stelle gibt es für Sie beide keine unbeschwerten und lustvollen Berührungspunkte. Eine aufklärende Frage beginnt Ihre Beziehung zu öffnen: Sie werden freier, innovative Vorschläge zu machen und notwendige Korrekturen einzuleiten. Erotische Überraschungen & spielerische Experimente werden möglich.

Beispiel: Der Mann, der seine Frau fragt, ob es stimme, dass sie mit einer Hopp-Hopp-Nummer nicht viel anfangen könne, wird von ihr vielleicht Erstaunliches zu hören bekommen:

«Wenn du mir abends statt hirnlos herumzuzappen im Bett einen Besuch machst, frisch geduscht und scharf, darfst du bei mir ruhig sofort zur Sache kommen. Das Vorspiel kannst du dir schenken, wenn du willst.» – Ohne zu fragen würde er nie drauf kommen.

Wer hätte das gedacht?

→ Angenommen: Sie haben Angst

«Je weniger Geist, desto weniger Angst.» Søren Kierkegaard: Der Begriff Angst

Vielleicht könnte Ihnen so etwas auch passieren: Ihre Partnerin konfrontiert Sie mit einer Feststellung – sagen wir: *«Wenn's mit uns so weitergeht im Bett, darfst du dich nicht wundern, wenn ich mich anderweitig umsehe.»* Die beiden volkstümlichsten Reaktionen auf eine solche Mitteilung sind heiß: Knick oder Knatsch, Enttäuschung oder Entrüstung. Also zum Beispiel: *«Du bist so gemein! Das halt' ich nicht aus. Ich kann doch nichts dafür, dass ich keine Lust habe.»* Oder aber: *«So hau doch ab zu deiner Nutte, du Schwein! Ich geh dann unterdessen zu meinem Anwalt!»*

Schluchz!

Türenknallen!

Emotional bedeutsame Äußerungen geraten manchmal daneben. Angst, Wut, Scham, Hilflosigkeit können so viel inneren Druck erzeugen, dass drastische verbale Brocken herausgeschleudert werden. Das ist begreiflich, denn das Zusammenleben kann einen gelegentlich auf 180 bringen. Für den ungeübten Zuhörer indes sind sie meist unverständlich, unverdaulich, verletzend. Er neigt dazu, sie wörtlich zu nehmen – statt ernst. Sie können eben so eindrücklich und einschüchternd sein, dass ihm Hören und Sehen vergeht.

Genau auf Hören und Sehen käme es jetzt an. Hören, was der Partner sagen möchte, und Sehen, was wirklich hinter den herausgeplatzten Wörtern steht. Fast immer kommt dahinter Erstaunliches, Berührendes, Ermutigendes zum Vorschein. Wenn Sie unerschrocken und beharrlich fragen, können Sie zu seinem weichen Kern vorstoßen. Die Verpackung kann noch so widerwärtig und widerborstig sein, innen finden Sie Ihren Partner, wie Sie ihn lieben – und noch nicht so gut kennen.

«Unberechtigte» Vorwürfe – gibt es nicht.

Angst kann Sie daran hindern, dass Sie zu Ihrer Partnerin finden. Sie lässt Sie reflexartig defensiv reagieren. Sie verfallen

O Schreck, lass nach!

Seien Sie interessiert, trotz Schreck!

Bleiben Sie interessiert, trotz Trotz!

Fragen Sie sich zum Wesentlichen durch!

Halten Sie Schweigen aus!

Laden Sie zum Reden ein!

Lassen Sie nicht locker: Fragen Sie!

Ermutigen Sie!

Fragen Sie weiter!

Es kommt!

Aha, so war das!

Des Pudels Kern!

Verfolgen Sie die gute Spur.

Spurtreues Nachfragen

«Wenn's mit uns so weitergeht im Bett, darfst du dich nicht wundern, wenn ich mich anderweitig umsehe.»

«Anderweitig? Wie meinst du das?»

«Ich hab eben gesagt, was ich meine!»

«Du bist sauer?»

«Nein, am Ende.»

«Verzweifelt?»

«Ja. Resigniert.» (Den Tränen nahe).

(Stille)

«Möchtest du drüber reden, was dich traurig macht? Es hat offenbar etwas mit unserem Sex zu tun.»

(Stille)

«Ich habe keine Ahnung. Habe ich etwas falsch gemacht?»

«Nicht falsch gemacht. Aber heute Morgen ...»

«... heute Morgen?»

«Da bin ich doch zu dir hinübergerutscht und habe mich an dich gekuschelt ...»

«Ja, und?»

«Und du hast gar nicht reagiert. Ich hätte solche Lust gehabt.»

«Aha. Ich habe nicht gemerkt, dass dir das so nahe ging.»

«So ähnlich ist das jetzt schon ein paar Mal gelaufen. Du lässt mich immer wieder links liegen, samt meinem scharfen Schwanz.»

«Das überrascht mich! Erzähl mir auch von den anderen Malen.»

dem scheinbar Bedrohlichen und wehren sich. Dabei übersehen Sie das Beziehungsangebot des anderen, das sich nur preisgibt, wenn Sie es mit Ihren neugierigen Fragen mutig herauslocken – mit Fragen, die Ihnen Ihr Interesse an Ihrer Partnerin in den Mund legt. Wenn Sie sie fragen, erfahren Sie nicht nur eine Menge über sie und räumen Missverständnisse aus. Sie kommen auch mit Ihrer Angst besser zurecht. Sie richten nämlich Ihr Augenmerk auf Ihre Partnerin und halten sich so davon ab, sich selbst verrückt zu machen und aus der Fassung zu geraten. Zu reflexartiger Panik und Defensive besteht dann auch weniger Anlass: Ein Mensch, der interessierte Zuwendung erfährt, wird sofort weich. Ihre Partnerin wird davon ablassen, Sie anzugreifen, und berichtet stattdessen, wie es ihr geht und wie ihr zumute ist.

Support für Männer von Wilhelm Johnen: Die Angst des Mannes vor der starken Frau. Einsichten in Männerseelen. Frankfurt: Wolfgang Krüger 1992. Ein starkes Buch für schwache Momente.

➜ Angenommen: Sie verstehen den anderen nicht

«Das Verständnis reicht oft viel weiter als der Verstand.» Marie von Ebner-Eschenbach

Es kommt doch hin und wieder vor, dass Sie etwas nicht verstehen. Sie durchschauen die Software Ihrer neuen Waschmaschine nicht ganz. Sie checken nicht, wie die hohen Telefongebühren des letzten Monats zustande kamen. Sie können sich keinen Reim darauf machen, dass die Schulleistungen Ihres Sohnes im letzten Quartal plötzlich um einen ganzen Punkt gesunken sind. Ihre Reaktion ist jedes Mal ebenso spontan wie selbstverständlich: Sie fragen. Sie fragen bei Leuten nach, die's wissen müssen, und Sie fragen, bis Sie verstehen. Erst dann sind Sie zufrieden und geben Ruhe.

Nicht so in Beziehungs- und Sexangelegenheiten. Ich bin immer wieder erstaunt, dass die Leute es hier ganz anders machen. Zusammenleben und Sex bieten weiß Gott eine Unmenge Gelegenheiten für die irritierende Erfahrung, dass der andere unverständliches Zeug tut oder sagt. *«Immer, wenn Besuch da ist, bist du spitz zynisch gegen mich. Du willst mich fertig machen vor anderen.»* Oder: *«Wenn ich weine, sagst du mir, ich wolle dich damit nur erpressen. Das stimmt doch überhaupt nicht».* Oder: *«Und nach*

Haben Sie sich im Sex das Fragen auch abgewöhnt? Da verpassen Sie aber viel!

dem Sex hast du nichts Eiligeres zu tun als unter die Dusche zu rennen. Für dich bin ich offenbar dreckig.»

Das Verblüffende: Unverständliches löst selten eine Frage aus. Viel eher eine Vermutung oder Behauptung, eine vorsorgliche Verteidigung, einen Angriff auf den anderen oder auf sich selber. Dahinter stecken immer irritierende Gefühle, die neugieriges Fragen zum Schweigen zu bringen drohen.

Vielleicht ist etwas dran am Psycho-Spruch: «Sie sind für Ihre Gefühle selber verantwortlich.»

Selbst wenn Sie viele Jahre mit Ihrer Partnerin zusammenleben, tun Sie gut daran, vorsichtshalber anzunehmen, dass Sie in Sachen Sex nur mangelhaft über sie informiert sind. Ganz sicher trifft das für den Fall zu, dass sich das große Schweigen über Ihrer Sexualität breit macht oder dass Ihr «Gespräch» auf versprengte Bemerkungen geschrumpft ist wie: *«Wir können ruhig zwei Einzelzimmer buchen. Wir verpassen nichts»*. Ein solcher Satz spricht Bände. Oder besser: Er verschweigt Bibliotheken.

«Schweigen ist ein Argument, das kaum zu widerlegen ist.»
Heinrich Böll

Vorsicht ist auch am Platz, wenn Ihr «Wissen» über den Partner als erotisches Wesen, sagen wir, in den letzten zwölf Monaten «stabil» geblieben ist. Hier ist die Wahrscheinlichkeit hoch, dass Sie Verfalldaten übersehen haben und darum nicht auf dem neuesten Stand der Information sind. Vielleicht beziehen Sie Ihre «Kenntnisse» über ihn auch überwiegend von Mitteilungen, die in emotional aufgeladenen Situationen gemacht wurden. Weil Sie gewöhnlich nur miteinander «reden», wenn Sie beide ineinander verkrallt, verklebt, verzweifelt, hilflos oder in Rage sind. Zum Beispiel hat er Ihnen vor Jahren im Krach an den Schädel geknallt, er habe es lebenslänglich satt, bei Ihnen ständig zu Kreuze zu kriechen, nur um ein Krümelchen Sex zu ergattern. Und Sie stürzten sich natürlich darauf wie der verhungernde Fisch auf den Wurm an der Angel…

Zähe Knatsch-«Gespräche» sind manchmal auch nicht informativer als Schweigen.

Es könnte auch sein, dass Sie sich beim exzessiven Grübeln oder bei weitläufigen Selbstgesprächen über die Sexmisere in Ihrer Beziehung beobachten. *«Ich frage mich immer wieder, was los ist, dass sie mich seit Jahren außerhalb des Bettes nie berührt»*, sagt der Mann und starrt auf den Boden. Derlei geschieht Ihnen, wenn

Wenn Sie's nicht wissen, werden Sie sich keine nützliche Antwort geben können.

Sie unterinformiert sind. Hören Sie doch auf, sich verbissen immer wieder alles Mögliche zu fragen: Sie sind der falsche Adressat für Ihre Fragen.

Schade um die neugierige Frage. Sie dreht im Leeren.

Fragen statt Phantasieren

Ziemlich verzwickt wird es, wenn Sie Ihrer Partnerin nicht glauben, was sie sagt. Das bedeutet, dass Sie sie nicht nur nicht verstehen können. Sie wollen sie gar nicht verstehen. Vielleicht sagen Sie, Sie möchten wohl glauben können, aber Ihnen fehle das Vertrauen, und das könnten Sie nicht ändern. Nicht glauben «können» ist die ohnmächtigste Form von fehlender Neugier. Dahinter steckt häufig eine schmerzhafte Enttäuschung, die unter Verschluss gehalten wird. Es ist aber sinnvoller, sie zu bearbeiten, als das Interesse am anderen konsequent abzuwürgen.

«Wer nichts weiß, muss alles glauben.» Marie von Ebner-Eschenbach

Grundsätzlich können Sie davon ausgehen, dass Informationslöcher spontan am liebsten mit Phantasien gestopft werden. Das geht schnell, ist einfach, energiesparend und – praktisch immer daneben. Sie werden sich natürlich auf Ihre «Erfahrung» mit dem anderen berufen. *«Ich bin jetzt seit Jahren mit ihm zusammen»*, sagen Sie. *«Es ist immer dasselbe mit ihm.»* Doch diese «Erfahrung» ist zum größten Teil die Summe Ihrer Phantasien, die Sie im Laufe der Zeit über ihn aufgehäuft und zu einem kompakten Gebilde geschnürt haben. Also: Je sicherer Sie sich in Ihrer Sicht auf Ihren Sex-Partner fühlen und je heftiger Sie den Kopf über ihn schütteln, umso dringender wird es, dass Sie anfangen, ihn zu fragen. Fragen Sie. – Wie lange? – Bis Sie verstanden haben.

Erfahrung produziert Enttäuschung produziert Phantasien produzieren Erfahrung produziert Enttäuschung produziert Phantasien.

Unangenehm zu hören!

Sie sind etwas geschockt, aber Sie fragen zurück.

Statt sich zu rechtfertigen, wollen Sie's wissen. Sie fragen.

Das haben Sie nicht gewusst.

Auch das wissen Sie nicht. Sie fragen.

Das verstehen Sie nicht. Also fragen Sie.

Sie sind interessiert.

Das hätten Sie nicht erwartet.

Sie verstehen nicht. Darum fragen Sie.

Fragen Sie sich durch!

«Ich wage es dir fast nicht zu sagen, aber du bedrängst mich die ganze Zeit. Das ist total beschissen für mich.»

«Ich … ich dich bedrängen – die ganze Zeit??»

«Ja, du willst immer etwas von mir. Ständig bist du scharf auf mich, und ich sollte auch …»

«Ich verstehe dich nicht. Wie kommst du darauf, dass ich immer etwas von dir will?»

«Das fragst du?! Ja, merkst du denn das nicht? Noch bevor ich am Morgen die Augen aufschlagen kann, grabschst du bereits nach mir. Wenn ich nicht sofort reagiere, höre ich dich seufzen neben mir.»

«Dann ist es also gar nicht schön für dich, wenn ich dich streichle am Morgen?»

«Schön? – Nein, gar nicht.»

«Bin ich zu wenig fein oder zärtlich? Oder berühre ich dich am falschen Ort?»

«Nein, das ist es nicht.»

«Ich berühre dich also gut, und trotzdem magst du's nicht?»

«Ich weiß, es ist quer. Ich selber bin quer. In meinem Kopf läuft in diesem Moment etwas krumm.»

«Was könnte das sein?»

«Wenn ich das wüsste … Es ist, als ob ich ich panisch wäre.»

«Panisch?»

«Unter Druck. Ich sollte … Ich sollte unbedingt.»

«Was solltest du?»

«Lust haben. Scharf werden. Wie du.»

«Und es geht nicht?»

«Überhaupt nicht. Im Gegenteil. Mir ist immer, als suchtest du bei mir den Knopf, den du drücken könntest, damit ich anspringe wie ein Motor.»

«Wie kommst du darauf, dass ich das mache?»

«Du bist so hartnäckig.»

«Hartnäckig im Drücken?»

«Ja, genau. Dabei habe ich gar keinen solchen Knopf. Da kannst du noch lange drücken. Ich bin ein Mann, kein Roboter.»

«Mhh. Das wusste ich nicht. Das muss ja ekelhaft sein für dich.»

(Nickt:) «Beschissen.»

Sie versuchen sich einzufühlen. Indem Sie fragen.

Sie lassen nicht locker, bis Sie verstehen.

«Ja, genau» heißt *«Du hast mich verstanden»*.

Erleichterung!

➜ Angenommen: Sie sind neugierig

Es könnte ja wirklich sein, dass Sie Lust verspüren, einmal eine Menge über Ihre Partnerin als sexuelles Wesen zu erfahren. Vielleicht hat sie kürzlich «nebenbei» eine Bemerkung fallen lassen, die Sie bisher vielleicht unauffällig überhört hätten. *«Guter Sex kann einem über viel hinweghelfen»*, sagte sie beim letzten Brunch zu ihrer Freundin und lachte, nicht ohne einen knappen Seitenblick zu Ihnen. Sie gingen nicht darauf ein, aber in Ihrem Hirn begann es zu arbeiten. Dieser Satz, so unverbindlich und allgemein er auch klang, wollte nicht in das Bild passen, das Sie von Frauen hatten. Von Ihrer Partnerin überraschte er Sie erst recht. Sie war es doch, die immer davon sprach, dass für sie *«alles stimmen»* müsse, bevor an Sex auch nur zu denken sei. Was steckt hinter dem Satz? Wer steckt in Ihrer Partnerin? fragen Sie sich jetzt.

Nehmen wir an, Ihre Neugier ist geweckt. Es gelüstet Sie,

Fragen produzieren nämlich Wissen produziert Lust produziert Fragen produzieren Wissen produziert Lust.

«Es ist wichtiger, Fragen stellen zu können, als auf alles eine Antwort zu haben.»
James Thurber

sich nicht mehr damit zufrieden zu geben, sich selbst zu fragen. Jetzt möchten Sie mehr wissen, viel mehr. Direkt von Ihrer Partnerin. Sie möchten sie ausführlich fragen und befragen. Ausfragen vielleicht sogar, wenn möglich.

Ihr Interesse für Ihren Partner – das herzhafteste Aphrodisiakum.

Ausfragen? – Das klingt nicht so gut in Ihren Ohren? Denken Sie an Ausquetschen, Verhören und Bohren bis auf die Knochen? Manche Paare quälen einander wirklich mit untersuchungsrichterlichen Methoden, wenn Misstrauen und Eifersucht sie hilflos und verzweifelt machen. Versteht sich also von selbst, dass Sie vorsichtig sein sollten mit neugierigem Ausfragen, falls es in Ihrer Beziehungsgeschichte nicht bereinigte derartige Episoden gegeben hat. Stecken Sie gar noch mitten drin, werden Sie automatisch die Finger davon lassen.

Ganz früher, als Sie Kind waren, galt es vielleicht als verpönt, wenn Sie Ihre Nase in anderer Angelegenheiten steckten. Das ist vorbei. Wer nicht fragt, verliert den Kontakt.

Vielleicht fühlen Sie sich aber auch ganz allgemein unbehaglich bei der Vorstellung, den anderen auszufragen. Sie möchten ihm nicht zu nahe treten. Die kindliche Unbekümmertheit, mit der wir uns fragend in der Welt zurechtzufinden lernten, ist uns fast ganz ausgetrieben worden, oder sie ist uns in aller Stille abhanden gekommen. Gut möglich ist auch, dass Sie unterschwellig fürchten, von Ihrer Partnerin stracks zurückgewiesen und auf diese Weise beschämt zu werden. Das könnte peinlich oder schmerzlich sein. Viele Leute sind resigniert, weil sie sicher sind, dass sie selbst auf liebevolle Fragen keine Antwort bekommen würden. Bisher liegen halt keine anderen Erfahrungen vor. So lassen sie's lieber bleiben.

Ein Kinderspiel!

«Gut fragen heißt viel wissen.» Arabisches Sprichwort

Sie können es anders machen, um Ihrer Neugier und der Durchlässigkeit der Verbindung mit Ihrer Partnerin eine Chance zu geben. Versuchen Sie's spielerisch. Sagen Sie ihr, dass Sie gern mehr über sie erfahren möchten. Erzählen Sie ihr von den Schwierigkeiten, die Sie bisher im Austausch von intimen Informationen gehabt haben. Berichten Sie möglichst so, dass sie sich nicht beschuldigt fühlen muss. Jetzt möchten Sie

Ja oder Nein?

Er fragt ➔➔➔ Sie antwortet mit ➔➔➔	Ja	Nein
«Letzte Woche sagtest du in einem Nebensatz, Sex sei dir im Moment zu viel. Du möchtest also vorläufig nicht mehr mit mir vögeln?»	✓	
«Bruder-und-Schwester-Regime?»		✓
«Nur noch kuscheln?»		✓
«Petting?»		✓
«Was denn? Doch noch etwas Sexuelles?»	✓	
«Stellst du dir etwas Bestimmtes vor?»	✓	
«Aha. Ist da der Orgasmus inbegriffen?»		✓
«Kein Orgasmus?»		✓
«Also doch Großmuttersex?»		✓
«Kein Orgasmus. Aber Schärfe?»	✓	
«Wir machen uns beide scharf?»		✓
«Nein??»		✓
«Was denn? Ich schärfe dich?»	✓	
«Also ich mache dich spitz ...»	✓	
«... indem ich dich lecke?»		✓
«Mit dem Finger?»	✓	
«Mit dem Finger an deiner Klit?»	✓	
«Das heißt, ich wichse dich?»		✓
«Was nein?? Ich mache dich heiß ...»	✓	
«... und befriedige dich dann?»		✓
«Ah ja, du sagtest, ohne Orgasmus.»	✓	
«Ich mache dich dauerscharf?»	✓	
«Zehn Minuten?»		✓
«Eine halbe Stunde?»		✓
«Länger?»	✓	
«Dreiviertel Stunden?»	✓	
(Lacht:) «Potz! Möchtest du noch mehr?»	✓	
«Was? Küssen dabei?»		✓
... und so weiter.		

Die Spielregeln:

1. Es ist ein Spiel, kein Verhör.

2. Es spielen zwei Freiwillige.

3. Als Antworten gelten nur Ja oder Nein.

4. Ausnahmsweise ist Kopfwiegen zulässig.

5. Das Spiel kann zeitraubend werden.

6. Das Spiel läuft auch mit umgekehrter Rollenbesetzung.

«Warum können wir uns nicht in Träumen treffen und alle unsere Fragen beantworten?» Katherine Mansfield

«Jedes Fragen ist ein Suchen.» Martin Heidegger (... und ein Finden!)

sie ausgiebig in den Mittelpunkt Ihres Interesses rücken – wenn sie denn einverstanden sei. Machen Sie es ihr zunächst leicht und reduzieren Sie die Komplexität so weit wie möglich: Sie denken sich spontan eine Reihe von Fragen aus, die Ihre Partnerin mit Ja oder Nein beantworten kann. Mehr soll und darf sie nicht sagen, nach dem Muster des Kinderspiels «Ich seh etwas, was du nicht siehst.» Beim «und so weiter» fängt's erst richtig an, das Suchen-&-Finden-Spiel. Was machen die Körper, die Münder, die Augen, die andere Hand? Ist es still dabei? Wie geht's zu Ende? Was kommt nachher? Alles lässt sich als Wunschbild hervorzaubern mit Ja und Nein, wenn einer sich phantasiebegabt und wendig durchschlängelt zum anderen mit seinen spürsinnigen Fragen.

Viel mehr über sexuelle Wünsche ab Seite 143. Und über Regie führen Seite 203.

Das Hearing

«Hearing» kommt natürlich von «Hören».

Hätten Sie's gern noch anspruchsvoller – und dennoch verspielt? Könnten Sie sich ein Spiel vorstellen, in dem der eine ein Unmenge interessierter Fragen stellt und der andere ausdauernd Auskunft gibt? Spielerisches Löchern! Ein erotisches Verhör-Spiel!

Wenn Sie sehen, dass Ihre Partnerin auf Ihren Vorstoß anspricht, schlagen Sie ihr vor, die eine oder andere Spielregel für das Hearing festzulegen. Zum Beispiel könnten Sie sich darauf einigen, wer als Erster die Befragung leitet, wo, wann und wie lange sie laufen soll, ob Sie sich als Frager strikte auf Fragen beschränken und Kommentare zurückhalten müssen, ob Antworten verweigert werden dürfen und ob Sie sich anschließend auch befragen lassen werden.

«Hoher Sinn liegt oft im kind'schen Spiel.» Schiller

Den Unterschied spüren Sie selbst: Entweder wollen Sie den Partner aushorchen, plagen und terrorisieren mit bohrenden Fragen, oder Sie sind interessiert an ihm. Sie sind unsicher? Dann brauchen Sie bloß auf seine Reaktion zu achten. Ihr herzwarmes Interesse taut ihn auf, Sie können es an seiner Stimme hören, in seinen Augen sehen. Rechnen Sie indes mit einer

Die heiße Spur

«Mich beschäftigt etwas, was ich von dir aufgeschnappt habe, vorgestern, als Doris zum Brunch da war. Du sagtest, du würdest dich manchmal mit Sex über schwierige Dinge hinwegtrösten. Ich versteh das nicht. Was meintest du damit?»

Erklären Sie, was Sie vorhaben.

«Okay. Aber von ‹hinwegtrösten› habe ich, glaub ich, nichts gesagt. Ich meinte, mit gutem Sex würde mir alles ein bisschen leichter fallen.»

Sie hören diesmal genau hin.

«So etwas habe ich von dir noch nie gehört. Sicher nicht in den letzten Jahren. Was hat sich bei dir verändert?»

Jetzt sind Sie auf Empfang.

«Seit Papas Tod ist bei mir viel in Bewegung geraten. Auch was mich als Frau betrifft.»

«Aber das wären ja mehr als fünf Jahre …!?»

Kaum zu glauben.

«Ja, fast sechs.»

«Davon weiß ich nichts. Was hat sich bewegt bei dir?»

Sie sind neugierig.

«Ich habe immer wieder versucht, dir von mir zu erzählen. Aber du hattest wenig Musikgehör.»

Das könnten Sie als Angriff (miss-)verstehen. Aber Sie bleiben interessiert.

«Was wolltest du mir sagen?»

«Eben zum Beispiel, dass Sex für mich viel wichtiger geworden ist.»

«Das hast du mir gesagt??»

Kaum zu glauben.

«Jaaa, vielleicht nicht genau mit diesen Worten. Aber wie oft habe ich dich gefragt, ob du noch etwas zu mir ins Zimmer kämest.»

«Und?»

Neu für Sie, als ob Sie nicht dabei gewesen wären.

«Ich kam immer ungelegen. Du warst beschäftigt oder gerade am Weggehen oder sonst wie nicht ansprechbar.»

«Du wolltest reden mit mir?»

Diesmal wollen Sie's wissen.

(Lacht:) «Eher nicht!»

«Schmusen?»

Bums!	«Schmusen kommt dir etwas langweilig vor, ich weiß. Aber in den letzten Jahren wollte ich immer mehr richtigen Sex.»
Kaum zu glauben!	(Stutzt:) *«Du – richtigen Sex??»*
	«Ja.»
Erst durchatmen!	(Pause).
Immer noch neugierig!	*«Du willst richtigen Sex? Was stellst du dir denn vor?»*
	«Ich genieße es immer mehr, erregt zu sein.»
Löchern macht Spaß.	*«Einfach scharf, meinst du?»*
	«Ja, scharf.»
	«Woher weißt du das?»
	«Ganz einfach: Ich habe es entdeckt mit mir selber.»
Bums!	*«Was, du wichst??»*
Verrückt!	«Natürlich. Sonst wäre ich längst vertrocknet.»
Glück gehabt, Mann!	*«Ui, das sind aber Neuigkeiten! Warum hast du mir nie davon erzählt?»*
Eben!	«Du hast mich nie danach gefragt.»
Kaum zu glauben.	*«Jetzt bist du wirklich auf Erregung aus?»*
	«Sehr, ja.»
Unerschrocken sind Sie!	*«Und du verschaffst sie dir selber, weil ich nicht zur Verfügung stehe?»*
Wow!	«Nicht ganz. Am liebsten hätte ich beides: Lust, die ich mir mache und Lust, die du mir machst.»
Ein Eröffnungszug. Und eine einladende Frage am Schluss.	*«In meinem Kopf stauen sich die Fragen: Ich möchte wissen, wie du dich selbst befriedigst, wie ich dich gut und aufregend berühren könnte, und überhaupt, wie das für dich ist, wenn du scharf bist. Ich habe solche Lust, dich zu löchern. Soll ich?»*
Was für eine Gegen-Einladung!	«Mach nur. Ich habe schon lange darauf gewartet.»

kleinen Verzögerung. Er braucht vielleicht einen Moment, um die Wärme in Ihrer Neugier wahrzunehmen. Lassen Sie sich nicht schon nach der ersten unwirschen und wortkargen oder misstrauischen Antwort entmutigen und abwimmeln oder drausbringen. Bleiben Sie dran, sagen wir, sicher drei Fragen lang. Der Einstieg kann heikel und anspruchsvoll sein, wenn Sie seit Jahren ein Austauschdefizit mitschleppen.

Hören Sie auch auf Ihre eigene Stimme.

Selbstverständlich ist es widersinnig, Ihren Partner mitleidlos mit einer Batterie von Fragen einzudecken, wenn Sie genau merken, dass Sie ihn damit bloß irritieren oder gar quälen. Sollte das Andocken nicht auf Anhieb gelingen, verfallen Sie wenn möglich nicht dem landläufigen Reflex, die Schuld für das Scheitern kurzerhand dem anderen zuzuweisen. Das ist langweilig. Und zur Gänze ungeeignet, einen Ausstieg aus dem Sumpf zu schaffen.

Bewährte Faustregel: Für alle Beziehungspannen (auch im Sex) sind beide je hälftig verantwortlich.

Schief laufen kann das Fragen nämlich auch, wenn Fragen und Antworten nicht im Lot sind. Wer sich auf Drängen des anderen dauernd entblößt, während dieser sich konstant bedeckt hält *(«Weiß nicht…»)* oder einfach stumm bleibt, wird sich schließlich ausgenützt fühlen; ihm fehlt der offenherzige, gleichgewichtige Beitrag des Partners zur gemeinsamen Intimität. Achtung: Auch für solche Schiefheiten sind immer beide zuständig – entgegen der Evidenz des gesunden Menschenverstandes: *«Was könnte ich tun oder anders machen, damit es dir möglich würde, etwas mehr von dir zu erzählen?»*

«Dauernd ist jene Liebe, die stets die Kräfte zweier menschlicher Wesen im Gleichgewicht erhält.»
Balzac: Die Physiologie der Ehe

Ausfragen wird in dem Maße zur Lust des einen, wie das Ausgefragtwerden die Lust des anderen ist. Lust hat fast immer etwas mit neugierigem Spiel zu tun. Erotisches Fließen kommt in Gang, indem zwei sich entschließen, miteinander zu spielen – eben zum Beispiel mit Fragen und Antworten, mit Locken und Zeigen. Ihre neugierigen Fragen sind mit Vorteil darauf aus, herauszufinden, wie Sie und Ihre Partnerin sich in der Bettwäsche wohler fühlen, auf welche Weise Sie konkret Ihre Sexualität zum Blühen bringen könnten. Fragen, die mit «Warum?» beginnen, haben es hingegen auf Analysieren und Zerpflücken abgesehen. Wenn Sie die Gründe Ihrer Malaise «ver-

… und das Verbergen nicht vergessen!

stehen», wird sie sich vermutlich eher noch weiter ausdehnen und nicht schrumpfen. Warum? Weil Sie sich so intensiv und verbissen damit beschäftigen. Was Sie hegen und pflegen, das gedeiht.

Fragen Sie nicht mehr, als Sie zu hören imstande sind.

Und fast hätte ich das Wichtigste vergessen: Wer viel fragt, bekommt viel zu hören, und das Hören ist beim intimen Reden das Anspruchsvollste. Der andere erzählt eben von sich und seinem Erleben und nicht von Ihnen und Ihrem Erleben. Darum müssen Sie aushalten, dass er von Zeug redet, das Ihnen fremd, unangenehm oder sogar richtig strapaziös in den Ohren klingt. Aber Ihr Aufwand soll nicht umsonst gewesen sein: Das Fremdartige am vertrauten Menschen ist es, was Sie am stärksten & am längsten anzieht an ihm.

Noch Fragen?

5 Sie wünschen?

Reden über sexuelle Bedürfnisse

Reden über Ihre sexuellen Bedürfnisse, das ist gut und recht und dringend. Aber bevor Sie auch nur daran denken dürfen, zu sagen, was Sie im Bett möchten, müssen Sie sich klar und ganz sicher sein, was Sie *nicht* wollen. In der sexuellen Sprache sollten Sie zuerst des alles entscheidenden und allergewichtigsten Wortes mächtig sein: *«Nein!»*

«Nein!» haben Sie als Kind lange vor dem *«Ja!»* gelernt.

Lassen Sie mich das erklären. Sexualität ist (meist) ein Spiel zu zweit. Wenn Ihnen in diesem Spiel die Karte *«Nein!»* fehlt, ist das Spiel aus, bevor es begonnen hat, und Sie sind die Verliererin. Gewinner gibt's keine, weil in diesem Spiel Gewinne immer nur an zwei Leute gleichermaßen verteilt werden – oder es verlieren beide.

Das *«Nein!»* ist die Joker-Karte, die Sie in dem Spiel für jede andere Karte einsetzen können; Sie brauchen sie unbedingt, wenn Sie nicht in missliche Zwangslagen kommen wollen; sie kreiert dieses luftige Gefühl von Freiheit und Spielraum – das einzige Medium, in dem Begehren, Lust & Erregung blühen. Sie ist das Markenzeichen für sexuelle Selbstbestimmung.

«Joker» kommt vom lateinischen iocus, i, m: Spaß, Scherz

Ihrer sexuellen Selbstbestimmung verdanken Sie Sicherheit & Selbstbewusstsein im Bett. *«Nein!»* ist für Woody Allen *«orale Verhütung»*, ebenso überlebenswichtig wie Pille und Kondom. Jederzeit, rechtzeitig, ausdrücklich und unmissverständ-

«Nein!» ist die Urmutter aller Bedürfnisse.

lich zücken Sie Ihre Joker-Karte *«Nein»*, wenn sich etwas sträubt in Ihnen. Sie garantieren sich damit die Freiheit,

«Wo keine Freiheit ist, wird jede Lust getötet.» Goethe

- ★ überhaupt einzusteigen in Sex – oder nicht
- ★ sich berühren zu lassen oder selber zu berühren
- ★ «nur» zu kuscheln oder handfesten Sex zu haben
- ★ aktiv zu sein oder passiv
- ★ erregt zu werden oder nicht
- ★ bei einer erotischen Szene mitzuspielen oder nicht
- ★ einen Orgasmus zu haben oder nicht
- ★ zu reden oder zu schweigen
- ★ sich hinzugeben oder nicht
- ★ etwas Bestimmtes mit sich machen zu lassen oder nicht
- ★ zu tun als ob oder nicht
- ★ weiterzufahren oder aufzuhören.

Ohne Ihren *«Nein!»*-Joker ist Ihr Spiel unheimlich und unheimlich langweilig – also gar kein Spiel.

Ihrer Partnerin machen Sie als sexuell selbstbestimmtes Gegenüber das größte erotische Geschenk: Sie kann jederzeit voll darauf vertrauen, dass Sie (sie) wirklich *wollen*, wenn Sie sich mit ihr einlassen. Wenn nicht, weiß sie klar Bescheid und ist nicht genötigt, im peinlichen Trüben danach zu fischen, was Sie im Sinn haben könnten. Genau aus diesem Grund sind nichtverbale Methoden, *«Nein»* zu sagen, so unpraktisch und fad; Kopfweh, Müdigkeit und andere volkstümliche Ausreden sind immer undurchsichtig. Statt sich zu zeigen als sexuell selbstbestimmter Mensch, verstecken Sie sich. Das tut Ihrer Beziehung nicht gut, macht sie unsicher und anfällig für Misstrauen.

Niemals werden Sie den *«Nein»*-Joker ausspielen, wenn Sie eigentlich Ja meinen, mit dem perfiden Hintergedanken nämlich, dass Ihr Partner Sie gegen Ihren vordergründigen Widerstand «nehmen», überwältigen möge, wenn er ein «richtiger Mann» sei oder Sie «wirklich» liebe. Derlei Spielchen sind destruktiv; sie bestätigen fatalerweise die doofen Stammtischweisheiten einiger geistig zurückgebliebener Machos, zum Beispiel, dass die Frauen genau genommen immer ein wenig vergewaltigt werden möchten.

Geht nur als deklariertes Spiel. Siehe ab Seite 216.

«Nein!» ist immer und rundweg *«Nein!»*, nicht mehr, nicht weniger. Diese Auskunft muss genügen; sie ist in keiner Weise erklärungsbedürftig. Daran muss sich Ihre Partnerin so schnell wie möglich gewöhnen. Schonung ist fehl am Platz, und Ihrer persönlichen Verantwortung obliegt es, Ihr *«Nein!»* unter allen Umständen durchzusetzen. Rücksicht auf gewohnheitsmäßige Empfindlichkeiten gefährdet das Herzstück Ihrer Integrität als erotisch begabte Person, als Mensch überhaupt.

«Ich kann in zwölf Sprachen nein sagen – das ist unerlässlich für eine Frau, die weit herumkommt.»
Sophia Loren

Geraten Sie immer wieder in ähnliche Bedrängnis, wo Sie Ihre sexuelle Autonomie nur mit Mühe hochhalten können? Energiesparend und effizienter könnte es sein, Ihr Anliegen nächstens grundsätzlich zum Thema zu machen – unbedingt fernab von einer delikaten Bettszene. Lassen Sie sich nicht in aufreibende uferlose Debatten verstricken. Streben Sie im Gespräch von Anfang an auf eine (neue) zeitlich befristete Vereinbarung zu, die Ihrem Partner den Frust erspart, Mal für Mal eins auf die Finger zu bekommen. Und Ihnen das widerwärtige Muss, ihm wehzutun oder ihn zu beschämen, um selbst ganz und unversehrt zu bleiben.

Wie man das macht?
Lesen Sie nach ab Seite 23.

Selbstverständlich ist Ihnen Ihre sexuelle Selbstbestimmung viel zu teuer, um gratis zu sein. Manchmal ist der Preis ausgesprochen hoch. Besonders als Frau haben Sie mit einem ganzen Arsenal von männlichen Reaktionen auf Ihren *«Nein!»*-Joker zu rechnen, die Ihnen zu schaffen machen können. Faustdick kann's daherkommen, wenn Sie mit Ihrem *«Nein!»* lange, jahrelang hinter dem Berg gehalten haben; Ihr Partner wird Sie und die Welt nicht mehr verstehen, wenn Sie plötzlich aus dem Busch kommen und neue, für ihn ungünstige Karten auf den Tisch bringen. Er wird wahrscheinlich auf seinem Gewohnheitsrecht beharren und seinen Besitzstand wahren wollen. Von triefenden Sennenhund-Augen, tagelanger Übellaunigkeit und happigen Vorwürfen *(«Hast mich offenbar nicht mehr gern!»* oder *«Du bist sexuell ziemlich gestört»)* bis zu den beunruhigendsten, verbalen und wortlosen Drohungen *(«Dann muss ich mich halt anderweitig umsehen!»)* kann Ihnen alles blühen. Mir ist indes aufgefallen, dass die Frauen in den letzten Jahren

Haben Sie Angst? Bleiben Sie damit nicht allein. Wem könnten Sie darüber berichten? Wo könnten Sie, wenn nötig, Beihilfe bekommen?

Ohne *«Nein!»* in der Hand lassen Sie lieber die Finger vom Sex.

dabei sind, ihren Rückstand aufzuholen: Immer mehr Männer ziehen sich in stumme Lustlosigkeit zurück, während ihre Frauen keineswegs in Verlegenheit kommen, diesem Lustverlust mit Druckmaßnahmen zu Leibe zu rücken. Was bedeutet, dass die sexuelle Selbstbestimmung des Mannes zum ersten Mal seit vielen tausend Jahren nicht mehr steht wie ein Mann.

Sind Sie ungeübt mit dem *«Nein!»*? Fühlen Sie sich schwach, bang und mutlos, wenn Sie *«Nein!»* sagen müssten? Ängstlich, empfindlich und verletzlich, wenn es darum geht, dass Sie ein *«Nein!»* zu hören bekommen könnten? Vielleicht gelüstet Sie ein vergnüglicher Paar-Versuch, der Ihnen beiden mehr Sicherheit und intime Kompetenz bringen könnte.

Musik, Wohlgerüche & Kerzen könnten Ihre Begegnung aufwerten.

Nehmen Sie sich viel Zeit.

Ja! – Nein! – Stopp!

Sie stehen sich beide gegenüber, in leichten Kleidern. Der passive Partner hat die Augen geschlossen und der aktive beginnt ihn zu berühren: ganz langsam, überall, vielfältig, möglichst zum eigenen und des anderen Vergnügen. Sie reden nicht – abgesehen von den drei Wörtern, die der Passive zur Verfügung hat: Solange ihm die Berührungen wohl tun, sagt er immer wieder *«Ja!»*; wenn sie ihm unangenehm sind oder zu weit gehen, spielt er *«Nein!»* aus, und sobald er genug hat und die Rollen tauschen möchte, kann er dies mit *«Stopp!»* anzeigen.

Erfahren Sie spielerisch und mit Lust, dass *«Ja!»* und *«Nein!»* unverzichtbare Bestandteile Ihres erotischen und sexuellen Spiels sind; sie stecken den Rahmen ab, innerhalb dessen Sie miteinander vertraut werden & spielen können.

Bedürfnisse klingen lassen

Fühlen Sie sich nicht wohl mit Ihrem Partner im Bett? Haben Sie immer Angst, etwas – oder gar alles – falsch zu machen? Vermissen Sie ausgiebige Zärtlichkeit rund ums Flutschen? Ein genüssliches «Nachspiel»? Oder im Gegenteil: Sehnen Sie sich nach unverschnörkelten scharfen Freistößen, ohne viel Tamtam? Tragen Sie schon lange einen Wunsch mit sich herum, den Sie nicht über die Lippen bringen, oder zwei? Sind Sie mit dem unangenehmen Gefühl verklebt, Ihr ehelicher Sex sei eine zähe Masse, die sich nicht bewegen lasse? Immer derselbe vorhersehbare Lauf der Dinge? Beinah vertrocknet? Haben Sie eine Partnerin, deren Wünsche Ihnen wie Befehle vorkommen – ob sie sie mit Worten zum Ausdruck bringt oder ob Sie sie *«auch so»* kennen? Oder sind Sie nahe daran, dass Ihnen die sexuellen Wünsche ausgehen? *«Wunschlos unglücklich»*, sagen Sie? – Mein Mitgefühl!

«Nicht um das tägliche Brot werden wir beten, sondern um den täglichen Hunger.» Günter Anders

Zu beneiden sind Sie, wenn Sie noch einen bescheidenen Vorrat an erotischen Bedürfnissen Ihr Eigen nennen dürfen. Wache begehrliche Wünsche werden Ihre Sexualität lebendig halten und Sie selbst offen, weich und empfänglich bleiben lassen.

Ihre sexuellen Bedürfnisse beginnen erst zu klingen, wenn Sie sie in Sprache ausmünden lassen. Umgekehrt gibt es keine erotische Musik, solange Sie sexuell resigniert, erloschen oder angewidert sind. Vielleicht empfinden Sie sich als «anästhesiert» oder überfüttert, zwiespältig oder beinah gleichgültig. Schweigen Sie aus Angst, schlafende Hunde beim anderen aufzuscheuchen, die Ihnen wieder mit unerfüllbaren alten Forderungen auf den Pelz rücken würden? Dann brauchen Sie Wörter, um Ihren Partner darüber zu informieren, dass Sie andere Bedürfnisse haben als sexuelle. Oder sicher weniger. Im Moment. Sie sind eben sexuell selbstbestimmt.

Sprache ist ausdrucksstarke Musik.

Wahrscheinlich haben Sie aber unerfüllte erotische Wünsche. Sonst würde Sie dieses Kapitel nicht interessieren. Hier sind Sie eingeladen, darüber nachzudenken und zu phantasieren, wie Sie Ihr Verlangen verlauten lassen könnten. Ganz so einfach wie *«Reichst du mir bitte das Brotmesser!»* oder *«Ich möchte morgen Abend ins Eisstadion. Kommst du mit?»* ist es nicht. Zum Beispiel wenn Sie ausgehungert oder mit einem bestimmten Bedürfnis immer wieder beim anderen abgeblitzt sind und jetzt

Sind Sie ein wunschgeplagter Mann? Lesen Sie unbedingt ab Seite 179 in Bernie Zilbergeld: Die neue Sexualität der Männer. Tübingen: dgvt-Verlag 1994

«Wie bin ich allein, hätt' ich einen Menschen, mit dem ich jetzt reden könnte von aller Sehnsucht, allem Wollen.» Franziska Gräfin zu Reventlow

den Schwanz eingezogen haben: Sie wagen sich nicht mehr heraus. Oder Ihre Wünsche sind viel stärker als die Ihres Partners – oder ganz anders gelagert, und haben bis heute keine Einigung gefunden – ermattet inzwischen.

Vielleicht kommen Sie sich vor, als wären Sie und, wer weiß, auch Ihr Partner, gefangen gehalten und matt gesetzt von unfassbaren, stummen Sex-Bedürfnissen, die sich womöglich gegenseitig auszuschließen scheinen. Sehnen Sie sich nach einem gewaltfreien Ausbruchsversuch? Sind Sie es müde, sich das Hirn zu zermartern mit der vertrackten Knobelfrage, wie Sie um Gottes willen diesmal alles richtig machen könnten?

web 22 Wie Sie's konkret anstellen können, im Bett genüsslich zu zweit Zeit zu verschwenden

Also, reduzieren Sie doch die Komplexität in Ihrem Lakengewühl! Vereinfachen Sie Ihre unübersichtliche fleischliche Zweisamkeit. Machen Sie vorerst nichts weiter als das, was fast alle Frischverliebten dieser Erde lieben und ausschweifend praktizieren: Rotten Sie sich mit Ihrem Partner im Bett zusammen und tun Sie – nichts! Eine halbe Stunde erst, dann eine ganze. Später eine ganzen halben Tag!

Befreien Sie Ihre Sexualität, die bisher eng, ängstlich und hektisch darauf aus war, unbefriedigte Bedürfnisse zu decken, das heißt Sie von sexueller Spannung zu «erlösen», eilig und gründlich. Sie lassen Ihre frustrierten Wünsche aus dem Käfig entwischen wie Vögel, die nichts lieber tun als fliegen – und vögeln natürlich, ich weiß. Doch jetzt recken & strecken Sie sich, gähnen & prusten, lächeln oder lachen sogar. Sie schmiegen & kraulen sich, Sie versuchen sich in sozialer Fellpflege: Bei Primaten stimuliert das Kraulen die Produktion körpereigener Opiate. Vielleicht auch bei Ihnen!

Robin Dunbar beschreibt in «Klatsch und Tratsch», München: Bertelsmann 1998, dass Menschenaffen einen großen Teil des Tages mit «grooming» verbringen: Sie kraulen intensiv ihre besonderen Freunde.

Auch Sie werden vielleicht die beruhigende und euphorisierende Wirkung des Grooming spüren. Was Sie sonst nur von «nachher», also vom sogenannten «Nachspiel» kennen, könnten Sie doch eigentlich auch «vorher» haben – oder «anstatt»: Entspannen Sie sich! Tauchen Sie ein in den Fluss von Gefühlen und Wahrnehmungen, in den Zauber der Stille, aus dem fast wie von selbst die Sprache auftauchen kann. Langeweile brauchen Sie nicht zu fürchten. Langeweile ist wie Wasser: Sie können drin schwimmen und schweben, indem Sie sich ihr überlassen. Sie brauchen dazu eine lange Weile & Gelassenheit, sonst nichts. Zu zweit ist es besonders genüsslich, manchmal ein wenig wehmütig, kann sein. Aber nie zwanghaft oder verkrampft oder peinlich – und niemals spontan! Genüssliches Sein ohne irgendeine Stoßrichtung *«ergibt sich»* nie, fast nie. Da können Sie warten, bis Sie gräulich sind.

«Wenn die Affen es dahin bringen könnten, Langeweile zu haben, so könnten sie Menschen werden.»
Goethe

Manövrierfähig?

Stellen Sie sich den Fluss von Empfindungen und inneren Bewegungen noch einmal vor. Ein ziemlich breiter Strom mäandert durch eine überraschungsreiche Landschaft, mal weit und flach, mal eng und gebirgig. Flussabwärts fährt Ihr Beziehungsschiff. Können Sie es sehen vor Ihrem geistigen Auge?

- ➔ Wer von Ihnen beiden bestimmt gewöhnlich den Kurs Ihres Sex-Schiffes? Schon immer?
- ➔ Wie – wenn überhaupt – greifen Sie ins Steuer? Konkret?
- ➔ Kommt es vor, dass Sie Steuerwünsche mit Wörtern ausdrücken?
- ➔ Ist die Bremse Ihre einzige Steuerungsmöglichkeit?
- ➔ Konkurrenzieren, bekämpfen, torpedieren Sie sich beide manchmal am Steuerrad? Wie das?
- ➔ Wie reagieren Sie darauf, wenn Ihre Partnerin bestimmt (bestimmen will), wo's lang geht im Sex?
- ➔ Fürchten Sie die Folgen (die Folgenlosigkeit?) Ihrer Versuche, eine Kurskorrektur zu bewirken?
- ➔ Ist Ihre Sex-Barke vielleicht ein herrenloses Schiff; das heißt, niemand ist in der Lage oder beherzt genug, seine Wünsche offen herauszusagen?
- ➔ Wenn ja: Wohin treibt Ihr Schiff mit der verwaisten Steuermanns-Kabine?

Vielleicht ist Ihr Partner auch daran interessiert, sich mit diesen Fragen zu konfrontieren.

Immerhin! Ohne Bremse wären Sie schlecht dran!

Tauschen Sie aus, was Ihnen klar geworden ist. Vergleichen Sie!

Wie sieht es aus: groß, klein, weiß, schmuck, abgetakelt? Sie und Ihr Partner sind alles in einem: die Reederei, die Schifffahrtsgesellschaft, das Reisebüro, das Zollamt, die Besatzung, die Passagiere. Sogar die Leute, die vom Ufer aus zusehen, wie das Schiff vorbeifährt. Eine anregende Phantasie! Mit ihrer Hilfe lässt sich ein gründlicher Beziehungs-Check-up machen.

Im Moment möchte ich Sie bitten, Ihren Blickwinkel einzuschränken auf unser Thema: Am Bug Ihres Schiffes steht in goldenen Lettern «Eros & Sex», und Sie beide sind für Navigation und Steuerung des Gefährts zuständig.

Eine ungemütliche Vorstellung: Ihr Schiff ist den Unwägbarkeiten des Stromes ausgeliefert, weil es nicht gesteuert wird oder manövrierunfähig ist. Sie können die Fahrt gar nicht richtig genießen. Sie haben nämlich keine Möglichkeit, Tempo, Programm und Rhythmus Ihrer Reise nach Ihren Bedürfnissen zu gestalten. Vielleicht sehen Sie zum Beispiel auf einmal einen sichtgeschützten lieblichen Uferstreifen und möchten ihn ansteuern, um sich auf den weichen Rasen zu legen und mit Ihrem Partner zu zärteln, bis die Sonne untergegangen ist. Doch, oje!, die Strömung treibt Ihren Kahn mitleidlos an Ihren Wonnen vorbei! Oder, o Schreck!, wenn der Fluss in einer scharfen Linkskurve eng und reißend wird, müssen Sie hilflos zuschauen, wie Ihr schwerfälliger Dampfer gegen den Uferfelsen donnert.

«Die Liebe ist so unproblematisch wie ein Fahrzeug. Problematisch sind nur die Lenker, die Fahrgäste und die Straße.» Franz Kafka

Greifen Sie also ins Steuer! Entkommen Sie dem alten Fahrwasser! Als Erstes habe ich einen Geheimtip für Sie, wie Sie Ihr Schiff vielleicht auf einen wollüstigeren Kurs bringen könnten! – Nein, Sie sind nicht darauf angewiesen, dass Ihr Partner mitwirkt, er muss nicht einmal einverstanden sein. Am besten ist's, wenn er gar nichts merkt von Ihrem Vorhaben. – Nein, kompliziert ist es nicht und manipulativ auch nicht. Was Sie brauchen, ist etwas Behutsamkeit und ein sanftes Beharrungsvermögen. Und die geeigneten Wörter!

Ein kleines Geheimnis frischt Sie auf!

Versuch: «Du bist eine himmlische Liebhaberin!»

Ein Hit!

Gehen Sie von der einfachen Tatsache aus, dass es keinen Menschen gibt, der ein erotischer Volltrottel ist und im Bett *alles* falsch macht, indem er sich so ungeschickt anstellt wie eine Giraffe beim Häkeln. Wenn Sie also nächstes Mal mit Ihrer Partnerin sexuell zu tun haben, seien Sie hellwach und aufmerksam: Was macht sie gut? Was tut mir wohl, wenn sie mit mir zusammen ist? Wo trifft sie meine Wünsche und Bedürfnisse – wenn auch nur in Geringfügigkeiten, die Sie ebenso gut übersehen könnten? Stellen Sie einfach fest, für sich. Freuen Sie sich über Ihre kleinen Entdeckungen! Bei sich selbst verändern Sie bitte gar nichts, geben Sie sich wie immer.

Wie zum Beispiel sind ihre Hände: weich – geschmeidig – zupackend – behutsam – frech – lockend – glatt – wärmend – seidig – eindringlich – fein tastend – wohlig kühl?

Später, wenn Ihre neuen Erfahrungen Sie ermutigen, gehen Sie einen Schritt weiter, ebenso unauffällig wie bisher. Sagen Sie Ihrem Partner, was Ihnen gut tut beim Sex mit ihm. Machen Sie das sehr zurückhaltend; schmieren Sie ihm die Komplimente nicht fingerdick aufs Brot. Fädeln Sie das neue Ele-

Details – liebevoll vertont

★ «Du berührst mich gut!»

★ «Deine Fingerkuppen sind seidenweich.»

★ «Deine nasse Zunge küsst meine Brustspitze. Himmlisch!»

★ «Ich genieße das – nichts als nackte Haut zwischen uns!»

★ «Ja, saug an meinem kleinen Finger! Das erregt mich!»

★ «Du leckst mich scharf! So scharf!»

★ «Du packst mich, und ich werde weich unter deinem Griff!»

★ «Mmh! Deine Lippen bringen mich zum Schmelzen!»

★ «Du machst aufregende Töne. Klinge weiter!»

★ ....

Nichts Spektakuläres. Wohlige Nichtigkeiten – in wohlige Wörter gefasst.

Wörter sind Scharfmacher.

Wenn Sie flüstern, hört er Sie besser.

web 23
8 weitere hellwache verbale Sinnlichkeiten

«Die Zauberkraft der Sprache macht das Leben im Handumdrehen zu einem leichten Joch, das uns sanftumschwungen aufliegt.» Heimito von Doderer

ment so sorgsam & langsam ein, dass er es beinah nur atmosphärisch wahrnehmen kann. Wenn es für Sie zwei wirklich brandneu ist, dürfen Sie es wohl nicht mehr als einmal pro Treffen steigen lassen, und auch nur mit einem feinen Understatement. Sie wollen doch nicht etwa irgendwelchen Missverständnissen Vorschub leisten! Feinfühlige Zurückhaltung macht Sie offen und empfänglich. Allmählich werden Sie etwas freigebiger.

Eine begnadete Liebhaberin wird jemand, der dazu gemacht wird. Was für Menschenkontakt allgemein zutrifft, gilt in der Sexualität doppelt: Positive Rückmeldung ist die effizienteste Steuerung in die gewünschte Richtung. Wenn Sie also im Bett Ihre Wünsche erfüllt haben möchten, versuchen Sie es zuerst damit, dass Sie Ihrem Partner bessere Voraussetzungen schaffen, sich sexuell sicher und kompetent zu fühlen. Sie weisen ihm damit den Weg zu Ihren Wünschen, ganz ohne Druck und heikle Korrekturen. Und Sie werden vielleicht feststellen, dass die ermutigenden Wörter & Sätze selber erotisierende Wirkung haben, auf Sie beide.

Bestätigung bringt Glanz in des anderen Augen. Das wünschen Sie sich doch, oder?

Bleiben Sie nicht auf Ihren erotischen Bedürfnissen und Wünschen sitzen! Viel zu schade, sie vertrocknen zu lassen. – Ich weiß, ich weiß: Sie wissen, dass Sie reden sollten über das, was Ihnen fehlt im Bett, und über das, was Sie ändern möchten. So weit waren Sie schon oft. Aber Sie haben's bisher nicht über Ihre Lippen gebracht. Vor allem nicht gegenüber Ihrem Partner. Das ist am schwierigsten, ich weiß. Drei Hauptschwierigkeiten könnten es sein:

Darben können Sie dann, wenn Sie tot sind.

❶ Wünsche sind keine Probleme.

Sondern Wünsche! Vielleicht haben Sie bisher die Erfahrung gemacht, dass es Ihnen oder Ihrem Partner nicht gelang, sexuelle Bedürfnisse vorzubringen, ohne dass sich der bedrohliche Ruch eines Konflikts ausbreitete. Entweder in Ihrer eigenen Magengrube oder in der Atmosphäre zwischen Ihnen beiden. Wenn Sie Ihre Bedürfnisse problematisieren, erdrücken Sie die schöpferische Veränderungs-Lust, die Ihre Sexua-

Über «Probleme» lesen Sie vielleicht mit Gewinn ab Seite 40.

lität am Leben erhält. Solange Sie selbst lebendig sind, ist die Wahrscheinlichkeit hoch, dass Sie auch erotische Wünsche haben. Und diese drängen aus Ihnen heraus – an die frische Luft!

❷ Des anderen Wünsche sind nicht die Ihren.

Das klingt banal, gewiss. Aber gerade in der Sexualität können unterschiedliche Bedürfnisse Angst machen, und es lauert einem die Scham auf, obwohl es, nüchtern betrachtet, doch eigentlich selbstverständlich scheint, dass zwei Leute nicht dieselben Neigungen und Sehnsüchte haben, eine Frau und ein Mann schon gar nicht. Nach all den Jahren kommt es Ihnen so vor, als ob sich der Graben zwischen Ihnen noch verbreitern könnte, wenn Sie Ihr Gegenüber mit Ihren Wünschen «bedrängen» würden. Darum schweigen Sie lieber und versuchen *«das Beste draus zu machen»* – mit Händen und Füßen sozusagen. Vielleicht fangen Sie jetzt an, einander von Ihren unterschiedlichen Wünschen zu erzählen und danach zu trachten, sie einander so zu befriedigen, wie sie sind – anders. Ganz anders vielleicht. Und Sie wissen: Die *«Nein!»*-Jokerkarte ist immer in Griffnähe!

Unterscheiden macht Spaß!

Die Unterschiede sind nämlich viel größer, als Sie dachten.

Ihre Wünsche kennt außer Ihnen niemand.

❸ Sich Wünsche anhören ist kein Kinkerlitzchen!

Das merken Sie sofort, wenn Sie einmal (unvorsichtigerweise) ein sexuelles Bedürfnis formulieren. Wahrscheinlich ist Ihr Partner spürbar irritiert – er sagt aber nichts von seiner Irritation. Er fühlt sich vielleicht von Ihrem Wunsch unter Druck gesetzt, beinah als wäre ihm Ihr Wunsch Befehl. Wer mag sich im Sex schon gern befehlen lassen … Oder seine vage Verstörung lässt erahnen, dass er Ihren Wunsch als Rüge missversteht, und Ihnen gelingt es nicht, ihn von der Arglosigkeit Ihres Bedürfnisses zu überzeugen. Schließlich wollten Sie mit Ihrem Vorstoß nichts anderes, als Ihr Möglichstes dazu beizusteuern, dass Ihre gemeinsame Sexualität (wieder) blühen kann. Vermutlich läuft das alles umgekehrt genauso: Ihr Partner ist ebenso stumm wie Sie, weil seine Erfahrungen mit Ihren Hörgewohnheiten ähnlich entmutigend ausgefallen sind.

Möchten Sie präziser zuhören lernen? Lesen Sie Michael Lukas Moeller: Die Wahrheit beginnt zu zweit. Das Paar im Gespräch. Reinbek: Rowohlt 1988.

Aber jetzt wollen Sie's packen? Sie haben sich nun lange genug beklagt, dass nichts sich bewegt in Ihrer Sex-Szene? Sie mögen nicht länger hin und her pendeln zwischen sauer und bitter und geknickt? Sie haben es satt, es anhaltend satt zu haben, dass Sie nicht weiterkommen und dumpf festsitzen in Routine und blasser Lustlosigkeit? Statt Ihre Resignation zu pflegen, möchten Sie jetzt die Überlebens-Chancen Ihrer Paar-Sexualität testen? Gut! Dann ziehen Sie doch Ihren Dampfer aus dem Verkehr und nehmen Sie ihn ins Trockendock. Dort können Sie in aller Ruhe nachschauen, was ihm fehlt und was ihm gut täte. Klingt gut, nicht? Aber wie machen?

«Wes das Herz voll ist, des gehet der Mund über.» Matth. 12, 34

Ergreifen Sie die Initiative! Gewartet haben Sie wahrscheinlich genug; inzwischen wissen Sie: Sie können nicht damit rechnen, dass Ihnen der andere diesen ersten Schritt je abnehmen wird. Stoßen Sie ein Gespräch darüber an, was in Ihrer

Mein Spickzettel für Sie.

Eine sanfte Trockenübung

➜ Trockenübung im Trockendock heißt: Reden über Sexualität *nicht* im Ehebett! Sondern bekleidet, aufrecht und bei Tag.

➜ Erschrecken Sie Ihren Partner nicht mit dem Vorschlag, Sie möchten ein *«Gespräch»* oder gar eine *«Aussprache»* mit ihm, erst recht nicht über *«unsere Sexualität»*. Sagen Sie ihm präzis, was Sie vorhaben.

Lieber eine ganze Stunde?

➜ Sagen Sie ihm, Sie möchten einmal eine ganze halbe Stunde lang über Ihre erotischen und sexuellen Wünsche erzählen und wären froh, wenn er Ihnen interessiert zuhören würde.

➜ Sagen Sie ihm: *«Lass mich laut nachdenken über das, was ich mir im Bett wünsche, und wisse, dass ich von dir nichts erwarte oder fordere. Was wir real in unserer Sexualität verändern könnten, ist jetzt nicht mein Thema. Meine Träume pur möchte ich gerne vor dir ausfalten.»*

Sie sind eine Gleichgewichtskünstlerin.

➜ Und: *«Hast du Lust, auch deine sexuellen Wünsche zu äußern? Ich höre dir ausführlich zu. Später.»*

gemeinsamen Sexualität mangelt. Für dieses Unternehmen können Sie sich an meinen Spickzettel halten, wenn Sie wollen.

Wenn Sie erotische Informationen untereinander austauschen, können Sie beide mehrfach gewinnen: Sie lernen einander kennen, vernehmen Unerwartetes voneinander, sehr Persönliches, Intimstes. Ihr sexuelles Selbstverständnis & Selbstbewusstsein werden stärker. Das lebendige Interesse des anderen lässt Sie eindringen in Zonen Ihrer Sexualität, zu denen Sie bisher keinen Zugang hatten. Sie lernen sich selbst kennen, und das macht Sie sicherer. Mehr Wissen von sich selbst und vom Partner eröffnet Ihnen die Aussicht auf mehr spielerische sexuelle Möglichkeiten. Und: sprachlich ausgedrückte Sex-Wünsche sind heiß! Allein das Ausdrücken kann das erotische Klima erwärmen und Sie beide empfänglich machen für sexuelle Feinheiten.

Keine Angst vor Überraschungen!

Ihre Lust könnte es wirklich sein, die Palette Ihrer Wünsche vor sich und Ihrem Partner auszubreiten. An die Realität denken Sie nicht. Sie genießen es, sich Ihre Bedürfnisse auszumalen, ob sie nun realistisch sind oder nicht. Und dass Sie dabei nicht beim Wort genommen werden von Ihrem Partner, das gefällt Ihnen auch. Wörter sind Musik, die imstande sind, Bilder vor Ihren Geist zu zaubern, feinstoffliche & scharfe Bilder. Ihre Wörter vermögen aber auch die Phantasie des anderen zu verflüssigen und seine Bedürftigkeit zu verfeinern.

«Der Glaube, das zu erreichen, was man wünscht, ist immer lustvoll.»
Aristoteles

Bebildertes Wunschdenken

«Unser Sexleben ist so langweilig! Warum bringen wir nicht etwas Abwechslung hinein?» Was für ein Stoßseufzer! Leider vermochte er bisher keine Bewegung anzustoßen. Im Gegenteil: Er überzog Ihre Sexualität mit einem schweren Deckel und erklärte sie zum Jammertal. Ihre Klage klang wie: *«Shit, heute ist der Steuerbescheid gekommen. Wie soll ich das nur bezahlen?»*. Sie sehnen sich doch nach wonniglicher Lust zu zweit! Schon Sehnen kann

«Selbst die Wünsche einer Ameise reichen bis zum Himmel.»
Japanisches Sprichwort

eine Lust sein, besonders das paarweise Sehnen! Sie glauben mir nicht? Probieren Sie's aus!

Nehmen wir also an, Sie möchten Ihren Sex reanimieren. Sie haben die Illusion fallen lassen, Ihre Partnerin würde nächstens Bewegung in Ihre Satinbettwäsche bringen; Sie wissen jetzt, wenn Sie's nicht tun, macht's niemand. Sie sitzen im selben Boot. Das ist Ihre Chance! Sprechen Sie sie also darauf an! Und zwar so, als ob es etwas Aufregendes aufzuspüren gäbe. Als ob es Sie gelüsten würde, Ihre Begierden wieder aufleben zu lassen! Und die Ihrer Partnerin auch! So ist es doch, oder?

Noch eine Illusion: Ihre Gedanken seien lesbar.

Verleiten Sie sie zu einer Bilderreise. Im Unterschied zur Trockenübung von vorhin werden Sie jetzt konkreter.

Aufbruch zu einer Bilderreise

Wählen Sie einen ruhigen, ungestörten Augenblick. Vielleicht liegen Sie nebeneinander – voll angezogen! – auf einer Couch. Oder im Gras. Oder Sie sitzen auf einer einsamen Bank in einem stillen Park.

- ➜ Sagen Sie Ihrem Partner, Ihr Sinn stehe Ihnen nach einer neu sprießenden Sexualität, die über die routinemäßige Verrichtung hinausgeht. Sie möchten ihm gern skizzierend schildern, wie Sie sich einen Neustart vorstellen könnten.
- ➜ Fragen Sie ihn, ob er interessiert sei, mit Ihnen zusammen ein paar Ihrer Bilder anzuschauen. Nur anschauen, nur zuhören!
- ➜ Wenn er einwilligt, lassen Sie erst einige Atemzüge lang Stille entstehen. Dann skizzieren Sie Ihre Bildentwürfe.
- ➜ Umgekehrt kann es genauso aufregend sein: Wenn Sie von Ihrer Partnerin wissen, dass sie unerfüllte sexuelle Wünsche mit sich herumträgt, machen Sie ihr ein Angebot wie: *«Über unsere Sexualität haben wir schon lange nicht mehr geredet. Dir fehlt sie mehr als mir, das weiß ich natürlich. Mir ist je länger je unwohler, wenn wir darüber standhaft schweigen. Ich möchte gern mehr wissen über deine Bedürfnisse, möchte sie mir besser, plastischer vorstellen können. Bist du dafür zu haben?»*

Jetzt nur ja kein säuerlicher Problemknatsch!

»Ich sehe uns beide im Wohnzimmer. Es ist ganz still, wie jetzt. Vier Kerzen brennen rund um den Tibeter, auf dem wir sitzen. Wir sind in unsere großen Seidentücher gehüllt, du in das blaue, ich ins rot-gelbe; darunter sind wir nackt. Mein Herz klopft, alles ist so ungewohnt. Du hast mir angeboten, mich ausgiebig zu verwöhnen. Ich soll kein Wort sagen, wenn ich nicht gefragt werde. Du schaust mir direkt in die Augen. Dein Blick ist warm, stark. Du tastest mir damit mein Gesicht ab, meinen Hals, meinen Oberkörper, zurück zu meinem Gesicht. Lange, spannungsvolle Augenblicke. ‹Lass dein Tuch fallen!›, sagst du. Es rutscht auf den Teppich, und ich sitze unverhüllt vor dir. Ich bin aufgeregt, schlucke leer. Du streckst deinen Rücken: ‹Zuerst besichtige ich deine Blöße, ganz genau.› Es kommt mir vor, als schautest du mich zum ersten Mal richtig an, und ich fühle mich etwas unsicher. Ich bin deinen Blicken preisgegeben, es prickelt auf der Haut. Jetzt stehst du plötzlich auf und beginnst mich zu umkreisen, ohne den Blick von mir zu lassen …»

Des anderen Wünsche kann auch Ihr durchdringendster Röntgenblick nicht lesen.

«Der Mensch gaffet so lange Bilder und Farben, bis er spricht, bis er, inwendig in seiner Seele, brennet.»
Johann Gottfried Herder

➜ Als interessierter Zuhörer haben Sie alle Chancen, das Gespräch fruchtbar, farbig und frisch werden zu lassen. Denkbar wäre zum Beispiel das:

Was willst du?

«Ich habe es dir schon x-mal gesagt: Im Sex muss immer ich die Karre ziehen, sonst läuft gar nichts.»

Klingt angesäuert

«Was möchtest du gern?»

Sie lassen sich nicht ansäuern. Sie wollen wissen, was er will.

«Mir gehen auch langsam die Ideen aus. Von dir kommt ja nichts. Und mit manchen Vorstößen bin ich abgeblitzt bei dir.»

Sie wollen's wirklich wissen.

«Woran denkst du?»

«Soll ich dir das sagen, jetzt? ...»

Sie locken Bilder aus ihm heraus.

«Ja, sicher. Sonst komme ich nie drauf! Beschreib mir, was zum Beispiel du dir schön vorstellst mit mir.»

«Ein Beispiel ...» (Ist etwas verlegen, überlegt länger):
«Zum Beispiel ein Quickie aus heiterem Himmel, ab und zu. Das wär's!»

Sie wollen es genau wissen ...

«Ein Quickie ... aus heiterem Himmel ... Okay.
Erzählst du mir, wie du's möchtest?»

«... wie ich das möchte ...? Das weißt du doch!»

... weil Sie's tatsächlich nicht wissen.

«Beschreibe mir genau, wie du dir das vorstellst, diesen plötzlichen Quickie. Ich will ihn mir ebenso genau vorstellen können.»

Er wird mutig!

(Lacht): «Es muss schnell gehen!»

«Wann?»

«... was wann?»

Zu zweit herausgeknobelt nehmen die Wünsche Form an.

«Siehst du deinen Quickie am Abend im Bett oder am Morgen? Oder wann?»

«Aha ja, nein, nicht im Bett. Wenn du von der Arbeit nach Hause kommst.»

Der Wunschfilm läuft richtig an ...

«Ich komme also zur Tür herein und ...?»

«Du gehst wie immer unter die Dusche.»

«Und ...?»

«Ja, und wenn du dich abtrocknest, rufst du mich.»

... und er ist noch lange nicht zu Ende.

«Ja, und dann?»

Menschliche Sexualität liebt Bilder, sie lebt davon! Ohne gepfefferte Bilder im Kopf hätten wir's im Bett nur mit unansehnlichem Fleisch zu tun. Vielleicht haben erotische Wünsche gewöhnlich so wenig weltbewegende Kraft in sich, weil sie blass und kaum bildhaft sind, wenn sie überhaupt herauskommen. *«Unser Sex ist todlangweilig!»* oder *«Nie willst du einen Quickie mit mir!»* oder *«Früher gab es noch Überraschungen …»* – derlei miesepeterige «Wünsche» vermögen Sie wohl kaum hinter dem Ofen hervorzulocken. Ebenso wenig werden Sie, vor Schärfe bebend, vor dem Duschvorhang auf Ihre Frau lauern, wenn die ihre sexuelle Bedürftigkeit tagelang mit übler Laune stumm verdampft hat.

«Jede Sprache ist Bildersprache.» Wilhelm Busch

Wer seine erotischen Wünsche bis zur Unkenntlichkeit verzerrt als quengelndes Lamento, aggressiven Anspruch oder wortlosen Tadel äußert, versteckt sich damit hinter der angeblichen Lustlosigkeit des anderen, beschäftigt sich vornehmlich und gründlich mit dessen Lustverlust. Dabei ist er selber mindestens ebenso matt, lahm und leer an Phantasie. Er kennt seine eigenen erotischen Bedürfnisse nicht wirklich oder kann sie nicht ausdrücken, spielt sich aber, ohne es zu merken, als der allzeit heiße Potenzprotz auf – egal ob Mann oder Frau. Das Machtspielchen läuft so lange, wie sich der «Lustlose» kleinlaut duckt und seine Bedürftigkeit unter Verschluss hält.

Über die gerechte Verteilung der Lustlosigkeit zwischen Mann und Frau schreibt Gunter Schmidt Spannendes in: Das Verschwinden der Sexualmoral. Hamburg: Klein Verlag 1996 im Kapitel «Sexuelle Langeweile» (ab Seite 75).

Ganz anders, wenn eine detailreiche Beschreibung die Wunschphantasie greifbar macht. Sie ist informativ, spritzig, konkret, Lust entfachend, plastisch. Ein Geschlechtsverkehr ist sie selber, diese erotische Phantasie, zärtlich und verführerisch.

Buch mit sieben Siegeln

Vielleicht gehören Sie zu den Leuten, die schwer zugänglich sind. Niemand weiß wirklich, was Sie im Sex gern haben und was weniger – womöglich nicht einmal Sie selbst. Geschlechtsverkehr mit Ihnen ist ganzjähriges vergebliches Ostereiersu-

Ein Superluxus: Jemand, der mich *will* im Bett!

chen im Heuschober. Das macht müde und ist langweilig. Ihre Partnerin muss sich ernsthaft mit dem verfehlten Verdacht herumschlagen, dass Sie sie erotisch und sexuell gesehen eigentlich gar nicht *wollen*, nie *richtig*. Das kann hart sein und eine langsam zersetzende Enttäuschung.

Vielleicht lesen Sie mit Gewinn noch einmal ab Seite 143 genau nach.

Vielleicht sollten Sie endlich Ihren *«Nein!»*-Joker ausspielen und drucksen stattdessen jahrelang herum. Was ist das schlapp und mühselig! Frage: Wenn Sie, vielleicht nach Jahren, wieder einmal gefragt werden, was Sie sich denn nun eigentlich im Bett wünschten, geben Sie Auskünfte wie:

Kreuzen Sie das Zitat an, das von Ihnen sein könnte. Mehrere Kreuze sind möglich.

Könnte auch sein, dass Sie sich verstecken – aus Scham.

web 24

10 weitere beliebte Ausweichformeln

No comment!

❑ «Alles, was du möchtest. Was dich freut, freut mich auch.»

❑ «Jooo … Sex ist mir nicht das Wichtigste.»

❑ «Ich habe eigentlich alles gern.»

❑ «Das weißt du doch!»

❑ «Das muss sich spontan ergeben.»

❑ «Das hättest du mich vor zwanzig Jahren fragen sollen.»

❑ «Was ich mir wünsche? – Ich bin eigentlich nicht unzufrieden.»

❑ «Fängst du jetzt wieder damit an?»

❑ «Ehh… halt was alle Männer gern haben …»

❑ ....

Sie halten sich vielleicht für bescheiden und wohl erzogen, Sie möchten sich nicht *«aufdrängen»*, möchten *«keinen Druck machen»*. Das ist verdienstvoll und – eine Zumutung für Ihren Partner. Er ist aufgeschmissen mit Ihnen. Er wittert, meistens zu Recht, hinter Ihrer abwimmelnden «Zufriedenheit» einen Wust von Unausgesprochenem. In der Art, wie Sie verwischen, drücken Sie mit Stimme, Tonfall und Pausen, mit unauffälligen Blicken und Gesten vielleicht trotzdem mit aus, dass Ihnen etwas fehlt und dass Sie nicht (ganz) freiwillig auf Köstliches verzichten.

Der andere möchte Sie abholen und einladen zu vollblütigem oder innigem Sex – wer weiß? –, aber Sie sind ganz woanders, als Sie den Anschein geben: Sie haben vielleicht Angst, offen zu legen, was (Verrücktes?) Sie wirklich möchten, oder Hemmungen. Oder Sie schämen sich, zu zeigen, was für einer Sie sind oder was für eine. Oder das nötige Vokabular fehlt Ihnen, sodass sie ihr zum Beispiel nicht sagen können, sie möchten so gern ihre Liebeslippen lutschen. Eventuell schrecken Sie davor zurück, Ihrer Partnerin etwas schuldig zu sein, wenn sie Ihnen entgegenkäme. Oder Sie mögen nicht herausrücken mit Ihrer Säuernis, Enttäuschung oder Resignation, die Sie daran hindert, sie an sich herankommen zu lassen.

Wäre verständlich: Während Jahrtausenden wurden fleischliche Begierden systematisch verunglimpft.

Tragen Sie vielleicht in Ihrem Schädelinnern fixe Ideen mit sich herum? Zum Beispiel: *«Das kann ich als Mann (als Frau) nicht erwarten.»* Oder: *«Dazu ist es zu spät.»* Oder: *«Frauen wollen im Grunde genommen stundenlang gestreichelt werden, und mit allem anderen macht man sich unbeliebt bei ihnen.»* Oder: *«Wenn ich nichts fordere, werde ich davor verschont, selbst überfordert zu werden.»* Oder: *«Ich kann mich sowieso nicht ausdrücken.»* Oder: *«Wenn man einander seine Sex-Wünsche sagt, wie soll man da noch spontan sein?»*.

Alles kraft- oder lieblose Parolen.

Sind Sie resigniert? Vielleicht weil es Ihnen misslungen ist, aus Ihrer Ehe ein vierfüßiges Wesen zu machen?

Könnte auch sein, dass Ihnen die Sexualität so unantastbar heilig und erhaben vorkommt, dass das erotische «Mysterium» nicht durch irdische und triviale Wünsche getrübt werden darf. Vielleicht schreiben Sie der Himmelsmacht Liebe die allmächtige Kraft zu, alle innigen Sehnsüchte servogelenkt oder gar ferngesteuert ins Ziel zu bringen.

Oder sonst eine fixe Idee? Welche?

Haken Sie nach!

Die meisten Leute lassen sich entmutigt wegschicken, wenn der andere diffus und mit einem einzigen Satz abwinkt – falls sie ihn überhaupt je unverhohlen nach seinen erotischen Bedürfnissen fragen. Schade, nicht wahr? Ihre innovativen

Ressourcen fallen einem Versteckspiel zum Opfer, und Sie laufen Gefahr, auszudörren.

Verbünden Sie sich mit des Partners Politik der stummen Isolation?

Stellen Sie sich vor, Sie selbst wagen sich nicht heraus und beantworten eine Anfrage Ihrer Partnerin ausweichend. Jetzt aber bleibt sie dran und fragt beharrlich nach: Welche weiterführende Frage vermöchte Sie zu locken, sich und Ihre Bedürfnisse doch noch zu zeigen – und welche (gar) nicht:

Streichen Sie an, was Sie selber gern hören würden.

Sexuelle Wünsche bleiben in vielen Ehen lebenslänglich eingesperrt.

«Die wahre Heimat ist eigentlich die Sprache.» Wilhelm von Humboldt

Was möchten Sie am allerliebsten hören?

- ❑ «Mit einem einzigen kleinen Wunsch bin ich schon zufrieden. Bitte!»
- ❑ «Soll ich raten, was du gern hast? Würde dir das helfen, dich zu äußern?»
- ❑ «Sag ruhig! Wenn du redest, fühle ich mich nicht automatisch verpflichtet, deine Wünsche diskussionslos zu erfüllen.»
- ❑ «Ich glaube, ich bin heute besonders empfänglich für dich und deine Wünsche. Nütze die Chance, morgen ist's vielleicht wieder anders.» *(Lacht).*
- ❑ «Ich frage dich nach deinen Sexwünschen, und du wimmelst mich ab. Was ist los? Ist dir das zu heiß?»
- ❑ «Beunruhigt dich meine Frage? Ist ein wenig ungewohnt, gell?»
- ❑ «Du glaubst vielleicht, nach so vielen Jahren müsste ich doch eigentlich Bescheid wissen über deine Bedürfnisse. Aber stell dir vor: Ich weiß nichts!»
- ❑ ....
  ....

web 25

6 weitere Formeln zum Nachhaken

Sexuelle Wünsche über die Lippen zu bringen kann knifflig und hartnäckig schwierig sein. Unterschätzen Sie die Klippen nicht, sonst rutschen Sie in eine neue Enttäuschung hinein. Vielleicht haben Sie ganz einfach wenig Erfahrung in der Kunst, in sich hineinzuschauen und erotische Bedürfnisse so scharf umrissen zu erkennen, dass Sie sie auch in Worte fassen können. Ich glaube kaum, dass Sie je in Ihrem Leben als Kind, junger Erwachsener und jetzt als Frau oder Mann einen Menschen getroffen haben, der Sie liebevoll ermutigt hätte, ganz innen nachzusehen, welche emotionalen und körperlichen Berührungen Sie lieben, ja Sie ganz persönlich! Also ist Ihnen schon dieser indiskrete Blick nach innen unvertraut.

«Und das sind die Wünsche: leise Dialoge täglicher Stunden mit der Ewigkeit.» Rilke

Viele Leute sehen schwarz, wenn sie in sich hineinschauen. Nicht weil's innen so schlimm aussieht oder weil da nichts wäre, sondern weil sie nichts sehen. Männer lassen sich ihre Verlegenheit meist nicht anmerken und «wollen» im Bett kurzerhand das, was man eben von Männern erwartet: Standfestigkeit, Einführungsvermögen und kontrollierte Feuerkraft. Und natürlich eine Partnerin, die vor ihren Hightech-Qualitäten schmilzt. Einige wenige Männer sagen, sie bräuchten viel mehr Zärtlichkeit beim Sex. Stimmt das wirklich? Ist zum Beispiel ein ausgedehntes zärtliches «Vorspiel» wirklich ihr vordringliches Bedürfnis? Meine Vermutung: Viele Männer wollen es ihren Frauen recht machen im Bett; ihre ureigenen Bedürfnisse bleiben säuberlich verdeckt.

Nicht schlecht zu diesem Thema Männer- und Frauensex (und die Unterschiede) ist John Gray: Mars, Venus & Eros. Männer lieben anders. Frauen auch. München: Goldmann 1996

Frauen sind häufig unsicherer; ihnen ist klar, dass sie mit der Sexualität, die ihnen ihre Männer offerieren, nicht viel anfangen können. Sie verwechseln das männliche Angebot mit Sexualität schlechthin. Was ihnen geboten wird, empfinden sie bald einmal als Druck, während sie höchstens sehr vage wissen, was sie selbst als sexuelles Wesen brauchen. Über Jahre haben sie nichts oder nicht viel vom stieren Geschlechtsverkehr, takeln schließlich ihre Lust ab und drängen ihre diffusen erotischen Wünsche fast ganz weg. Im Unterschied zum Mann muss die Frau das Rad in ihrer Sexualität für sich neu erfinden und kann nicht wie er auf standardisierte Halbfertigprodukte zurückgreifen, um zu wissen, was sie braucht. Wenn niemand da ist, der sich für ihre lustvolle Erfinderarbeit interessiert, wird sie damit aufhören. Unter Verschluss gehaltene erotische Bedürfnisse von Mann und Frau lassen die Sexualität verspießern.

Genügt Ihnen Halbfertiges?

«Das Sexuelle ist immer das Verborgene.»
Holger Schenk

Gut getarntes Begehren

Schade um Ihre erotischen Bedürfnisse, wenn Sie sie verkümmern lassen. Sie selbst, Sie als Mann oder Frau, welken möglicherweise vor sich hin, bleiben stehen oder werden unmerklich säuerlich und bitter. Ihrer Beziehung enthalten Sie die Impulse vor, die doch eigentlich da wären – in Ihrem Inneren. Haben Sie Lust, Ihre verhüllten Stoßkräfte aufzuspüren und sie in eine sprachliche Form zu bringen?

«Unzufriedenheit ist der erste Schritt zum Erfolg.»
Oscar Wilde

➔ Sind Sie unzufrieden und wissen dennoch nicht, was Sie brauchen?

Wunschlos unglücklich? Verschwommen bedürftig? Stachelig sehnsüchtig? Spüren Sie fast nichts von erotischen Bedürfnissen, denken aber, eigentlich müsste Ihnen etwas fehlen? Verdächtigen Sie sich, auf weiß der Teufel was alles süchtig zu sein – auf Konsum, Alkohol, rasanten Partnerwechsel, Internet, Nervenkitzel, Arbeit, kommerziellen Sex, Nikotin, Dauerkrach in der Beziehung, Sportexzess, Geschwindigkeit, Fernsehen, Tabletten, irgendeine Sammelwut, Computer – in Wirklichkeit aber wollüstige Wonnen zu vermissen? Kommt Ihnen überhaupt nichts in den Sinn, wenn Sie sich nach Ihren Begierden fragen? Oder wenn Sie gefragt werden?

«Es ist was es ist sagt die Liebe»
Erich Fried

Es könnte sein, dass Sie eher aus Ihrer nebeligen Aussichtslosigkeit herausfinden, wenn Sie die Dinge benennen. Probieren Sie ein paar Sätze an. Vielleicht passt einer oder mehrere. Wagen Sie sich vorzustellen, dass die kernigen Seufzer Bewegung in Ihre matte Bettgeschichte zu bringen vermöchten? Nur vorstellen! Wählen Sie:

Dies ist eine Fingerübung! Sie machen sie vorerst für sich im stillen Kämmerlein.

- ❑ «Ich bin traurig, ich glaube, ich vermisse etwas.»
- ❑ «Mit dir alt werden? So? – Nein! Lieber nicht. Aber wie?»
- ❑ «Vielleicht sieht es für dich so aus, als ob ich zufrieden wäre mit unserer Rezession im Bett. Aber ich bin vermutlich genauso unglücklich darüber wie du.»
- ❑ «Ich würde dir gern erzählen, wie es mir geht, wenn wir uns nur noch brav auf die Backe küssen, und sonst läuft nichts mehr. Ich verspreche dir: Vorwürfe kommen keine. Diesmal ...»
- ❑ «Seit anderthalb Jahren sitzt du mit mir auf dem Trockenen und pfeifst locker vor dich hin. Das kann doch nicht sein!»

- ❑ «Soll das jetzt wirklich alles gewesen sein? Für dich? Ich kann es fast nicht glauben.»
- ❑ «Bevor einer von uns seine Sexträume auswärts verwirklicht, könnten wir doch einmal versuchsweise einander von unseren Träumen berichten. Wär' das was?»
- ❑ ....
  ....

Sätze nur im Kopf proben …

… und den passenden eigenen Satz finden.

➜ Haben Sie dem anderen schon x-mal «gezeigt», was Sie gern hätten, aber er versteht nicht?

«Gezeigt» – mit Händen & Füßen?

Es bleibt immer alles beim Alten, trotz Ihrer Korrekturbemühungen? Es ist zum Verzweifeln? Bis heute ist es Ihnen nicht gelungen, das rüberzubringen, wonach Sie sich sehnen? Dabei haben Sie alles versucht, liebevoll, feinfühlig, zähneknirschend, vorsichtig, wütend, bettelnd, kompromissbereit, ausdauernd, raffiniert, augenrollend, zurückhaltend?

Zurückhaltend? Sie sind wohlerzogen und wollen nicht egoistisch sein? – Der lange Arm Ihrer Erziehung reicht eben bis in Ihr Bett! Er sorgt dafür, dass Sie Ihre Bedürfnisse, ganz unauffällig und diskret, hinter vorgehaltener Hand, beinah verstohlen anbringen, wenn überhaupt. Die Vorteile Ihrer Methode: Sie bleiben nachhaltig «lieb» und «nett». Und Ihre Angst, sich zu zeigen und möglicherweise abgewiesen zu werden, behalten Sie im Griff: Sie haben fast nichts zu befürchten; denn solange Sie nichts ausdrücklich gesagt haben, können Sie notfalls Ihren zaghaften Vorstoß als Missverständnis deklarieren und damit den Stich der Zurückweisung entschärfen. Und die Nachteile? Sie entschärfen Ihre Sexualität, liefern sie der Eintönigkeit aus. Und Sie machen sie anfällig für alle möglichen Missverständnisse – was Ihren Liebesfreuden noch einmal Würze und Schärfe nimmt. Wollen Sie das wirklich? Wohl kaum, aber die Angst …! Und die Scham …!

«Anerzogen ist wie angeklebt, manchmal aber verwächst das Angeklebte.» Marie von Ebner-Eschenbach

Mein Vorschlag: Schauen Sie sich das Beispiel an, wie sexuelle Wünsche vom Pantomimischen ins Deutsche übertragen werden könnten. Gefällt Ihnen die Übersetzung? Leuchtet sie Ihnen ein? Wäre sie geeignet, Ihrer Angst standzuhalten, Sie vor Beschämung einigermaßen zu schützen? Welche For-

Übersetzen ist mutig. Und macht Spaß!

mulierung läge Ihnen näher? Wenn Sie Lust haben, können Sie auch für eigene Wünsche eigene Übersetzungsversuche machen.

Heiß übersetzter Wunsch

Ihr Wunsch:	**Sie möchten ein langes, inniges «Vorspiel».**
Auf Pantomimisch:	*Wenn Ihre Partnerin stracks zur Sache kommt, verspannen Sie sich unmerklich und wenden sich etwas ab. Die Initiative ergreifen Sie kaum mehr.*
	Auf einem Spaziergang sagen Sie ihr:
Auf Deutsch:	«Was ich dir schon lange sagen wollte und bisher nicht gewagt habe: Ich tagträume davon, unsere Sexualität viel mehr zu genießen. Meine Träume sind ziemlich deutlich. Möchtest du sie hören?»

Diese Reaktion könnte auch heißen: *«Ich pfeife auf Sex!»*

web 26
3 weitere heiß übersetzte Wünsche

➔ Es gelingt Ihnen nicht, einen sexuellen Wunsch anzubringen, ohne dass daraus ein PROBLEM wird?

«O, was ist die deutsch Sprak für ein arm Sprak! für ein plump Sprak!» Lessing, Minna von Barnhelm

Wenn Ihnen im Bett etwas fehlt, wenn Sie einer Störung auf den Leib rücken möchten, verfangen Sie sich mit Ihrem Partner in einer ausufernden Grundsatzdebatte? Die Schwierigkeiten scheinen mehr und mehr zu wuchern, je intensiver Sie sich damit beschäftigen? Ihren Bedürfnissen kommen Sie nicht näher, im Gegenteil?

Bei Ihren Versuchen, die Qualität Ihrer Sexualität zu verbessern, ergeht es Ihnen offenbar wie dem griechischen Sagenmann Epimetheus. Die rachsüchtigen Götter schickten ihm die liebreizende Urfrau Pandora samt Büchse ins Haus. Als er sie, geblendet von ihrer Grazie, bei sich aufnahm, öffnete sie das Gefäß, und heraus quoll alles Unheil der Welt. Derlei fürchten Sie vermutlich auch für sich. Sie sind ein gebranntes Kind und lassen darum Ihre Finger vom Feuer. Sie schweigen geduckt und beharrlich vor sich hin und kommen derweil erotisch zu kurz. Das Feuer im Ofen ist nämlich aus. Fast jedenfalls.

Als Rache für des Prometheus Feuerraub!

Ich will Ihnen keine illusionären Hoffnungen machen. Die pandorische Büchse kann in der Tat ein gerüttelt Maß an Übeln bergen, die mir nichts dir nichts eheliche Doppelmatratzen bösartig infiltrieren können, wenn sie unvorsichtigerweise umgekippt und ihres Deckels entledigt wird. Aber vielleicht haben Sie Glück! Vielleicht liegen die Dinge bei Ihnen viel einfacher, als Sie vermuten.

«Sprache verhext, aber wir müssen in der Sprache bleiben, um die Verhexung zu kurieren.»
H. Straten

Es ist denkbar, dass Sie tatsächlich kein sexuelles Problem haben, erst recht kein sexuelles PROBLEM, sondern einen Wunsch. Nicht mehr und nicht weniger. Die Art und Weise, wie Sie persönlich (und auch Sie zusammen mit Ihrem Partner) Ihren Wunsch bisher behandelt haben, hat denselben möglicherweise zu einem Problem mutieren lassen. In der Sexualität werden aus Problemen im Handumdrehen PROBLEME, auch wenn am Anfang nur ein rührender kleiner Wunsch stand. Das hat damit zu tun, dass sich der Sinn von Wörtern daraus ergibt, wie sie gebraucht werden. Das heißt, die Szenen, in denen wir Wörter brauchen (zum Beispiel quälende, aussichtslose Debatten), verschmelzen mit den Wörtern und ihrem Sinn. Schließlich sind die Wörter selber Szenen in unserem Kopf.

«Die Bedeutung eines Wortes ist sein Gebrauch in der Sprache.»
Ludwig Wittgenstein

Ihr wunschloses Unglück könnte also daher rühren, dass Ihre erotischen Wünsche überwuchert sind von Ihren missratenen Versuchen, sich diese Wünsche zu erfüllen.

Wie könnten Sie wieder an Ihre originalen sexuellen Wünsche herankommen? Wie bringen Sie sie heil an die richtige Adresse? Wie können Sie verhindern, dass Sie sich dabei gemeinsam im Filz einer psychosexuellen Seminardiskussion verfangen? – Indem Sie von nichts anderem reden als von dem

Auf der Spur des nackten Wunsches

Sie startet eine witzige Ankündigung.	«Ich habe einen Wunsch. Einen Geburtstagswunsch.»
	«Einen Geburtstagswunsch – jetzt schon?»
	«Ja, er ist schon viele Jahre alt, und jetzt kann ich fast nicht mehr warten.»
Er fürchtet Streit.	*«Viele Jahre alt …? Jetzt fängst du aber nicht wieder mit deinen getrennten Schlafzimmern an!»*
Sie bleibt strikt bei ihrem Wunsch.	«Nein, diesmal nicht. Es geht um Sex. Ich möchte, dass du …»
Ihm wird angst & bang.	*(Unterbricht:) «Uuhh, hör auf! Das hatten wir auch schon!»*
	«Ich hätte gern, dass du am Morgen, wenn du zu mir herüberrutschst, …»
Er fühlt sich angegriffen.	*(Unterbricht:) «Das mache ich schon lange nicht mehr! Immer kommst du mit alten Vorwürfen!»*
Sie lässt sich nicht beirren.	«Ich möchte, dass du nach dem Aufwachen zu mir kommst und …»
Sein Problem!	*«Du willst also, dass ich bei dir in den Hammer laufe?»*
Sie wird deutlicher.	«Ich brauch dich am Morgen zum Warmlaufen.» *(Lacht.)*
Sein Interesse erwacht.	*(Stutzt:) «Aha.»*
Achtung! *«Früher»* (Problem) statt «Jetzt» (Wunsch).	«Früher hätte ich immer gern gehabt, dass du dich an mich geschmiegt hättest. Aber das ging nicht, weil …»
Sein PROBLEM.	*(Unterbricht:) «Jaja, ich weiß! Weil ich immer viel zu heiß wurde! Wenn's brennt bei uns, bin gewöhnlich ich schuld, nicht wahr?»*
Wieder ihr Wunsch.	«Jetzt, jetzt möchte ich vor dem Aufstehen ein wenig heiß werden.»
Das gibt's doch nicht!	*«Du… heiß…?»*
Der Durchbruch: Ihr Wunsch im Klartext.	«Du könntest mir doch die Klit gehörig netzen, mit Spucke oder Gleitmittel. Und dann machst du mich scharf mit dem Finger. Könntest du dir das vorstellen?»

«...» (Sprachlos).

«So, wie du das immer machst, nach dem Abspritzen. Ginge das vielleicht?»

Sie klärt.

(Große Augen:) « ...».

«Geht das, ohne dass du mir den Schwanz reinsteckst? Ich meine, vorläufig, als Anfang?»

Sie klärt.

(Zögernd:) «Jooo... ich weiß nicht...»

(Lacht:) «Ich klammere mich dafür an deinen Stock, unterdessen. Das gefällt ihm sicher.»

Sie klärt ihr eigenes Angebot.

(Schüttelt ungläubig den Kopf:) «Du musst mir das alles nochmal erklären...»

(Lächelt:) «Also: Ich möchte am Morgen hin und wieder einen schwungvolleren Start haben, und...»

Doppelt genäht hält besser.

Wunsch, den Sie im Augenblick erfüllt haben möchten. Ja, von nichts anderem soll in Ihrem Gespräch die Rede sein! Sie sorgen sorgfältig dafür, dass weder Probleme noch PROBLEME Ihren Wunsch ersticken können.

Vereinfachen Sie!

➔ Sowie Sie einen sexuellen Wunsch von Ihrem Partner hören, geraten Sie unter Druck?

Was immer er von Ihnen wünscht, klemmt Sie ein und drückt Ihnen die Luft ab? Auch ein leidgeschwängerter Tonfall, ein feuchter Hundeblick, eine übellaunige Stimmung kommt bei Ihnen an als Forderung? Gegen Druck von außen und Schuldgefühl von innen können Sie sich nur schlecht wehren? Zum Beispiel indem Sie selbst kratzbürstig werden und sich verbarrikadieren? Oder Sie geben dem Forderungsdruck nach – widerwillig und bitter?

«Gewissensbisse erziehen zum Beißen.» Nietzsche

Stellen Sie sich vor, Sie wären allen sexuellen Bedürfnissen des anderen ausgeliefert, und nichts in Ihnen würde sich regen, wenn diese Bedürfnisse Ihnen nicht gut tun! Das wäre häusliche Edelprostitution. Ihre wache Sensibilität schützt Sie zuverlässig vor Übergriffen. Niemals lassen Sie im Bett etwas mit sich machen, ohne deutlich und eindeutig zugestimmt zu haben. Sie wissen, was Sie nicht brauchen können.

Sexuelle Selbstbestimmung an die Macht!

Lassen Sie sich dieses Wissen nicht madig machen durch Stimmen von außen und von innen, die Sie beschimpfen als *«zickig»*, *«abnormal»*, *«frigide»*, *«böse»*, *«kalt»*, *«beziehungsunfähig»*, *«gestört»*, *«undankbar»*, *«hart»*, *«krank»*, *«impotent»*, *«zu»*, *«rachsüchtig»*, *«schlapp»*, *«genau wie dein Vater»*, *«näheschеu»*, *«lieblos»*, *«vertrocknet»* oder *«blond»*. Sie sind ein sexuell selbstbestimmter Mensch. Punkt.

Wörter sind manchmal wie Rasierklingen. Liebenswürdiger Humor nimmt ihnen am ehesten das Verletzende.

Viele Männer sind dabei, sich an den anstrengenden Gedanken zu gewöhnen, dass es immer mehr Frauen gibt, die sexuell selbstbestimmte Menschen sind, ja dass sogar ihre eigene Frau zu dieser Gattung gehört. Bis sie so weit sind, müssen ihre Frauen ausgesprochene oder unausgesprochene Abwertungen gewärtigen. Eben, von ihren Männern und von sich selbst. Erotisch selbstbestimmte Menschen lassen es nicht dabei bewenden, sexuelles Ungemach von sich fern zu halten. Das genügt ihnen nicht. Die meisten Leute haben nämlich sexuelle Bedürfnisse, auch die frustriertesten. Aber sie gehen ihnen nicht nach und reden nicht darüber, weil es offenbar niemanden interessiert. Oder weil die drängenden «Triebe» des Partners beide auf Trab halten. Oder weil sie sich schämen oder Angst haben, sie ans Licht zu bringen. Sexuell selbstbestimmte Leute sind ihren Bedürfnissen auf der Spur. Und sie reden davon.

Sexuelle Selbstbestimmung ist so bedeutsam wie der aufrechte Gang und die Muttersprache. Beides brauchen Sie, um sexuell selbstbestimmt zu sein.

Viele Frauen halten es erstaunlich schlecht aus, dass ihre Männer überhaupt sexuelle Wünsche haben, das heißt Wünsche, die sie – die Frauen – als «männlich» empfinden. «Männerwünsche» sind jene sexuellen Ansinnen, die initiativ und drängend sind, impulsiv, erfinderisch, etwas tierisch, ungeduldig, schärfeorientiert, trieblastig, offensiv, zielgerichtet, schamarm, sachkundig, egoistisch, ziemlich rücksichtslos, hartnäckig, beinah überwältigend, zupackend & «männlich».

«Männliche» Wünsche sind kein Privileg für Männer. «Weibliche» nicht für Frauen.

Das Männliche eben, das sie vor vielen Jahren, als es losging zwischen den beiden, hat windelweich werden lassen. Heute indes mögen die meisten Frauen nichts mehr davon hören, es interessiert sie nicht. Verständlich! Zu irritierend und peinlich waren wohl inzwischen die Erfahrungen mit dieser Männlichkeit, ganz besonders wenn ihnen die *«Nein!»*-Jokerkarte fehlte, immer noch fehlt. Oder wenn sie sich nicht getrauen, sie im richtigen Moment kurz entschlossen auszuspielen.

Blättern Sie noch einmal zurück auf Seite 143, wenn nötig.

Nehmen wir an, Sie haben bisher dem einseitigen Wunschdruck Ihres Partners erfolgreich widerstanden, waren dabei aber nicht glücklich, Ihr Partner ziemlich sicher auch nicht. Das Druckgefälle belastete Sie beide, bis heute. Vielleicht haben Sie die Schiefe bisweilen zu mildern versucht, indem Sie «ihm zuliebe» in Sex einwilligten – oder gar «einwilligten».

«Einwilligen» heißt: *«dem anderen zuliebe»* sich selbst überfahren.

Kennen Sie den Unterschied zwischen einwilligen und «einwilligen»? Einwilligen können Sie nur mit Wortbegleitung, «einwilligen» geht auch stumm.

Jetzt könnten Sie darangehen, Ihre eigenen erotischen Bedürfnisse aufzuspüren. Vielleicht sind sie inzwischen etwas zerdrückt, zerknüllt und unausgelüftet, weil Sie sie lange nicht mehr hervorgeholt, ausgebreitet und genau angeschaut haben. Elegant wäre es, wenn Sie eine Gelegenheit abwarten würden, um laut und zu zweit über Ihre brachliegenden Bedürfnisse nachzudenken, die vielleicht lange Zeit im Schatten der Bedürftigkeit des Partners vor sich hinvegetiert haben.

«Wie oft muss man sagen, was man ist, bis man es wirklich ist?»
Elias Canetti

Sie wollen oder können (im Moment) die Wünsche Ihres Partners nicht erfüllen? Na und!? Sind Sie etwa auf Erden, um ihm das Paradies zu bieten? Niemand kann oder muss das. Was Sie aber können: Entgehen Sie der Alles-oder-nichts-Falle. Wenn ein Vollwackel für Sie nicht drinliegt, haben Sie vielleicht dennoch Lust auf scharfe Berührung. Wenn Schärfe im Augenblick nicht in Ihre Stimmung passt, genießen Sie möglicherweise trockene, seidige Haut – vorausgesetzt, Sie erlauben sich einen offenen Blick auf Ihre Bedürfnisse, wie sie im Mo-

«Die schlimmsten Enttäuschungen verdanken wir erfüllten Wünschen.»
Robert Lembke

Unzimperliche Bedürfnisklärung zu zweit

Vorgeschichte: Bett-Szene gestern, Samstagmorgen. Er robbte zu ihr hinüber, sie war knapp wach. Er drängte sich von hinten an sie und griff ihr unters Nachthemd an die linke Brust. Sie schob seine Hand weg. «Dann halt nicht!», brummte er, drehte ab und verzog sich beleidigt ins Badezimmer. Jetzt bringt sie die Sache auf den Tisch.

Der erste Schritt über die Schwelle – der schwierigste.

«Lass uns über gestern früh reden. Okay?»

«Das war unangenehm.»

Verständnis schafft Zugang zum anderen.

«Das war's. Nach zwei Monaten hättest du gern wieder einmal Sex gehabt mit mir, schätz' ich. Und dann dieser Frust …»

«Ich hab keine Chance.»

Sie zeigt sich.

«Ich weiß. Ich war noch ganz zu, wie jeden Morgen, das weißt du. Aber empfänglich wäre ich gewesen …»

«Empfänglich …? Wofür?»

Sie sagt entschieden, was sie nicht will …

… und konkret, was sie will.

«Leider nicht für deine Wasserlatte …, noch nicht!» (lacht), «aber meinen weichen Po hätte ich zu gern verschlafen in deinen Schoß gebettet. Und meinen Rücken an deinen weichen Bauch. Das merkte ich in dem Moment, wo du dich so wunderbar an mich schmiegtest.»

«Aber du hast mich doch abblitzen lassen …!»

«Nein, du bist mir sofort davongelaufen!»

«Ich war verstimmt, nach der ewigen Dürreperiode.»

Sie zeigt ihre Bedürfnisse genau. Statt sich nur zu verbarrikadieren.

«Ich möchte zuerst warm werden mit dir, bevor ich dich wieder aufsteigen lasse. Ich sehne mich nach viel weicher Haut, am Morgen besonders.»

«Ah, das wusste ich nicht.»

ment wirklich sind. Vorausgesetzt, Sie bringen sie über Ihre Lippen! Und vorausgesetzt, Ihr *«Nein!»* ist absolut zuverlässig zum Einsatz bereit, wenn nötig.

Vielleicht kennen Sie den umgekehrten Fall besser: Sie haben Druck auf der Leitung, und jedes Mal, wenn Sie Ihre Bedürfnisse auch nur andeutungsweise zeigen, erschrecken, verärgern, verbiestern Sie Ihren Partner. Er zieht sich augenblicklich zurück, rollt sich ein, fährt seine Stacheln aus oder tut, als wär gar nichts gewesen. Und Sie selbst, Sie ziehen den Schwanz ganz ein. Alles oder nichts! Wenn die Spritztour nicht zu haben ist, bleiben Sie zu Hause und schmollen womöglich vor sich hin. Sie sollten sich mit den Augen Ihres Partners sehen können! Die berückendste Liebhaberin sind Sie im Moment nicht gerade!

Und der Clou: Das alles wortlos!

Weiten Sie Ihre Bedürfnispalette aus!

Keine Beziehungsform – außer die kommerzielle Beschaffung von Schleimhautdienstleistungen – garantiert einen sexuellen Vollservice; die «eheliche Pflicht» ist die Versteinerung längst vergangener Evolutionsstufen. Im Gegenteil: Die Dauernähe in festen Beziehungen schafft ein eher ungünstiges Klima für Ihre erotischen und sexuellen Bedürfnisse. Vor allem die strammen männlichen Schwellkörperfreuden lassen sich in vielen Zweierkisten kaum noch blicken, je länger je seltener. Derlei Lüste sind allzu durchsichtig zielgerichtet auf den simplen Beischlaf aus. Nur wenn Sie heute Nacht dringend Ihre Gene weitergeben und einen standesgemäßen Erben zeugen möchten, handeln Sie adäquat, also vielleicht höchstens zwei, drei Mal in Ihrem Leben. Bei allen anderen sexuellen Begegnungen bringen Sie am besten Ihre erotische Intelligenz ins Spiel, indem Sie das Spektrum Ihrer sexuellen Bedürfnisse so weit wie möglich auffächern. Befriedigend sind nämlich beileibe nicht nur Koitus und Orgasmus; eine vielfarbige Palette von spielerischen Berührungen & Intimitäten steht Ihnen zur Verfügung, sobald

Viel Zynisch-Amüsantes über romantische Erwartungen an Sexpartner in Pascal Bruckner/Alain Finkielkraut: Die neue Liebesunordnung. München: Hanser 1979.

Sie Ihren erotischen Horizont ausweiten und Ihre Phantasie an die Macht kommen lassen.

Ihnen fällt nichts ein, sagen Sie? Oder Sie winken matt ab: *«Alles schon ausprobiert und mit allem auf Granit gestoßen…!»*

Aufgegeben haben Sie's offenbar dennoch nicht. Sie haben ja auch noch eine Menge Möglichkeiten, über sich und Ihre verengten sexuellen Vorstellungen hinauszuwachsen. Nehmen Sie Wörter zu Hilfe! Gegen Ebbe im Kopf gibt es eine Flut anstoßender & prickelnd anstößiger Bücher. Nehmen Sie sich einmal einen halben Tag Zeit, setzen Sie sich in die Abteilung «Sexualität», «Frauen», «Männer», «Partnerschaft» oder «Erotika» einer großen Buchhandlung und lassen Sie sich nicht stören beim Stöbern. Oder wählen Sie im Internet zum Beispiel *www.buch.ch* oder *www.amazon.de* und wühlen Sie unter den einschlägigen Stichwörtern. Kein Mensch beobachtet oder beargwöhnt Sie dabei. Sie werden staunen über das buntscheckige Panoptikum zwischen brav und schamlos. Es gibt einen Stapel Bücher, in denen Sie möglicherweise mit roten Ohren & viel Gewinn blättern könnten.

«Unsere Wünsche sind Vorgefühle der Fähigkeiten, die in uns liegen, Vorboten desjenigen, was wir zu leisten imstande sein werden.» Goethe

Sex-Kochbücher

Schmökern Sie ungeniert in einem der erotischen Feinschmeckerbücher, lassen Sie sich den Mund wässrig machen und probieren Sie aus, was Ihnen besonders bekömmlich vorkommt:

Vorsicht mit Büchern: Niemals dem Partner aufs Kopfkissen legen! Kein Druck! Empfehlung oder Einladung können beschwerlicher drücken, als Sie glauben.

- ★ Alex Comfort: New Joy of Sex. Freude am Sex. (Deutsche Fassung), Frankfurt: Ullstein Taschenbuch, 1992. *Kultbuch für erotische FeinschmeckerInnen.*
- ★ Cathy Winks, Anne Semans: Good Vibrations, Sex fun and safe (Deutsche Fassung). München: Goldmann, 1996. *Voller Genüsse mitsamt allen erdenklichen Hilfsmitteln.*

web 27 5 weitere erotische Gourmet-Bücher

Was Ihnen wohlduftend in die Nase steigt, weil es Ihren erotischen Bedürfnissen entgegenkommt, stinkt Ihrem Partner vielleicht gehörig – und umgekehrt. Sie müssen damit rechnen, dass er in Wirklichkeit mit ganz anderen Dingen liebäugelt als Sie. Ihre Geschmäcker sind womöglich viel verschiedener, als Sie sich vorstellen können. Verlassen Sie sich nicht auf Ihren «gesunden Menschenverstand», auf die ortsüblichen fixen Ideen über standardisierte Bettbeglückung oder auf die geruhsame Macht von Gewohnheit und Gewöhnung. Bleiben Sie wach & weich & offen für Unbekanntes, Prototypisches & Frisches, das sich ständig entwickelt. Bei Ihnen und beim anderen.

Unterschiedliche Bedürfnisse – heiß und spannend! Sobald Sie sie zum Thema machen.

Druck wirkt in der Sexualität wie Kurare. Manchmal legt Druck schon in kleinsten Mengen die ganze Lust lahm: Ein Buch, «absichtslos» auf den Partnernachttisch gelegt, ein Artikel, liebevoll gezielt ausgeschnitten und neben das Frühstücksei platziert, können erstaunliche erschlaffende Wirkung entfalten. Wenn Sie sich unsicher fühlen, wie und womit Sie drücken und drängen – ohne es zu wollen! – dann fragen Sie. Der Partner wird es Ihnen danken.

Curare, spanisch: «Auf wen es kommt, der fällt». Früher indianisches Pfeilgift. Heute weit verbreitet, u. a. zwischen Buchdeckeln, in Doppelbetten, in Zweierdebatten.

➔ Mit der Zeit mussten Sie der ungemütlichen Gewissheit ins Auge sehen, dass ein Großteil Ihrer sexuellen Wünsche unerfüllbar ist?

Sie machen offenbar immer alles falsch, wenn Sie auf die Befriedigung Ihrer Bedürfnisse aus sind?

So viel haben Sie begriffen: Ihr Partner kann nicht ahnen oder riechen, was Sie im Bett möchten, auch wenn Sie Ihre Bedürftigkeit schwadenweise verdampfen. Sie müssen ihr *zeigen*, was Sie möchten. Das weiß inzwischen jedes Kind.

«Unsere Wünsche wachsen mit den Schwierigkeiten, denen sie begegnen.» Montaigne

Doch wenn Sie anfangen, Ihre Bedürfnisse *«anzumelden»* (so der einschlägige Psycho-Slang!), sind Sie mit Ihrem Latein unerwartet schnell am Ende. Sie werden nicht oder falsch verstanden. Gut möglich, dass Sie überhaupt *«alles falsch machen»*, wie viel Mühe Sie sich auch geben und was immer Sie versuchen. Der Zeitpunkt ist ungünstig, Ihre Annäherung zu schnell, zu forsch, zu direkt – oder das Gegenteil davon. Sie gehen nicht zärtlich genug vor, die Stimmung stimmt nicht *(«Bei mir muss alles stimmen, sonst kann ich nicht Liebe machen!»)*. Oder Sie werden verdächtigt als egozentrisch und erotoman-gierig *(«In deinem Kopf gibt's nichts anderes als Sex!»)*. Vielleicht wünschen Sie sich, dass Ihr Partner auch einmal die Initiative im Bett ergreift, *«von sich aus»*. Oder dass er Ihnen endlich Zärtlichkeit schenkt, die *«von Herzen»* kommt. Möglicherweise fehlt es Ihnen, dass er Sie begehrenswert findet, und Sie sagen ihm: *«Seit Jahren bist du nicht mehr erregt, wenn ich dich berühre!»* Oder Sie betteln: *«Du liebst mich ja gar nicht mehr!»* Alles Wünsche, die beim besten Willen unerfüllbar sind. Niemand kann etwas fühlen oder geben *«von innen heraus»*, wenn es von außen gewünscht, gefordert oder gar befohlen wird. Solche Ansinnen sind verwirrend und paradox.

Er «sollte» spontan sein – aber wie?

Ihre sexuellen Bedürfnisse bleiben auch unbefriedigt, weil sie negativ formuliert sind. *«Es törnt mich ab, wenn du mir immer stracks an die Brüste langst.»* Oder: *«Du weißt doch, dass mich unser Blümchensex langsam anödet!»* Was kann Ihre Partnerin damit anfangen, wenn sie weiß, was Sie *nicht* mögen? Gar nichts! Sie wird unsicher, kommt sich zurückgestoßen vor und verletzt, bloßgestellt und abgewertet. Und Sie darben derweil weiter.

Mehr Scharfsinniges zu dieser «Spontan-Paradoxie» in Watzlawick/Weakland/Fisch: Lösungen. Bern: Huber 1974.

Ist Ihr Ehefrust schon ziemlich bitter, stoßen Sie Ihre erdrückten Sehnsüchte und Bedürfnisse nur noch in Form von Vorwürfen aus. *«Als Erstes markierst du immer den stänkernden Saubermacho, wenn du zur Tür hereinkommst! Unmöglich!»* Fast unmöglich, hinter dem giftigen Anpfiff Ihren Herzenswunsch auszumachen: *«Ich möchte so gern, dass du mich zur Begrüßung jeweils ein paar Atemzüge lang in deine Arme schließt.»*

Ihr Wunsch, Unerwünschtes beim anderen zu stoppen, ist unerfüllbar.

Jeder Vorwurf ist ein anscheinend unerfüllbarer Wunsch, ein (noch) nicht zustellbarer Bittbrief.

Jammern bringt's nicht. *«Ich mach sowieso alles falsch! Meine Bedürfnisse zählen nicht, alle werden sie abgeschmettert.»* Bevor Sie ins Lamentieren verfallen, überprüfen Sie bitte erst mal Ihre Wunschliste. Sind Ihre Wünsche konkret, realistisch (das heißt

Diffuse Unzufriedenheit ist der Treibstoff, der konkrete Änderung in Gang setzen kann.

der Realität Ihres Partners und Ihrer eigenen angepasst), positiv (wissen Sie wirklich genau, was Sie möchten?), freundlich formuliert und flexibel (Sie sollten sich auf Verhandlungen mit dem anderen einlassen können)?

Verwandeln Sie Ihre sexuellen Bedürfnisse in verhandelbare Anliegen. Modeln Sie Ihre erotischen Wünsche so lange um, bis sie erfüllbar sind.

Wie man das macht, möchten Sie wissen? Es ist möglicherweise einfacher, als Sie denken. Fragen Sie Ihre Partnerin! Fragen Sie sie, ob sie Ihnen einen bestimmten Herzens- oder Fleischeswunsch erfüllen kann. Wenn's nicht geht, geben Sie nicht gleich auf. Fragen Sie, ob vielleicht ein Teil Ihres Wunsches erfüllbar ist. Möglicherweise wäre auch ein fairer Tauschhandel denkbar: Du gibst mir das, ich geb dir jenes! Sie können sicher sein, dass Ihr Partner auch Anliegen an Sie hat; es brauchen nicht unbedingt erotische zu sein. Hauptsache, das Gleichgewicht stimmt für beide. Verhandeln Sie liebevoll & zäh! Und nie ganz todernst. Schließlich sind Sie ein umgänglicher Mensch und finden sonst im Zusammenleben fast immer Lösungen & Kompromisse, wenn es darum geht, es miteinander gut zu haben, indem Sie sich auf Lustbarkeiten, Vergnügliches & Erholsames einigen, oder?

Wie fragen? Lesen Sie ab Seite 117.

Wörter leisten Ihnen unersetzliche Dienste beim Wünschen, Aushandeln Tauschen.

Wunschbox

Spielen Sie mit Ihren Wünschen!

Eine Idee: Sie brauchen eine bauchige gläserne Vase, zwei Zettelstöße in zwei verschiedenen Farben, zwei Bleistifte und ein wenig spielerische Verwegenheit. Gehen Sie zwei, drei Wochen lang schwanger mit Ihren ungeborenen erotischen Wünschen & Wunschphantasien. Notieren Sie jeden einzelnen Wunschblitz auf einen Zettel Ihrer Farbe und werfen Sie Ihre kleine wollüstige Inspiration zusammengefaltet in die Vase. Wenn Sie beide ein paar Wochen lang dranbleiben, können Sie Ihre erotische Wunschbox spielend zu zwei Dritteln füllen, schätze ich. Auf Ihren Zetteln könnten Sehnsuchtsfetzen stehen wie:

Wunschboxtaugliche Wünsche sind konkret	→ «Einander beim Wichsen zuschauen – nur zuschauen, sonst gar nichts!»
... innig	→ «Dich von oben bis unten abschnuppern.»
... witzig	→ «Einen ganzen Tag sinnlos im Bett lümmeln.»
... längst fällig	→ «Du streichelst mich anderthalb Stunden lang, garantiert koitusfrei, an diesem Abend.»
... nostalgisch	→ «Wir füßeln wieder einmal unter dem Tisch eines vornehmen Restaurants. Als erotische Erlebnisgastronomie.»
... verwegen	→ «Ich rufe dich mitten am Morgen an, wir geilen uns gegenseitig auf mit Telefonsex und hängen erst ein, wenn der Schnellere von uns beiden gekommen ist.»
... sehnsüchtig	→ «Einmal küssen, küssen, küssen und sonst nichts. Ganz lange!»
... voyeuristisch	→ «Montiere mir einen großen Spiegel, bitte! Ich möchte uns genau sehen.»
... oder unanständig	→ «Wir gehen miteinander aus. Ohne Unterwäsche.»

web 28 10 weitere Wunschbox-Wünsche

Vorgefertigte Wunschbox zum Kaufen: Elke Jacobsen: 101 Nacht. Lustvolle Phantasien für sie und ihn. Bern: Scherz, 1999

Ist Ihnen aufgefallen, dass die meisten dieser Wunschbeispiele darauf hinauslaufen, dass ein Partner aktiv und der andere passiv ist? Einer macht etwas mit dem anderen, der sich ihm hingibt und es genießt. Diese entscheidende Erweiterung des erotischen Spielraums ist nur möglich mit Hilfe der Sprache. Sprachlose Paare halten sich gegenseitig eng: Ihnen bleibt nicht sehr viel anderes übrig, als gleichzeitig aneinander herumzumachen. Wie sich die beiden dabei genüsslich auf ihre eigenen Empfindungen konzentrieren können, ist mir ein Rätsel. Wie wollen Sie sich voll & breit hingeben, wenn Sie gleichzeitig damit beschäftigt sind, Ihren Partner (nach allen

Regeln der Kunst!) zu erregen? Und umgekehrt: Wie können Sie Ihre Partnerin so berühren mit Haut & Haar, Haut & Schleimhaut, so präzis & kunstvoll, wie sie sich das wünscht, während Sie doch gleichzeitig abgelenkt sind von ihren Bemühungen, Ihnen das anzutun, was sie meint, sei aufregend für Sie? Nach meinen Schätzungen können Sie beide höchstens 50 Prozent Ihrer Aufmerksamkeit und Lust aufs Mal für die beiden Anliegen aufbringen. Mit 50 Prozent sind Sie nur halb so aufmerksam, nur halb so lüstern, wie Sie sein könnten. Erregung können Sie schenken wie Rosen – natürlich auch wenn Sie selbst nicht erregt sind. Es genügt, dass das Geschenk von Herzen kommt und das Schenken Ihnen Freude macht.

Vergleichsweise zahme Wünsche auf Karten – einfach aufs Kopfkissen legen und warten, was passiert!

Ganz anders, wenn Sie sich darauf einigen können, dass sich einer von Ihnen dem anderen voll hingibt – und vielleicht anschließend umgekehrt. Da brauchen Sie nicht beide dauernd erregt zu sein, knistern muss es auch nicht, und es ist überhaupt nicht notwendig, dass Ihre erotischen Bedürfnisse voll kompatibel sind. Wenn Sie einander Ihre Wünsche genau mitteilen, können Sie sie vermutlich auch gegenseitig zufrieden stellen.

Merkwürdige Hemmung, der Lust des anderen zuzuschauen… Kommt das lächerliche Ideal vom Synchron-Orgasmus aus dieser Beklemmnis?

Und jetzt? Was machen Sie mit der gefüllten Wunschbox? – Spielen natürlich, was denn sonst? Das Spiel könnte zum Beispiel so laufen, dass Sie beide jeden Abend einen Zettel mit der Farbe des anderen ziehen dürfen. Nein, halt! Jetzt machen Sie sich mitnichten an die Umsetzung des Wunsches, mit dem Sie konfrontiert sind! Bei diesem Spiel geht es überhaupt nicht darum, dass Sie neue «Praktiken» und «Abwechslung» in Ihren sexuellen Menüplan einführen. Das kommt später, viel später. Vielleicht. Wenn Sie beide das wollen.

Vielleicht finden Sie auch andere Spielvarianten.

Im Moment experimentieren Sie mit dem begehrlichen Rohstoff der Sprache. Sie fassen sich ein Herz und kleiden Ihre bisher unter Verschluss gehaltenen Wunschphantasien in Worte und geben diese von sich. Unter dem Schutz der Spielregel, dass die Wünsche Wünsche bleiben und nicht in die harte Währung der Realität umgewechselt werden dürfen, machen Sie neue Erfahrungen: Sie beschäftigen sich hingebungs-

«Die ganze Natur ist Sprache, die Blume ist ein Wort, ein Ausdruck, ein Seufzer ihrer vollen Brust.»
Bettina von Arnim

voll mit Ihren Wünschen und lernen sie dabei genauer kennen; Sie üben sich im Hantieren mit erotischen Wörtern, um Ihre Bedürfnisse nach draußen zu bringen. Und Sie erleben Ihren Partner, wie er dasselbe tut wie Sie. Sie bekommen mit, wer er ist als Mann oder Frau und was ihn sexuell bewegt und auf Trab hält.

Risiken der Offenheit

Wenn Sie sich nicht von irgendeiner verschwommenen Fata Morgana nasführen lassen, werden Sie Ihre Wünsche realistisch, konkret und positiv formulieren. Sie ziehen sie aus der Vase und sehen, dass solche Wünsche keimfähig sind; sie vermögen neues Leben in Ihrer Sexualität zu erzeugen – ganz im Unterschied zu stummem Leiden oder bitterem Vorwurf.

«Die Erfüllung eines Wunsches befriedigt nur dann voll, wenn das Äußerste für seine Verwirklichung geleistet werden musste.»
Heinrich Waggerl

Sie könnten sich also einander etwas ausführlicher erzählen von den erotischen Bedürfnissen, die sich um den gezogenen sexuellen Wunsch herumranken. Beschreiben Sie sich Ihre inneren Bilder und steilen Szenen dazu, befragen Sie einander, hören Sie einander haargenau zu, spinnen Sie den Faden gemeinsam weiter. – Wird Ihnen leicht mulmig bei der Idee? Können Sie sich nicht recht vorstellen, Ihre inneren, womöglich innersten Wünsche offen zu legen, die bisher das Licht des Tages noch nie gesehen haben?

Wünsche zeigen bis hart an die Schamgrenze – aufregend! Und absturzgefährdet.

Sie haben Recht: Sie sollten sich nicht Hals über Kopf in ein Abenteuer stürzen. Wenn Sie immer wieder mit Vertrauensproblemen zu tun haben, seien sie akut oder schwelend, tun Sie gut daran, äußerst mild zu Werk zu gehen und sorgfältig abzutasten, wie weit Sie gehen können mit Ihrer Offenheit. Manche Menschen haben Mühe, Phantasie und Realität auseinander zu halten; sie sind sehr druckempfindlich. Schwer verdauliche Erfahrungen im ehelichen Bett machen das verständlich.

Klemmt's?

Sie haben Mühe, Ihre sexuellen Bedürfnisse und Wünsche zu zeigen? Trifft einer oder mehrere der folgenden Sätze auf Sie zu?

Kreuzen Sie an, was Ihnen bekannt vorkommt.

- ❑ «Ich schäme mich.»
- ❑ «Ich möchte den Partner auf keinen Fall verletzen.»
- ❑ «Ich soll sagen, was ich mir im Bett wünsche? Nein, da hätte ich Angst, er würde es nur machen, weil ich es gewünscht habe.»
- ❑ «Ich möchte niemals Druck auf sie machen!»
- ❑ «Ich fürchte, es gibt wieder Krach.»
- ❑ «Wahrscheinlich würde er mich zurückweisen.»
- ❑ «Das ist mir ganz fremd. Bisher habe ich nur darauf geachtet, dass sie auf ihre Rechnung kam.»
- ❑ ....
  ....

Die Liste könnte auch Anstoß für einen gemeinsamen Forschungs-Trip sein.

Krach gibt's, wenn keiner da ist, der zuhört.

Eine weitere Schwierigkeit?

web 29 10 andere Hemmnisse

Angst? Hemmungen? Scham? Ungemütliche Phantasien? Resignierte Erwartungen? – Wohin damit? Glasklar: Eigentlich wäre in der gläsernen Vase Platz für diese Dinge, die darauf drängen, ausgesprochen zu werden. Und natürlich möchten sie sich Gehör verschaffen. Denn Wünsche und Sehnsüchte stauen sich hinter einem Angst- oder Schampfropf, und im Stau zu stehen ist nicht ihre edelste Bestimmung. Sexuelle Bedürfnisse, die den Weg an die frische Luft finden, haben das Zeug, sich zum Auftrieb für eine intime Körperlichkeit zu entwickeln.

Aber Achtung! Sie selbst sind nicht aus Glas! Einen Teil Ihres Inneren geben Sie (noch) nicht preis. Sie entscheiden, welchen.

Versuchen Sie's! Mischen Sie den einen oder anderen Ihrer Pfropfe – nicht alle! – unter Ihre Wünsche in der Glasvase und geben Sie ihnen eine Chance, sichtbar und öffentlich zu werden. Laden Sie Ihren Partner ein, dasselbe zu tun.

Tabuschutz

Doch Vorsicht! Wünsche werden nicht umso lustwirksamer, je offener sie ausgebreitet werden. Erinnern Sie sich an die erste Blütezeit Ihrer Sexualität? In Ihrer verzückten Redseligkeit machten Sie es einander leicht, geheimnissteigernd zu reden: in vieldeutigen Andeutungen, mit metaphorischen Hinweisen, auf poetischen Fährten. Die Alternative zu dumpfer Sprachlosigkeit kann also nicht die naive Geschwätzigkeit sein. Verplappern Sie sich nicht! Entscheiden Sie frei und mit schelmischer Freude, was Sie sagen wollen und was nicht. *Sie* bestimmen die Grenzen Ihrer innersten Intimsphäre, nicht Ihre Unfähigkeit, mit Ihren Wünschen herauszukommen.

«Sexuelles wird erst durch Phantasie und Geheimnis möglich.» Holger Schenk in: Individuelle Lust. Gegen die Macht des definierten Sex. München: dtv 1999

Wenn Sie also einen sexuellen Wunsch herausbringen, tanzen Sie genussvoll auf zwei Hochzeiten. Sie sagen zum Beispiel: *«Zu gerne möchte ich, dass du mir einmal genau und aus der Nähe beim Onanieren zuschaust.»* Gleichzeitig halten Sie jenen Hintergrund an zutiefst persönlichen scharfen Erinnerungen, Bildern, Szenen, Sehnsüchten und «perversen» Vorstellungen zurück, den Sie nicht veröffentlichen wollen. Er gehört Ihnen allein, und Sie entscheiden, wo Sie die Tabugrenze ziehen wollen. Ohne Tabu & Geheimnis gibt es keine Aufregung im Bett.

Bei Ihrem Grenzschutz haben Sie eine zuverlässige Verbündete: die Scham. Wann immer sie sich meldet, wird es im besten Wortsinn *heiß*. Jetzt wissen Sie, dass Sie ganz nahe an Ihrem Eigentlichen, Intimsten sind – schützenswertes Territorium! Und dass entlang der Schamgrenze (nicht darüber hinaus!) Lust und Erregung am liebsten fließen.

«Die Scham existiert überall, wo es ein ‹Mysterium› gibt.» Nietzsche

Vier Spielregeln fürs Spiel mit Wünschen

web 30 Exkurs übers Doppelbett & seine Bestimmung

❶ Formulieren Sie Ihre Wünsche positiv und konkret

Am besten verstärken Sie das, was Ihren Bedürfnissen bereits entspricht: *«Du greifst mir wunderbar in meine Haare!»*, und Ihre Wünsche werden mehr und mehr erfüllt. – Sie können aber auch direkt wünschen: *«Pack mich fest an beiden Arschbacken! Das macht mich ganz schwach!»*. Verlautete Wünsche sind eine intime Spielart des Liebesspiels – oraler Sex vom Feinsten! Wenn Ihre Wünsche notorisch weit auseinander klaffen, macht es wenig Sinn, im Bett zu wünschen: *«Ich möchte, dass du mich jetzt ans Bett fesselst und gehörig klatschst, mit der nackten Hand – bis ich ‹Stopp!› rufe.»*

Differenzen handeln Sie besser außerhalb des Bettes aus.

❷ Nehmen Sie Wörter zu Hilfe, wenn Sie zeigen, was Sie sich wünschen

Genau genommen ist es nicht möglich, stumm etwas zu zeigen, was Sie sich wünschen; Sie sind auf Sprache angewiesen, mindestens um klarzumachen, dass Sie jetzt etwas zeigen wollen. Beispiel: Wie Ihre Klitoris behandelt werden möchte, lässt sich weder mit Gesten noch mit Worten allein übermitteln. Also zeigen und kommentieren Sie gleichzeitig, bis Sie sicher sind, dass Sie genau verstanden worden sind.

Es funktioniert nicht? – Machen Sie es außerhalb des Bettes zum Thema!

❸ Benützen Sie Wörter als Notbremse

Wenn Ihnen im Bett etwas widerfährt, was Sie nicht, gar nicht wollen, wehren Sie sich immer, auch verbal. Macht zum Beispiel jemand Anstalten, Sex mit Ihnen zu machen, während Sie keine Lust darauf haben, entwinden Sie sich nicht bloß, klopfen Sie dem anderen nicht wortlos auf die Finger, laufen Sie nicht einfach stumm davon. Erklären Sie sich unmissverständlich! Sexuelle Selbstbestimmung muss Ihnen immer erster und oberster Wunsch sein, und Ihrem Partner selbstverständlicher und strikter Befehl. Und vergessen Sie nicht: Auf einen solchen Zwischenfall müssen Sie unbedingt ohne Wenn & Aber und ausführlich zurückkommen, ein wenig später: aufrecht, angezogen & wach!

Wörter sind Macht.

Ziehen Sie die verbale Notbremse auch, wenn der andere Ihnen wehtut, aus Versehen oder Ungeschicklichkeit: Mit einem freundlichen *«Machst du mich etwas nass?»* oder *«Etwas Spucke täte jetzt meiner Ritze wohl!»* reagieren Sie zweckmäßiger als mit verkniffenem Vor-sich-Hinleiden oder unvermitteltem Aussteigen.

«Aua!» – eine eher knappe verbale Äußerung! Immerhin besser als gar nichts …

❹ Sperren Sie Ihre Wünsche nicht ins Eheghetto

Unausgesprochene gesellschaftliche Regeln sehen vor, dass über die persönliche Sexualität geschwiegen werden muss, innerhalb der Beziehung und außerhalb erst recht. Die Nachrichtensperre gegen außen hat zur Folge, dass Sie jedes Augenmaß fürs erotische Leben verlieren und mit der Zeit gänzlich isoliert und einsam sind mit allem, was Sie bewegt als Frau, als Mann. Ihre erotischen Themen gehen langsam ein, Ihre sexuellen Sehnsüchte verstummen allmählich, wenn Sie sie lange genug nicht in den Mund nehmen; oder Sie werden mehr und mehr unsicher, weil Sie mit niemandem austauschen, sich freuen, klagen, vergleichen, relativieren, hoffentlich auch drüber lachen können, nötigenfalls. Es stimmt nicht, dass jeder Draht zur Außenwelt Verrat, Meuterei oder der Anfang vom Ende der Ehe ist. Was für eine düstere Idee! In Wirklichkeit ist Ihre Sexualität, einem hundertprozentig vertrauenswürdigen Menschen beherzt geschildert, eines der bewegendsten Themen, die Sie zu bieten haben. Und eine willkommene Klärungshilfe kann's auch noch sein für Sie.

Die beste Adresse: eine (vermutlich gleichgeschlechtliche) Freundschaft.

6 Sexuelle Initiative

Die Kunst des Einfädelns

Nehmen wir an, die klimatischen Bedingungen in Ihrer Beziehung seien im Moment nicht gerade aussichtslos für Sex. Sie sind scharf oder ziemlich scharf, manchmal, zumindest aber nicht abgeneigt, dass etwas läuft zwischen Ihnen beiden. Aus jahrelanger Erfahrung wissen Sie: Von Ihrem Partner können Sie den Anstoß nicht erwarten, Sie harren vergeblich. Vielleicht ist es schlicht und einfach so, dass Sie begabter sind als er, eine sexuelle Initiative zu ergreifen. Außer Frust und Ärger bringt Ihnen das Warten und Erwarten nicht viel Neues – abgesehen von der immer wieder neu bestätigten Feststellung *«Mist! Immer muss ich! Ich könnte grau werden, bis er mal käme!»* Was haben Sie von Ihrem Grimm? Genießen Sie die schmollende Rolle des grollenden Sex-Märtyrers? Zugegeben: Eine gewisse Befriedigung mag es Ihnen bringen, den anderen mit einer Mischung aus Verzweiflung und Verachtung als den Vertrockneten und Verstockten und sich selbst als den Gesunden und mit geschmeidiger Potenz Gesegneten zu sehen. Das Ganze womöglich stockstumm. Wenn Sie damit zufrieden sind – ja dann!

Herrscht bei Ihnen ein arktisches Beziehungs-Klima? Lesen Sie erst «Klima & Intimität» Seite 11.

Doch überlegen Sie: Auch wenn Sie jahrelang zusammen sind, kennen Sie den anderen wohl nicht halb so gut, wie Sie glauben. Vermutlich wissen Sie nicht wirklich, warum er sich zurückhält und Sie nicht anpeilt, selbst wenn die Großwetterlage Sex zulassen würde. Vielleicht hat er genauso viel Angst,

Wenn Ihr gegenseitiger Informationsstand niedrig und Ihre Unsicherheit hoch sind, kümmern Sie sich mit Vorteil zu zweit um Veränderung.

abgewiesen zu werden, wie Sie. Oder er fürchtet, dass er wortlos für ein drohendes Sex-Debakel verantwortlich gemacht würde, das er selbst angezettelt hätte. Es könnte auch sein, dass Sie aus seiner Sicht noch schwieriger zugänglich sind als er für Sie, intim zugänglich, meine ich. Wetten, Sie haben ihn derlei noch nie gefragt, ganz direkt! – Sehen Sie!

Wie's andere machen

«Wer den Anfang macht, ist ein Störenfried; denn er stört die Einsamkeit.» Pascal Bruckner/ Alain Finckielkraut

Sie fühlen sich erwachsener, wenn Sie Ihr Schicksal in die eigenen Hände nehmen, selbst auf die Gefahr hin, dass Sie ins Leere greifen. Schlappen gehören zu einem lebendigen Beziehungsleben, scheint es. Außer bei den siamesischen Zwillingen vielleicht, die können keine eigenständigen Fehler machen. Das Schlimmste, was Ihr Vorstoß Ihnen bescheren kann, ist ein Nein. Schlimm? Sehr schlimm? Immerhin hängen Ihre Erfolgschancen zu einem Teil auch von der Qualität Ihrer Initiative ab. Und vielleicht lässt die sich aufbessern.

Alles ergiebige Themen für einen Austausch unter vier Augen. Aber Sie wissen: nicht im Bett!

Überlegen Sie: Welche Erfahrungen machen Sie gewöhnlich mit Ihren nicht-verbalen sexuellen Initiativen? Ist Ihnen wohl dabei, wenn Sie wortlos Sex anzuzetteln versuchen? Fühlen Sie sich unsicher? Ängstlich? Schämen Sie sich Ihrer Bedürftigkeit und beschränken sich darum auf vage Andeutungen? Genießen Sie die aufregende Ungewissheit, das spielerische kleine Abenteuer dabei? Oder fehlen Ihnen einfach die passenden Worte, um sich klar und unmissverständlich, aber auch erotisch verlockend auszudrücken? Fürchten Sie, mit ungeschickten direkten Avancen danebenzuhauen und alles zu verderben? Sind Sie überzeugt, dass eine sexuelle Initiative wertvoller oder echter ist, wenn Worte dabei überflüssig sind? Spielten sich die sexuellen Vorstöße in Ihrer Beziehungsgeschichte immer so ab wie heute? Was hat sich verändert?

Nicht-verbale Initiativen

Kreuzen Sie Initiativen an, die Sie in dieser Form auch schon ergriffen haben.

- ❏ Den Hundeblick ausfahren.
- ❏ Wochen- oder monatelang zäh warten, bis (damit) der andere kommt.
- ❏ Je länger, je übellauniger werden.
- ❏ Harmloses Schmusen kommentarlos in Schleimhautkontakt übergehen lassen.
- ❏ Die Jalousien herunterlassen.
- ❏ Gezielt duschen oder rasieren, sodass es der andere merken muss.
- ❏ Jeden Samstagmorgen einfach anfangen.
- ❏ Tagsüber betont liebevoll und demonstrativ brav sein.
- ❏ Je eine Kerze auf beide Nachttischchen stellen und anzünden.
- ❏ ....

Gewagtes Unternehmen: Knöpfen Sie sich die Liste gemeinsam vor, als Paar.

Machen Sie es anders? – Notieren Sie!

web 31 10 weitere Stummfilm-Initiativen

Als Erstes können Sie sich eine Auswahl weit verbreiteter und beliebter Vorstoßformen vornehmen.

Gestandene Paare entwickeln manchmal erstaunliche erotische Startrituale, die sie über Jahrzehnte beibehalten – sogar während dicken Krisen:

Kennen Sie auch solche hilfreichen Spiele? Fragen Sie Ihren Partner.

→ **Ernst**, 49 Jahre verheiratet, teilt seiner **Kathi** seine sexuellen Gelüste immer auf einem der Spaziergänge mit, die sie häufig Hand in Hand miteinander machen. Er kitzelt sie ganz fein an ihrer Handinnenfläche. Wenn sie nicht zurückkitzelt, ist sie für Sex nicht zu haben. Eine verbale Absage ist nicht nötig.

Erkundigen Sie sich auch bei Ihren Freundinnen und Freunden: Wie machen die das in ihren Beziehungen, um an Sex heranzukommen?

→ **Robert & Lisa**, 38 Jahre verheiratet, machen es mit Pfeifen. Wer Lust auf Sex hat, pfeift ein Liedchen vor sich hin. Der andere hat die Möglichkeit, das Pfeifen zu «überhören», ohne ausdrücklich ablehnen zu müssen. Wenn er zustimmen möchte, spitzt er seine Lippen ebenfalls zu einem selbstvergessenen Pfeifen.

→ **Alexander & Silvia**, 15 Jahre verheiratet, kommen nur auf dem Umweg über ein Wannenbad zu Sex-Wonnen. Und so wird's gemacht: Silvia sagt: «Ich nehme jetzt ein Bad.» Alexander kann sich entscheiden, ob er mit ihr ins Wasser steigen will. Wenn er's tut, ist ausschlaggebend, dass Silvia ihn einlädt, sich hinter ihr in die Wanne zu setzen: Das bedeutet zuverlässig, dass sie sexuell zugänglich ist. Weist sie ihm hingegen einen Platz vis-à-vis von sich zu, wird nie etwas aus Sex. Dann möchte sie reden mit ihm.

Vielleicht gefällt Ihnen eins der Einstiegsspiele. Haben Sie ein eigenes in petto? Schlagen Sie es Ihrer Partnerin vor?

→ **Pirmin & Sandra**, 12 Jahre verheiratet, machen häufig ein gemeinsames Mittagsnickerchen. Nachher sagt derjenige, der an Sex interessiert ist: «So, wir müssen jetzt aufstehen» und reckt und streckt sich. Wenn der andere auch den Vogel zwitschern lassen möchte, sagt er: «Ja. Es ist Zeit …» Verspürt er hingegen keine fleischliche Lust, steht er wirklich auf.

Das Beeindruckende an den vier Geschichten ist, dass die Verständigung missverständnisfrei funktioniert. Die Verhandlungen und die Entscheidung über die heikle Frage, wer Sex wie in Gang setzt, finden statt, ohne dass je wirklich über das Heikle gesprochen werden müsste.

Könnten Sie auch so etwas Praktisches erfinden?

Die Initiative des einen und die Zustimmung oder die Ablehnung des anderen gehen glatt über die Bühne, und keiner läuft Gefahr, das Gesicht zu verlieren oder verletzt zu werden.

Wenn ich die Paare frage, wie sie zu dem Ritual gekommen sind, bin ich erst recht verblüfft: Sie wissen es nicht. *«Es hat sich im Lauf der Jahre so ergeben»*, sagen sie mir achselzuckend. Sie haben es nicht am grünen Tisch erarbeitet, auf seine Alltagstauglichkeit geprüft und schließlich sorgfältig gepflegt und am Leben erhalten. Es ist gewissermaßen der unbegreifliche Lohn ihres Engagements und ihrer Treue. Ein Geschenk also, mit dem man nicht rechnen kann; das haben Geschenke so an sich.

Lieber selbermachen als warten & grübeln.

Es ist nämlich eine populäre Illusion, unentwegt darauf zu hoffen, dass sich eine solche praktische Brücke irgend einmal *«ergeben»* wird. Was sich gewöhnlich von selbst ergibt, ist der Verfall.

Sprache ist womöglich Ihre erogenste Zone.

Wörter zu Hilfe nehmen

Wenn Ihnen und Ihrer Partnerin kein geniales Sesam-öffne-dich in den Schoß gefallen und dort geblieben ist, und wenn Sie sich mit Ihren bisherigen nicht-verbalen Initiativen nicht wohl fühlen, könnte es für Sie Gewinn bringend sein, sich in der Wortsprache umzusehen. Dort stehen Ihnen beinah unbegrenzt vielfältige Möglichkeiten zur Verfügung, von der zartesten, vagsten und indirektesten Andeutung über die poetische oder trockene Anfrage bis zur zupackenden oder unumwundenen Aufforderung.

«Worte sind Luft. Aber die Luft wird zum Wind, und der Wind macht die Schiffe segeln.»
Arthur Koestler

Wie ein Schimpanse, nicht ohne Aufwand freilich, lernen kann, mittels eines Steckens Bananen zu ergattern, die außerhalb der Reichweite seiner Arme locken, so können Sie experimentierenderweise und geduldig mit dem Instrumentarium der Wörter an fleischliche Lustbarkeiten heranzukommen versuchen.

Welche dieser Vorstöße könnten von Ihnen sein? Kreuzen Sie an. Welche gefallen Ihnen? Kreisen Sie ein. Notieren Sie die zwei attraktivsten Initiativen. Und die zwei größten Nieten.

Sätze zum Einfädeln

- ❑ «Ich geh schon mal nach oben. Kommst du dann auch?»
- ❑ «Heute sind wir früh dran.»
- ❑ «Bist du müde?»
- ❑ «Ein bisschen schmusen wäre schön.»
- ❑ «Ich will mit dir schlafen. Jetzt gleich.»
- ❑ «Du siehst gut aus heute Abend.»
- ❑ «Ich habe Eisfüße. Darf ich sie dir zum Wärmen hinüberstrecken?»
- ❑ «Mhh! Du riechst himmlisch!»
- ❑ «Soll ich dich scharf machen?»
- ❑ «Machst du mit mir ein Höpperli?»
- ❑ «Ich hab die Heizung im Schlafzimmer auf 5 gestellt.»
- ❑ «Ich nehm jetzt eine Dusche.»
- ❑ «Wir sollten wieder mal Sex haben. Was meinst du?»
- ❑ «Heute möchte ich, dass du unten bist und ich oben.»
- ❑ «Ich habe eben unser Bett frisch bezogen. Es riecht wieder wunderbar.»
- ❑ «Wow, heute habe ich kein Kopfweh!»
- ❑ ....

Fotokopieren Sie die unbearbeitete Liste und spielen Sie sie mit Ihrem Partner durch. Vergleichen Sie Ihre Vorlieben.

Wie klingen diese Sätze – ins Ohr geflüstert?

Ihre persönliche Kreation.

web 32 16 weitere wortwörtliche Initiativen

Einladen – keine Hexerei!

Wenn Sie in Ihrem alltäglichen Leben etwas mit einem angenehmen Menschen zu tun haben möchten, laden Sie ihn ein – oder sich selber. Sie fragen ihn: *«Trinkst du mit mir einen Kaffee?»* Oder: *«Könntest du mir nächste Woche deinen Feldstecher leihen?»* Sie würden wohl kaum versuchen, sich zeichensprachlich zu verständigen, etwa indem Sie pantomimische Faxen machen oder mit überlangen sehnsüchtigen Blicken operieren. Sie fragen!

Mit Gewinn lesen Sie zu diesem Thema: Bernie Zilbergeld: Die neue Sexualität der Männer. Tübingen: dgvt-Verlag 1994. Ab Seite 310. Übrigens auch für Frauen!

Sie fragen und hoffen auf die Zusage des anderen. Normalerweise erwarten Sie nicht unbedingt überschwängliche Begeisterung oder hemmungslos leidenschaftliche Zustimmung. Es genügt Ihnen, wenn der andere einwilligt.

Immerhin machen Sie ein wenig Werbung für Ihre Idee. *«Im Feuilleton der ‹Zeit› wurde das Stück in den höchsten Tönen gelobt.»* Oder: *«Etwas Bewegung und Frischluft könnten uns gut tun.»* Aber werden Sie Druck ausüben? – Kaum.

Gewöhnlich haben Sie auch keine sehr präzisen Vorstellungen darüber im Kopf, was jetzt bei diesem Treffen laufen soll. Sie kennen die Gesprächsthemen nicht im Voraus, wollen sie auch gar nicht kennen. Sie wissen nicht, welche Impulse und Vorschläge kommen werden – von Ihnen oder von Ihrem Gegenüber. Es würde Ihnen nicht einfallen, sich strikt an eine Tagesordnung und an fixe Ideen über die «Ergebnisse» Ihres Zusammenseins zu klammern. Sie genießen vielmehr den Charme des Unvorhergesehenen und überlassen sich einem gemeinsamen, im Moment erschaffenen Fluss.

Wie groß ist für Sie der Unterschied zwischen *«Kommst du mit mir in die Stadt?»* und *«Würdest du mir bitte einen abfingern?»*?

Vielleicht lassen Sie sich auch bereitwillig auf Verhandlungen über einen Kompromiss ein. Wenn der andere sagt: *«Ich freue mich, zu dir zu kommen, aber einen ganzen Abend kann ich mir nicht leisten, aus Zeitgründen. Wie wär's, wenn wir uns morgen zu einem kleinen Lunch treffen würden?»*, sind Sie meist auch zufrieden. Bestimmt wären Sie nicht tagelang sauer und vertrotzt, wenn Sie nicht auf Anhieb oder nicht genau zu Ihrem Ziel kämen. Sie würden sich weitgehend anpassen oder es einfach später wieder versuchen.

Das alles können Sie vielleicht in der Sexualität ähnlich machen.

So einfach ist das?

«Alles sollte so einfach wie möglich sein – aber nicht einfacher.»
Albert Einstein

Sie werden einwenden, Ihren Partner zu einer erotischen Lustbarkeit zu bewegen sei ungleich vertrackter als einen angenehmen Menschen erfolgreich zu einem Konzert einzuladen.

Stimmt. Sexualität soll ja auch immer etwas Besonderes bleiben. Mehr noch: Sexualität ist nur so lange lustvoll, wie sie irrational, abgründig & quer ist und sich nicht wie eine alltägliche Verrichtung ausleuchten und verstehen lässt. Dennoch liegt mir daran, dass Sie sich das Unternehmen «sexuelle Initiative» zusätzlich aus einer neuen, etwas unbeschwerteren Perspektive ansehen. Was Sie an sozialen Fertigkeiten besitzen, kann Ihnen sehr wohl zugute kommen, wenn es darum geht, den anderen zu bebalzen.

Sex ist nur bei den Tieren «natürlich». Wir Menschen gestalten ihn. Ob wir's wissen oder nicht. Ob wir wollen oder nicht.

Menschliche Balz – so will es die Evolution – ist, verglichen mit anderen Vögeln, komplexer und verschwommener geworden. Verloren haben wir Menschen die beneidenswerte Instinktsicherheit der Tiere, die alles richtig machen, wenn sie ihren Fortpflanzungstrieb spüren und betreiben. Zweifellos: Kein Moment des Zögerns verunklärt ihre Rollenverteilung. Beide Deckpartner «wissen», was sie zu tun und wie sie zu reagieren haben: immer einigermaßen ähnlich. Wir hingegen haben mehr Freiheit, vermutlich auch mehr Spiel- & Spaß-Möglichkeiten, sicher viel vielfältigere Formen von Intensität & Intimität, vor allem dank unserer Wortsprache – um den Preis vermehrter Unsicherheit. Und verrückt: Diese Unsicherheit stimuliert gleichzeitig Lust & Erregung, ähnlich wie Angst und Scham, wenn sie uns nicht überwältigen.

«Tiefe Lust ist im Geheimnis.» Holger Schenk

Paradoxerweise kommt uns häufig nicht einmal die Erfahrung zu Hilfe: Selbst wenn wir unser Gegenüber zwanzig oder mehr Jahre zu kennen glauben, kann es sein, dass wir je länger, je hilfloser werden bei unseren Versuchen, eine lustvolle Paarung anzustoßen oder auf des anderen Initiative einzusteigen, und vielen länger Verheirateten gelingt das schließlich überhaupt nicht mehr. In unserem gewöhnlichen Leben hingegen lernen wir anhand von Erfahrungen täglich eine Menge dazu und werden klüger in vielerlei Hinsicht.

web 33 Träumen Sie von Verführung?

Nicht so beim Sex. Hier ist es, wie wenn wir uns erst den Mund zukleben und dann verzweifelt zu singen versuchen würden. Wir hintertreiben die Chance selbst, aufregende und befriedigende erotische und sexuelle Erfahrungen zu machen,

Sexualität lässt sich willig mit Hilfe der Sprache gestalten. Doch selten ohne Aufwand.

indem wir uns unsere urmenschlichste Fähigkeit, die Sprache, verkneifen; wir lassen sie auf einem rudimentären Stand ein Schattendasein fristen oder sehen wortlos zu, wie sie mehr und mehr welkt.

Turbo-Wörter!

Sie hingegen liebäugeln ab heute mit dem Know-how-Transfer. Was Sie im Alltag ganz selbstverständlich beherrschen, versuchen Sie jetzt auch in der Sexualität spielen zu lassen: Wenn Sie etwas möchten, fragen Sie künftig, manchmal. Sie laden ausdrücklich ein, ab und zu. Sie klären mit Worten ab, ob Sie selbst eingeladen werden könnten, hin und wieder. Sie starten gelegentlich eine wortwörtliche Initiative, die Ihr Partner weder überhören noch beliebig verstehen oder missverstehen kann, weil sie diffus und vieldeutig ist.

Entdecken Sie die Wortbalz!

Also Sie fragen, Sie laden den anderen ein. Diesmal nicht zu einem Drink oder zu einem gemeinsamen Ausgang, aber Sie machen es ganz ähnlich. Weil die sexuelle Initiative Neuland für Sie ist, tun Sie es versuchsweise. Sie sagen etwa: *«Statt dich zu umschleichen wie die Katze den heißen Brei, frage ich dich zur Abwechslung mal direkt: Ich möchte so gern richtig schön flutschen mit dir. Hilfst du mit?»*

Sollten Sie ungeübt sein mit wortsprachlichen sexuellen Vorstößen, werden Sie die erotische Schubkraft der Wörter deutlich zu spüren bekommen. Erst lassen sich Wortgebilde nur widerstrebend über die Lippen hieven, dann aktivieren sie möglicherweise Ihr vegetatives Nervensystem, wahrnehmbar als Herzklopfen, stockender Atem, beklommener Hals, feuchte Hände.

Menschliche Sexualität ist zwiespältig: Man verbrennt sich die Finger an ihr und gleichzeitig ist sie der Ofen, der meist ausgeht, wenn er nicht angemacht & unterhalten wird.

Schließlich werden Sie auch an der Reaktion Ihres Partners feststellen, dass Sie sich im Moment nicht im Bereich des Smalltalk bewegen. Was Sie sagen, ist stark. Der andere stockt, schaut Sie vielleicht groß an. Eine ausdrückliche Einladung, offen & klar vorgebracht, lädt indes auch ein zu einer offenen

Übungshalber könnten Sie Ihre sexuelle Initiative flockiger gestalten, indem Sie sie vorankündigen. Am Morgen für den Abend beispielsweise. Oder am Telefon.

und klaren Antwort, ebenfalls in typisch menschlicher Wortsprache. Es könnte günstig sein, wenn Sie sich auf eine ausformulierte Abfuhr einstellen, damit Sie sich von ihr nicht umhauen lassen. Wer redet hier von «Abfuhr»? Schließlich ist das ausdrückliche *«Nein!»* nur der Beweis, dass Sie einen Partner haben, der sexuell voll selbstbestimmt ist, Sie haben Glück! Einem Menschen, der im Bedarfsfall nicht *«Nein!»* sagen kann, kann man kein *«Ja!»* mehr glauben.

Sex? – Nein danke!

Es gibt jede Menge Möglichkeiten, eine sexuelle Initiative abzuweisen. Sehen Sie sich die folgende kleine Auswahl an.

Eine sexuelle Absage ist nicht ganz leicht einzustecken, besonders nicht, wenn sie stumm-verkniffen daherkommt oder

Welche ablehnenden Reaktionen kennen Sie aus eigener Beziehungs-Erfahrung? Kreuzen Sie an.

Welche möchten Sie in Ihr persönliches Repertoire aufnehmen? Kreisen Sie ein.

Sie sind unbedingt auf brauchbare Absage-Formeln angewiesen. Oder soll in Ihrer Beziehung etwa nur das «Ja!» erlaubt sein?

- ❑ «Keine Lust!»
- ❑ «Hast du nichts anderes im Kopf?»
- ❑ «O ja, aber vorher duschen wir beide, gell!»
- ❑ *(Seufz):* «Dann halt … wenn's dir gut tut.»
- ❑ «Mal sehen, ob du mich in Fahrt bringen kannst.»
- ❑ «Nur wenn du mich am Samstagabend zu Peter gehen lässt.»
- ❑ «Du stinkst.»
- ❑ «Ich habe die Periode. *(Lacht):* Ah, du bist ein Armer!»
- ❑ «Ich bin heute nicht in Form, aber ich hol dir dafür einen runter.»
- ❑ «Kannst mich mal, nach dem, was du mir heute Morgen an den Kopf geschmissen hast.»
- ❑ «Ich bin viel zu müde.»
- ❑ «Ich kann einfach nicht …»
- ❑ ....

web 34 13 weitere Rückzieher

in unzweideutigen Worten formuliert ist (*«Keine Lust!»* oder *«Lass mich in Ruhe!»*). Sie kann weh tun, sogar ziemlich verletzen, weil Sexualität immer nahe geht, meist sogar unter die Haut. Überall wo Sex ist, lauert jederzeit die Scham, als ob sie dessen Schatten wäre. Andererseits ist eine Zurückweisung auch keine Katastrophe. Jeder sexuell interessierte Mensch erlebt das x-mal in seinem Leben. Sie wissen also, dass Sie es überleben werden.

Zurückweisung ist genauso schwierig auszudrücken wie zu hören.

Bei Licht betrachtet, werden nicht Sie persönlich abgewiesen, sondern Ihr Ansinnen. Und das auch nur im Moment. Morgen oder übermorgen kann es wieder ganz anders sein. Schließlich sind Sie selbst auch froh, dass Sie mal ablehnen können, wenn Ihnen nicht danach ist, ohne dass des anderen halbe Welt einstürzt. Zwei sexuell selbstbestimmte Leute geben ein beneidenswertes Paar ab! Ein Paar, das sich erlaubt, in einer Atmosphäre von spielerischer Freiheit und freiem Spielraum miteinander zu leben. Kurz: Sie haben mehr vom (Zusammen-)Leben, wenn Sie die Fähigkeit ausbilden, eine sexuelle Zurückweisung einzustecken. Wahrscheinlich verpassen Sie eine Menge, wenn Sie um jeden Preis und in allererster Linie ein *«Njet!»* vermeiden wollen.

«Schamhaftigkeit steht jedem gut; aber man muss verstehen, sie zu überwinden, ohne sie zu verlieren.» Montesquieu

Liebe kann ohne Freiheit nicht überleben.

Und was ist nach dem Nein?

Angenommen, der andere lehnt Ihre Einladung ab: Die Welt dreht sich wahrscheinlich weiter. Aber Sie werden bestimmt auf die Ablehnung des anderen reagieren. Selbst wenn Sie sich nicht das Geringste anmerken lassen, haben Sie geantwortet, Sie können nicht anders. Zur Kunst, die sexuelle Initiative zu ergreifen, gehört die Kunst, auf die Zurückweisung des Partners gut zu reagieren. Wenn Sie den zweiten Teil dieser sozialen Doppel-Fertigkeit nicht beherrschen, werden Sie mit Ihren erotischen Vorstößen so schlechte Erfahrungen machen, dass Sie sie mehr und mehr fallen lassen. Und das wär doch schade.

Bringt Sie die Zurückweisung des anderen wirklich um?

Stellen Sie sich vor, der andere beantwortet Ihre verbale sexuelle Initiative mit einem *«Nein!»*

Welche Reaktion könnte die Ihre sein?

Wie würden Sie am liebsten in Zukunft reagieren?

web 35 26 weitere Reaktionen auf eine erotische Fehlanzeige

Reaktionen auf eine Abfuhr

- ❑ «Dann halt nicht.»
- ❑ «Morgen vielleicht? 's wär schön!»
- ❑ «Stimmt irgendetwas nicht?»
- ❑ «Ich weiß, dass ich dir zu dick bin.»
- ❑ «Dann könnten wir doch ein wenig kuscheln, oder?»
- ❑ «Liebst du mich überhaupt noch?»
- ❑ «Ja, aber so kommen wir doch ganz aus der Übung!»
- ❑ *Tun, als wär gar nichts. Thema abrupt wechseln.*
- ❑ «Frigide Tante!»
- ❑ «Hilfst du mir dafür beim Selbermachen?»
- ❑ ....

Überraschenderweise ist aber auch nicht jede Zusage ein Ohrenschmaus. Ein in die offene Zeitung gebrabbeltes, abwesendes *«Warum nicht?»*, ein knappes *«Wie du meinst…»* oder *«Mach mal!»* kühlen Sie vielleicht mehr ab als eine klare Absage. Dies besonders, wenn Sie erwarten, dass der andere stets in lichterlohen Jubel ausbrechen müsste, sobald Sie ihn anmachen; oder wenn Sie ihm zu verstehen geben, dass Sie nichts akzeptieren, was weniger ist als eine begeisterte Akklamation.

«Nach den Sternen schaue unbesorgt, aber achte auf den Rinnstein.» Heinrich Waggerl

Natürlich ist das nicht realistisch. In einer lang dauernden Beziehung können Sie Ihre möglichen sexuellen Höhenflüge mit unmöglichen Erwartungen mühelos zum Absturz bringen. Die Idee vom verfassungsmäßigen, wenn nicht naturgesetzlichen oder göttlichen Recht auf vollautomatische sexuelle Grundversorgung in der Ehe sitzt zwar tief in vielen schwer zugänglichen hinteren Hirnwindungen – vor allem von Männern, sie ist aber genauso steinzeitlich und destruktiv wie noch immer weit verbreitet.

Sie beweisen Format, indem Sie die Absage Ihres Partners ohne Zögern und vorbehaltlos akzeptieren. Ein andermal handeln Sie klug, wenn Sie die sachliche, kühle Zustimmung des anderen als vollgültige Zustimmung nehmen. Möglich, dass er nicht von Anfang an so geil und spitz ist auf Sex wie Sie und sich dann doch gern von Ihrem Schwung mitbewegen lässt.

Also starten Sie eine Werbeaktion! Dem anderen eine scharfkantige Forderung an den Kopf zu knallen oder ihn mit einem jammerlappigen Hilferuf unter Druck zu setzen dürfte wenig werbewirksam sein – es sei denn, Sie machen es spielerisch, und er versteht Ihren Spaß richtig, weil er Sie kennt – und liebt. Tonfall, Mimik und Gestik spielen bei Ihrer Einladung überhaupt eine große Rolle, versteht sich. Schmücken Sie also Ihren gescheiten verbalen Vorstoß mit einer charmanten oder verschmitzten nicht-verbalen Garnitur.

Sind Ihre sexuellen Initiativen werbewirksam?

web 36 Wie werben statt drängen?

Alles oder nichts

In vielen Köpfen ist Sexualität = Kopulation. Eine Gleichung, die je länger, je weniger aufgeht.

Wetten, dass Ihre Erfahrungen mit Sex-Werbung in Ihrer Ehe nicht immer die besten sind! Wenn Sie zum Beispiel direkt vorgehen, gelten Sie als plump und schrecken den anderen ab. Wählen Sie aber andeutende, vorsichtige Varianten, setzen Sie sich womöglich dem Verdacht aus, sich manipulativ Sex erschleichen zu wollen. Es sieht also auf den ersten Blick so aus, als ob Sie nicht darum herumkämen, so oder so einiges falsch zu machen oder gar alles.

Sie müssen einräumen, dass Ihre Partnerin vermutlich nicht halluziniert. Wenn Ihre Vorstöße bisher sprachlos vor sich gingen, waren sie eben missverständnisanfällig. Und wenn Sie obendrein noch ein Mann sind, könnte es gut sein, dass Sie wirklich oft, wenn nicht sogar fast immer, unmissverständlich kernigen Sex im Kopf hatten, wenn Sie Ihre Partnerin angemacht haben. Stimmt's? Dann können Sie es ihr nicht verübeln, dass sie lernfähig war und mit der Zeit Ihre begehrlichen Signale allesamt gleich entschlüsselte: *«Aha! Er will wie-*

Wissen Sie genau, was Ihre Partnerin im Kopf hat? Sind Sie ganz sicher?

der Schleimhautsex! Was denn sonst?!» Viele Frauen sind auf die Dauer so nicht mehr entflammbar. Das hat sich inzwischen weit herumgesprochen, doch die meisten Männer glauben noch immer, sie könnten unmöglich gemeint sein …

Mit einer verbalen sexuellen Initiative sind Sie viel besser dran, als wenn Sie mit unklarer Zeichensprache vorlieb nehmen müssen. Stellen Sie sich zum Beispiel vor, Sie sitzen mit dem anderen beim samstagmittäglichen Kaffee. Die Kinder sind weg, und Sie möchten gern. Sie sind aber nicht imstande, ihm klar mit Worten zu sagen, dass Sie möchten, und was. Es bleibt Ihnen also nichts anderes übrig, als es ihm gewissermaßen mit Händen und Füßen zu verstehen zu geben. Sobald Sie nun mit Ihren Berührungen beginnen, werden diese als zielgerichtetes Grabschen verstanden – oder missverstanden – und stoßen auf verständlichen Widerstand. Hände und Füße übermitteln eben vergleichsweise undifferenzierte Botschaften. Vor allem sind sie gänzlich ungeeignet, einmal Erfahrenes und Eingefahrenes zu korrigieren oder richtig zu stellen.

Körpersprache ist gut, und Wörter schaffen Klarheit.

Ganz anders die Wortsprache. Mit ihrer Hilfe können Sie genau formulieren, was Sie möchten. Das kommt Ihnen vor allem dann zugute, wenn Sie tatsächlich auch an anderen sexuellen Begegnungen interessiert sind als an der Standardbegattung. In diesem Fall ist eine sexuelle Initiative nicht einfach eine sexuelle Initiative, das heißt nicht die unfehlbare Initialzündung für einen zwangsläufigen Koitus. Sie ist gemeint als der erste Zug in einem Spiel, dessen Verlauf und Ausgang offen sind.

Kreative Sexualität ist ein Spiel, das jedes Mal von vorn und neu gespielt wird.

Keiner der folgenden sexuellen Eröffnungszüge ist auf eine regelrechte Paarung aus. Und doch ist keine von ihnen saft- und kraftlos. Sie klingen im Gegenteil zum Teil ziemlich direkt und konkret, gewagt sogar. Solche sexuelle Initiativen haben drei große Vorzüge: Erstens sind offen & unverhohlen formulierte Vorstöße erotisch anregend, besonders wenn sie in einer lang dauernden Beziehung als neues, belebendes Element eingeführt werden. Zweitens weiß die eingeladene Person, worauf sie sich einlässt, wenn sie zustimmt. Und drittens kann sie mit

Wörter können scharf sein.

Schluss mit der Alles-oder-nichts-Falle!

Feilschen wie im arabischen Souk!

Eröffnungszüge

❑ «Ich habe Lust, mich von dir streicheln zu lassen, ganz lange und überall – außer in meiner Nasszone. Und ohne dass ich erregt zu werden brauche.»

❑ «Am liebsten möchte ich dir jetzt zuschauen, wie du dir einen runterholst. Sonst nichts.»

❑ «Ich biete dir eine kleine Mundnummer an. Aber du müsstest vollkommen passiv sein – und für heute bleiben. Geht das?»

❑ «Einfach nur schwer auf dir draufliegen und du trägst mich, eine Viertelstunde, ohne alles Fummeln, das wär himmlisch!»

❑ «Ich hätte Lust, dir die Augen zu verbinden und dich mit spannenden Dingen in Atem zu halten. Den ganzen Abend lang.»

❑ «Spitze wär, wenn ich dir jetzt mal genau zeigen dürfte, wie du mich an der Klit aufregend berühren kannst.»

❑ ....

Welches der Angebote würden Sie gern in den Mund nehmen? Setzen Sie ein Kreuz! Welches klingt gut in Ihren Ohren? Kreisen Sie ein!

Vielleicht macht Ihre Partnerin mit bei einem Vergleich Ihrer Vorlieben.

Fragen Sie sie einfach!

web 37 9 weitere Eröffnungszüge

dem Initianten verhandeln, falls sie zwar grundsätzlich auf den Vorschlag eingehen, ihn aber etwas abgeändert haben möchte. Auch dieses Aushandeln kann aufregend sein.

Vielleicht wenden Sie ein, ein solches genau umschriebenes Angebot komme für Sie nicht in Frage. Ihr Partner würde Ihnen nämlich nicht glauben, dass Sie sich wirklich auf das beschränken würden, was Sie angeboten haben. Oder umgekehrt: Sie selbst hätten Zweifel an der Verlässlichkeit des anderen. Sie hätten noch nie erlebt, dass er nicht schließlich doch auf die komplette Sex-Nummer hingearbeitet hätte.

Verträge geben Sicherheit.

Beachten Sie: Ihre Chancen, einem derartigen Frust zu entgehen, steigen wesentlich, wenn Sie klare Abmachungen treffen. Es genügt nicht, dass Sie oder Ihre Partnerin annehmen, die eigenen Wünsche und Erwartungen seien in jeder Situation auch für das Gegenüber verbindlich genug. Oft werden zum Beispiel Anzeichen von Erregung vom Partner als nichtverbale Zustimmung zu einer konventionellen Spritztour gedeutet. Und dann gibt's Rabatz. Einigen Sie sich also präzise darauf, welche sexuellen Zonen und Aktionen Sie heute als gesperrt respektieren wollen. Machen Sie Ihrer Partnerin unmissverständlich klar, was eine Verletzung dieser Vereinbarung für Sie bedeuten würde, oder lassen Sie sich das von der Gegenseite genau erklären. Auf diese Weise können Sie vielleicht nach und nach neues Vertrauenskapital aufbauen.

Noch unsicher? Detailliertere Verträge geben noch mehr Sicherheit.

Ausgeliefert – wirklich?

Es könnte sein, dass Sie sich immer wieder sexuellen Initiativen Ihres Partners ausgesetzt fühlen, die Sie bisher regelmäßig als Aufforderung zum blanken Geschlechtsverkehr verstanden haben und als solche nicht sonderlich schätzen konnten. Falls Sie ihm die Lust am Anstoßen noch nicht zur Gänze ausgetrieben oder abgewöhnt haben, könnten Sie vielleicht das nächste Mal den Versuch wagen, seine Initiative flexibler zu beantworten als bis heute. Statt ihn nach dem zerstörerischen Alles-oder-nichts-Prinzip entweder verärgert abzuschmettern oder ihm zähneknirschend nachzugeben – beides Reaktionen, die gewöhnlich einen üblen Nachgeschmack hinterlassen – bieten Sie ihm probeweise und liebevoll eine konkrete Alternative an, die für Sie drinliegt. Seien Sie sich im Klaren, dass Sie ohne Wortsprache nicht auskommen werden. Der Aufstieg von der gestischen zur gesprochenen Sprache ist immer energieraubend und emotional anspruchsvoll. Mit einer nicht-verbalen Initiative macht es Ihnen der andere nicht leicht. Auch ein auf Paarung zielender, verbal vorgebrachter sexueller Anstoß kann für Sie knifflig werden. Der ganze Aufwand, der Alles-oder-nichts-Falle zu entgehen, liegt ja vorerst bei Ihnen. Aber er lohnt sich, auch für Sie.

Ihre Chance auf eine persönliche Spitzenleistung: Reagieren Sie konkret und verbal auf eine diffuse nichtverbale Anfrage.

Wörter helfen Ihnen aus der Patsche.

Mit einer sexuellen Einladung, wortwörtlich vorgetragen, haben Sie die Nase vorn in der erotischen Begegnung. Sie verstoßen spielerisch gegen ein ehernes Gesetz, wonach Sex grundsätzlich «spontan» und «natürlich» abzulaufen hat. Von

Diffuse Vollsex-Initiative geschickt auffangen

Die Frau legt sich am Mittag beim Nickerchen zu ihrem Mann aufs Sofa, schmiegt sich an ihn, macht sich an seinem Hosenschlitz zu schaffen und holt seinen Schwanz heraus. – Da er sie kennt, sagt er:

- ❑ «Es geht jetzt nicht. Ich hab nur noch zwanzig Minuten Zeit zum Ausruhen.»
- ❑ «Stößeln mag ich im Moment nicht. Aber reib mir die Eichel, ganz nass, das wär super!»
- ❑ «Mach's dir doch selbst! Ich bin zu faul.»
- ❑ «Du bist offenbar scharf. Soll ich dich schnell fertig machen, bevor ich losmuss?»
- ❑ «Ich habe mein Mittagstief. Aber am Abend bin ich wieder voll da. Dann kommst du dran!» *(Lacht).*
- ❑ ....

Stellen Sie sich vor, Sie wollen nicht stangeln. Was sagen Sie?

Markieren Sie, wie Sie am liebsten reagieren würden.

Lachen ist verführerisch.

web 38 Drei weitere prekäre Situationen zum Managen

dieser spontanen Natürlichkeit können Sie vielleicht ein Liedchen singen. Sie führt meist ins Gestrüpp der Missverständnisse.

Wenn Sie den Mund aufmachen, um zu sagen, dass Sie Lust auf Sex haben, können Sie in den Genuss eines guten Gefühls kommen: Sie sind mutig und schlagen Ihrer sexuellen Feigheit ein Schnippchen. Ihrem Partner können Sie damit die Wonne des Begehrtseins schenken, wenn Sie Glück haben – und Verstand. Sie selbst bleiben nicht sitzen auf Ihren Bedürfnissen, sondern kommen damit heraus.

Glück haben Sie, wenn Ihr Partner auch will. Verstand haben Sie, wenn Sie's schaffen, ihn zu locken, dass er will.

Sie ahnen es: Ein gut Teil der sexuellen Monotonie in dauerhaften Beziehungen ist darauf zurückzuführen, dass es allemal um die Frage geht, ob es zum Sex kommt, und kaum je, wie. Sexualität wird fast durchweg mit dem Coitus simplex indogermanicus gleichgesetzt. Aber so weit waren wir doch schon einmal – als wir noch in den muffigen Höhlen hausten.

«Das Leben ist kurz, aber die Langeweile verlängert es.» Jules Renard

7 Führen Sie Regie!

Was ersetzt den guten alten «Akt»?

Schaffen Sie das «Vorspiel» ab! Ja, lockern Sie in Ihrem Hirn die Idee, aller Geschlechtsverkehr habe zwingend mit dem «Vorspiel» zu starten, mit der Vorrunde für das Qualifikationsspiel. Stellen Sie sich vor: ab sofort kein «Vorspiel» mehr! Ja, Sie kommen auf der Stelle «zur Sache». Ohne Betriebsbereitschaft herzustellen, ohne taktisch-strategisch zu fummeln, ohne sich geduldig zu mühen. Bitte, aktivieren Sie einen Augenblick Ihre Phantasie: Weg mit dem «Vorspiel» – für einmal!

Ein Sakrileg! Aber zum Glück nur eine Gedankensünde …

Alles spricht gegen die Liquidation, ich weiß. Überall heißt's, «Vorspiel» sei Mangelware beim Sex, besonders in etablierten Ehen. Wie sollten Frauen auf Touren und orgasmustaugliche Drehzahlen kommen, wenn ihnen die Männer den sexuellen Kaltstart zumuteten? Am Morgen schon, wenn nicht am Vorabend, müsse das «Vorspiel» beginnen, damit die Frau am Abend «soweit» sei. Für die US-Sexberaterin Dr. Ruth Westheimer hat das Vorspiel unmittelbar nach dem Orgasmus einzusetzen – für den nächsten Koitus.

Ruth K. Westheimer: Sex für Dummies. Bonn: International Thomson Publ. 1996 (Seite 149)

Ich kann sie nicht mehr hören und lesen, diese pastoralen Ermahnungen. Das «Vorspiel» selbst, für sich genommen, scheint keinen Spaß zu machen, zu wenig jedenfalls, um mehr davon auf die Partnerin anzuwenden als unbedingt nötig. Doch auch schlechtes Gewissen und liebevolles Abrackern bringen die erotischen Säfte nicht zum Fließen.

Schauen Sie sich doch das Wort an: «Vor-Spiel» ist offenbar das, was dem Wesentlichen, dem Eigentlichen vorauszugehen hat. Es ist der unverzichtbare Prolog des Beischlafs, angesiedelt an der Eingangspforte zum harten Kern des Geschlechtsaktes. Der «Akt» mit seiner obligatorischen Szenenfolge setzt sich zusammen aus «Vorspiel», Koitus, Orgasmus und «Nachspiel». Diese Dramaturgie scheint natürlich, logisch, unumstößlich, unumkehrbar. Ohne koitalen Orgasmus nimmt vernünftigerweise niemand auf sich, was vorausgehen sollte an umständlichem «Vorspiel»-Aufwand.

«Die Ehe ist Spielplan mit gleichbleibendem Repertoire. Folglich sollte man wenigstens die Inszenierung ändern.»
Federico Fellini

Das zielorientierte Schussszenario hat seine Vorzüge, gewiss. Alle unsere Vorfahren, die Primaten und noch weiter zurück, haben es immer so gemacht, muss man annehmen. Sie balzten und kopulierten, wie es ihnen Instinkt und Gewohnheit nahe legten, frei von Bange und Zweifel. Sie «wussten», wer wie wann den Anfang zu machen hatte und was auf welche Weise und zu welchem Zeitpunkt nacheinander folgen musste, damit die cleversten Spermien schließlich in Richtung Ei wettschwänzeln konnten – alles feste Bestandteile des Schöpfungsplans, bis heute. Wer weiß, wie's geht, genießt Selektionsvorteile, er hat die Nase vorn, ist selbstbewusst und unbekümmert. Mit schlafwandlerischer Sicherheit leistet er seinen persönlichen Beitrag zur Erhaltung der Art, er kommt zurecht mit einem Minimum an geistiger Ausstattung und ohne sprachliche Ingredienzen, welche die Plausibilität der Szene höchstens trüben könnten.

«Jede Nacht muss ihre besondere Speisefolge haben.»
Balzac: Die Physiologie der Ehe

«Einsamer sucht Einsame zum Einsamen.»
Toiletten-Graffito

Evolutionsgeschichtlich spätere Errungenschaften wie (lautes) Denken und Flüstern und begleitende Wörter und Lachen wollen nicht passen in den Ablauf, den geschmierten und reibungslosen. Eigentlich kann sich niemand vorstellen, wozu der Kopf hier gut sein könnte; im Gegenteil, er stört das Prozedere, das unter Naturschutz steht. Die Stimme? Ja, doch, Keuchen und Stöhnen mögen angehen, sicher bei der Frau; so weiß der Mann, dass er richtig liegt und nicht daneben langt. Das beruhigt. Er selber hält sich eher zurück, schnauft, wenn er scharf ist, einzig während des orgasmischen Rüttelns geht's

Männer lassen sich auch von vorgespielten weiblichen Orgasmen beruhigen. Sie können sie praktisch nie von echten unterscheiden.

ein wenig mit ihm durch. Er stöhnt oder würgt kehlig, je nach Temperament und Stil. Aber nach fünf, spätestens zehn Sekunden ist das vorbei. Jetzt kommt das «Nachspiel», natürlich …

Natürlich will ich Sie nur ein wenig irritieren, Sie haben es gemerkt: «Vor- & Nachspiel» sind beide paradiesisch schön, ein Jammer wär's, sie tatsächlich herzlos und für immer auszumustern. Doch verzichtbar ist dieser Ballast im Kopf: Vor lauter zwanghaftem «Vorspiel» und unentrinnbarem «Nachspiel» hat das Spiel keinen Platz mehr. Statt zu spielen arbeitet man sich durch die eh und je feststehenden Programmpunkte. Kein Mensch findet das auf die Dauer prickelnd und innig. Es fehlen Abwechslung, Frische, Unmittelbarkeit, Phantasie, Hingabe. Und die Musik der Sprache.

Einmal versuchsweise frei spielen statt «vor- & nachspielen» – ein abenteuerliches neues Szenario!

Augenlicht & Stimmenklang

Auch die Augen, sonst im Leben erstrangige Orientierungshilfe, verlieren ihre Bedeutung im Bett fast ganz: Blind tastet man sich durch des Partners erogene Zonen und glaubt zu wissen, was sie hergeben und was nicht und wie's weitergeht. Früher konnte man sich die Mühe schenken, die Augen zuzukneifen, weil es nicht schicklich war, das Licht im Eheschlafzimmer beim «Akt» brennen zu lassen; heute beweist gestylte Schlafzimmerbeleuchtung, dass wir es mit einem unverkrampften Paar zu tun haben, das seine intimen Berührungen genießt – mit geschlossenen Augen. Logisch, finde ich; Blindheit und Sprachverlust gehören zusammen, wenn Sexualität mit Begattung gleichgesetzt wird. Ich kann mir nicht vorstellen, dass ein blind herumtastender Mann in diesem Augenblick fähig wäre, seiner Frau zu sagen, was ihn jetzt gerade bewegt und beglückt oder was er sich wünscht. Umgekehrt wird eine sprechselige, erotisch begabte Frau ihren Mann sehen und ansehen wollen, während sie zu ihm spricht beim Lüsteln.

«Was man tabuisiert, kann man nicht gestalten.» Michael Lukas Moeller

Offene Augen können fast nicht anders als reden.

Wenn Sie also blind und stumm im Bett sich finden, sind Sie auf die Große Nummer samt Ouvertüre abonniert, Sie haben keine andere Wahl. Solange Sie verliebt sind und am Schweben, wähnen Sie sich im Besitz des großen Loses: Da kann Flöten der Himmel auf Erden sein, Ihr Blick ist ohnehin getrübt und Wörter scheinen gänzlich überflüssig. Später, wenn die Sicht sich klärt und die Gefühle trübe werden, würden Wörter wichtig, weil die Große Nummer unaufhaltsam ihre Unschuld verliert. Was unsere haarigen Ahnen seit eh und je locker und frivol miteinander taten und immer noch tun, wird für uns mehr und mehr verzwickt und verdreht. Schwierig, alles zum Stimmen zu bringen, Denken und Fühlen, Leib und Seele, Geben und Nehmen, Sehnsucht und Realität, Liebe und Leidenschaft, Mann und Frau, sich Bemächtigen und sich Hingeben, Gier und Rücksicht, Lust und Scham und Schuldgefühle.

Der Aneinandervorbeischlaf ist eine menschliche Erfindung.

Viele Leute sind im Bett einzig auf «Entspannung» aus. Kein Wunder, dass ihnen die Spannung ausgeht.

Dass Ihnen seit einiger Zeit oder länger kein ordentlicher Beischlaf mehr gelingen will, lässt keineswegs zwingend darauf schließen, dass Sie «sexuelle Probleme» haben. Ich schlage Ihnen vor, zunächst einen viel näher liegenden Schluss daraus zu ziehen: Nicht Sie und Ihr Partner machen etwas falsch oder sind nicht in Ordnung; das Korsett, in das Sie Ihre Sexualität zwängen wollen, ist zu eng für Sie. Sie sind nicht zufrieden zu stellen mit der Allerweltsnummer jedes Mal; denn Sie lieben lustvollen & spielerischen Eros.

Spiel statt «Vorspiel»

Nichts überstürzen! Sexualität – vor allem befriedigende – findet zuerst im Kopf statt.

Beschränken Sie sich vorläufig darauf, sich vorzustellen, das gute alte «Vorspiel» wäre Ihnen abhanden gekommen. Ich biete Ihnen ein paar Ideen und Formulierungen an, die Ihren gewohnheitsmäßigen Einstieg eventuell zu ersetzen vermöchten. Wägen Sie ab, ob Sie der eine oder andere alternative Geschlechtsverkehr gelüsten würde. Vielleicht können Sie einzelne Impulse auch kombinieren.

- ❑ «Komm, wir reiben unser Haut- und Haarkleid aneinander! Wie zwei brünstige Tiere. Aber nicht aufsteigen! Okay?»
- ❑ «Ich hab eine Idee für unsere Siesta-Session heute: Ich pimmel mir einen ab, und du schmiegst dabei dein Gesicht da unten an meine Eier und leckst und knetest sie. Absamen ...? – Eher nicht, lieber ein andermal. Könntest du dir das vorstellen?»
- ❑ «Eine frevelhafte Phantasie treibt mich seit dem frühen Morgen um: Wenn die Kinder schlafen, lege ich mich nackt aufs Bett und schärfe mich selbst. Sobald ich es kaum mehr aushalte ohne deinen Stößel, rufe ich dich herein, und du nimmst mich stracks. Aber bitte schleppend und mit viel Finger- und Schwanzspitzengefühl! Geht das?»
- ❑ «Heute möchte ich nichts weiter als von dir geküsst werden. Lange, sicher eine ganze halbe Stunde. Küsse mich, trocken und nass, subtil und langsam, mit Lippen und Zunge. Ich überlasse mich dir. Nimmst du mich?»
- ❑ «Ich polier dir feinst deine Glitzerperle zwischen deinen Schenkeln! Ich mach's endlos, ziellos. Brauchst nichts zu tun, außer deine Beine zu spreizen und aufzupassen, dass du nicht explodierst. Glitzere einfach! Geniesse es, erregt zu sein. Magst du?»
- ❑ ....
....
....

Einfach wachträumen und das Verlockendste ankreuzen. Sonst nichts, vorläufig.

Literarische Kleinode zum Thema: Der Kuss Zürich: Diogenes 1998

Und was schwebt Ihnen persönlich vor?

«Was? Nun soll ich also meine Sexualität auch noch planen und verplanen?», regen sich manche Leute auf. *«Wie eine Sitzung im Büro?! Fehlt noch der Termineintrag in der Agenda ‹Beischlaf Donnerstag um 22.15 bis 22.45 Uhr›, he?? – Nein, nein, danke! Für mich ist die Liebe etwas Spontanes, die ergibt sich von selber, ich will kein unechtes Theater!»* Vielleicht loben und preisen auch Sie die naturbelassene Sexualität und scheuen davor zurück, mit profanen, unverblümten oder gar obszönen Eingriffen ihre angeblich idyllischen Kreise zu stören.

Haben Sie's schon ausprobiert, das mit dem Agenda-Eintrag?

«Weil wir Sexualität, selbst in der Ehe, als etwas betrachten, das nicht ganz in Ordnung ist, suchen wir lieber einen verstohlenen Weg hinein – und nennen das dann Spontaneität.»
Bernie Zilbergeld, US-Sextherapeut

Hehre Heiligkeit in der Bettwäsche

Ich kann Ihren Einwand verstehen. Wenn Sie Sexualität als etwas Heiliges empfinden, müssen Ihnen die «Vereinigung» und die orgasmische Ekstase als das Allerheiligste vorkommen. Der «Liebes-Akt» ist tierisch ernst und unantastbar, Sexualität der höchste Ausdruck von Liebe; *«alles muss stimmen»*, bevor Sie an fleischliche Nähe auch nur denken können. Und wenn *«alles stimmt»*, vorher und während, dann läuft alles himmlisch-harmonisch und wie geschmiert, von «Vorspiel» bis «Nachspiel» und dazwischen, und zu reden brauchen Sie selbstredend nicht, das würde das sakrosankte Geschehen derangieren; denn in der Sex-Kathedrale ist ehrfürchtiges Schweigen geboten.

Sexualität wird meist zerschwiegen. Selten zerredet.

Doch ehrlich: Haben Sie da nicht ein wenig die Bodenhaftung verloren? Sind die Vorgänge in Ihren Betttüchern wirklich so heilig? Ziehen Sie aus der Tatsache, dass Sie dort nichts (mehr) zu lachen und die Sprache verloren haben, möglicherweise die falschen Schlüsse? Ist es vielleicht mehr Furcht als Ehrfurcht, was in der Schlafzimmerluft liegt? Sind Sie statt innig-bewegt und intim-berührt nicht vielmehr verängstigt und unsicher, weil Sie viel zu wenig wissen über Sie beide, um sich selbstvergessen an Ihrer hautnahen Zweisamkeit gütlich zu tun? Sie möchten doch, nehme ich an, geborgen, aufgehoben, verzückt in der Partnerin Schoß liegen? In Wirklichkeit ist Ihr Hirn vielleicht voller Sorgen: *«Will sie mich diesmal?»* Oder *«In welches Näpfchen trete ich wohl als Nächstes?»* Oder *«Warum reagiert sie so – oder gar nicht?»* Oder *«Hoffentlich merkt sie's – nicht!»* Oder *«Ich glaube, ich schaff's wieder nicht.»* Oder *«An wen denkt sie wohl jetzt gerade?»* Und so weiter.

«Die so genannte Wirklichkeit ist das Ergebnis von Kommunikation.»
Paul Watzlawick

Jede Menge Selbstgespräche im Bett! Und jede Menge Sprachlosigkeit.

Vielleicht messen Sie Ihre Ehebett-Realität an Ihren Wunschträumen. Dabei ist Ihre erotische Traumwelt sakral verklärt und Ihre eheliche Wirklichkeit trivial-trüb. Kann sein, dass Sie und Ihre Partnerin immer noch verblasstem erotischem Hochglanz von ganz früher nachtrauern, und Sie möchten auf Teufel komm raus das atemberaubende Schimmern Ihrer vier Augensterne und das berüchtigte Flattern der Klischee-Schmetterlinge im Bauch wieder herbeibeschwören, und es geht nicht. Trotz der heiligen Mühe, die Sie sich beide geben, die Heiligkeit Ihrer Operation zu schützen.

Im Gegenteil: Sie kommen immer weniger an sexuelle Wonnen heran. Das angestrengte Schweigen, in das Sie Ihre Bettszene hüllen, trübt Ihre Sicht auf die Dinge, wie sie sind, und lähmt Ihre innovative Kraft zur Veränderung. Irritierende und beschämende Enttäuschungen machen Sie allmählich bang, Sie lassen immer mehr die Finger von des anderen Haut; oder wenn Sie's nicht tun, macht's Ihr Partner. Die Entfremdung verunsichert Sie noch mehr, und Sie fürchten je länger, je mehr, Ihr Missbehagen vorzubringen, was Ihre Fremdheitsgefühle weiter um sich greifen lässt. Sie sehen sich gefangen in einer aussichtslosen und unveränderlichen Mühle und ziehen schließlich den stieren Blick in die TV-Röhre vor.

Frust macht
Angst macht
mundtot macht
fremd macht
Frust macht
Angst macht
mundtot macht
tot.

Wahrscheinlich sind Sie luzid; Sie wissen genau, dass Ihre verschlissene Entladungsnummer aus dem Spielplan gekippt werden müsste, weil im Lauf der Zeit aller Liebreiz aus ihr gewichen ist; sie kommt ohnehin nur noch selten auf die Bühne, viel zu selten, finden Sie. Stumm und taub schaffen Sie's nicht, das ist Ihnen auch klar, nachdem Sie es lange Zeit mit pantomimischen und telepathischen Mitteln vergeblich versucht haben. Doch haarscharf zu sehen, wie anspruchsvoll es ist, sich die Redehemmung ohne Beschönigung einzugestehen, sie geradeheraus über die Lippen zu bringen, das ist viel beherzter, als sich hinter der volkstümlichen Idee zu verstecken, Sex müsse natürlich, spontan und ganz von selbst ablaufen.

Sex mit einem festen Ablauf läuft nicht lange gut ab, weil der Ablauf bald verstopft ist.

Sex, der einfach abläuft, hat sein Ablaufdatum in Kürze hinter sich.

In der Phantasie funktioniert alles. Dort wissen die virtuellen Mitspieler instinktiv und intuitiv, was der andere will und braucht, und alle Bedürfnisse sind zu jeder Zeit voll synchronisiert. Das macht den einzigartigen Reiz der Selbstbedienung aus. Sobald Sie aber nicht allein sind – zweifellos ein anderer einzigartiger Reiz! –, tun Sie gut daran, zusätzlich zur Phantasie eine weitere Fähigkeit zu entwickeln: das Geschick, Ihre Wünsche auf den Tisch bringen, die Wünsche des anderen zu

«Die Gewohnheit ist das Ungeheuer, das alles verschlingt.» Balzac

hören, die vermutlich unterschiedlichen Bedürfnisse miteinander so zu verflechten, dass ein aufregender spielerischer Handlungsstrang herauskommt. Und das alles natürlich mit richtigen deutschen Wörtern! Womit denn sonst?

Natürlich denken und planen!

Schmeckt Ihnen ein feines Menü im Restaurant etwa weniger, nur weil Sie es *bestellt* haben? Hätte der Kellner telepathisch oder intuitiv spüren müssen, was Sie essen wollen?

Im Leben machen Sie das doch auch so: Wenn Sie etwas Gutes erleben wollen, überlassen Sie es gewöhnlich nicht dem Zufall und sitzen nicht gottergeben auf Ihrem Stuhl, bis sich Ihre Wünsche *«von selbst»* erfüllen. Für einen denkwürdigen Ausgang zum Beispiel investieren Sie einiges: Sie fragen sich rechtzeitig, was Sie gelüsten könnte, Sie kehren Verschiedenes vor, damit es dann auch wirklich so kommt, wie Sie sich's vorgestellt haben. Sie denken also eine ganze Menge. Je wichtiger Ihnen das Gelingen des Abends ist, umso mehr. Ohne mit der Wimper zu zucken, nehmen Sie Ihr Hirn in Anspruch, um Ihrem Herz zu seinem Recht zu verhelfen.

Noch mehr Aufwand betreiben Sie, wenn Sie zu zweit ausgehen und es gemeinsam genießen möchten. Nicht nur Ihre zerebralen Fähigkeiten sind gefordert, auch Ihre kommunikativen. Sie denken sorgfältig darüber nach, wie Sie Ihres Partners Bedürfnisse und Ihre eigenen auf einen günstigen Nenner bringen könnten. Wenn Sie unsicher sind, fragen Sie. Um Übereinstimmung zu erreichen, verhandeln Sie. Sie gestalten also miteinander Ihren Abend. Vielleicht haben Sie die Erfahrung gemacht, wie lustvoll Fragen, Vorschlagen, Verhandeln, Gestalten & Übereinstimmen sein können. Und die Vorfreude? Ist das nichts?

«Der Mensch, recht eigentlich das sprechende Tier, ist das einzige, das auch zur Fortpflanzung der Gespräche bedarf. Anscheinend ist seine Liebesseligkeit mit der Redseligkeit im Wesen verbunden.» Robert Musil

Wenn der Ausgang gescheit und Hand in Hand geplant ist, wird es ein Genuss sein, ihn so zu realisieren, wie Sie ihn entworfen haben. Sie werden sich gewöhnlich von Ihrem eigenen Entwurf nicht eingeengt fühlen, im Gegenteil. Er enthebt Sie beide der Sorge, sich am Abend selbst mit Organisations- und Koordinationsproblemen herumschlagen zu müssen und vielleicht dabei etwas Feines zu verpassen; Sie sind frei. Sogar frei für jede Programmänderung, zu der Sie sich an Ort und Stelle spontan gemeinsam entscheiden. Kurz: Ihre Aussichten stehen gut, dass Sie sich freuen können.

Geplantes & Spontanes beißen sich nicht. Sie küssen einander.

Klar, worauf ich hinauswill: Genauso könnten Sie sich heute auch auf Ihre Haut- und Schleimhaut-Genüsse freuen, wenn's denn wirklich die Genüsse sind, die Sie und Ihr Partner selber original für Sie beide erfunden haben – für heute. Verlockend? Gewiss! Sie könnten doch das Monopol des strapaziösen, crashgefährdeten Verkehrs, der in Ihrem Kopf bisher Ihre einzige verfügbare Sex-Version war, gemeinsam zu knacken versuchen. Dehnen und strecken Sie Ihr Verständnis von Sexualität! Tun Sie das vorab in Ihrer Phantasie, docken Sie Ihre Phantasien gegenseitig an, genießen Sie es, wenn Ihr erfinderischer Geist den Ideen Ihres Partners auf die Sprünge hilft. Und umgekehrt.

«Des Menschen Wort ist mächt'ger als die Tat.» Sophokles: Antigone

Heben Sie also als Erstes die eiserne Regel von der Norm-Paarung aus den Angeln und installieren Sie als Zweites eine neue Basis-Spielregel, oder zwei. Ich biete Ihnen eine Kollektion von möglichen subtilen Faustregeln an. Sie bringen vielleicht auflockernde Struktur in Ihre zerwühlte Bettwäsche.

Läuft bei Ihnen der Sex immer zum Verwechseln ähnlich? Ist es, als ob Sie eine große Kugel anschieben würden, die Mal für Mal ins gleiche Loch fällt, unweigerlich und beinah bösartig? Wie langweilig! Doch langweilig ist nicht Ihre Sexualität, schon gar nicht Sie oder Ihr Partner, sondern die Spielregeln, nach denen Sie Ihr erotisches Spiel gestalten. Es sind Spielregeln, die ihren Namen nicht verdienen. Mit Spiel haben die nämlich nichts zu tun. Sie funktionieren so automatisch, dass Sie vielleicht nicht einmal merken, dass es sie gibt. Erstaunlicherweise kommen Sie erst drauf, wenn ich Ihnen eine Veränderung Ihres Sex-Szenarios vorschlage. Jetzt werden Sie unruhig und sagen: *«Was? Unsere Sexualität ist doch kein Theater! Der spontane und natürliche Ablauf muss sich ergeben, sonst ist er unecht.»*

Zu einer neuen Basis-Regel gehören

★ ein konkreter Vorschlag

★ ein audrücklicher Konsens

★ ein genau befristeter Versuch

★ Platz für Vorfreude

★ neugierige Auswertung nachher.

Kreuzen Sie an, was Sie gern ausprobieren möchten. Am besten nur eine einzige Basis-Regel aufs Mal.

Lassen Sie auch Ihre Partnerin auswählen. Einigen Sie sich auf eine Regel (oder zwei) für einen Monat oder zwei zum Beispiel.

web 39 9 weitere innovative Startregeln

Start-Statut

- ❑ Wir stolpern nicht mehr wortlos in unseren Sex hinein. Wer fleischliche Gelüste hat und den anderen verführen möchte, macht immer (auch) den Mund auf.
- ❑ Sexuelle Initiative begnügt sich nicht mehr mit der Mitteilung *«Ich habe Lust!»*. Sie präzisiert immer, worauf.
- ❑ Wir überspringen versuchsweise das gute alte «Vorspiel» und steigen stattdessen ein mit ....
- ❑ Wir sind neugierig: Was geschieht, wenn wir's mal ohne das obligatorische Eindringen machen?
- ❑ Den Orgasmus lassen wir diesmal weg – beide oder einer von uns beiden.
- ❑ Wir hören nicht mehr mit dem «Nachspiel» auf, sondern mit ....
- ❑ Wir einigen uns, wer von uns das nächste Mal bestimmt, was im Bett läuft. Der andere gibt sich hin.
- ❑ Wir machen alles wie immer, aber zweimal (fünfmal, zehnmal) langsamer.
- ❑ Wir machen ab, wer von uns beiden jederzeit – auch mittendrin – ohne Vorwarnung und Begründung aussteigen darf.
- ❑ ....

Paradoxerweise ist ausgerechnet der offizielle Geschlechtsakt mit seiner ganz normalen Szenenabfolge die technisch und emotional denkbar diffizilste Weise, sexuell miteinander zu verkehren. Was da nicht alles in die (tote) Hose gehen kann!

«Das Spiel ist die erste Poesie des Menschen.»
Jean Paul

Knifflig ist schon der Einstieg und kitzlig das «Vorspiel». Wie leicht verbrennt man sich die Finger! Von Anfang an dieser drückende Kummer: *«Wie bringe ich ihn dazu, mit mir zu sexeln?» – «Hoffentlich mache ich nicht wieder alles falsch!» – «Werde ich erregt diesmal?» – «Werde ich sie scharf machen können?» – «Stinke ich etwa?» – «Er scheint nicht ganz bei der Sache zu sein: Woran denkt er wieder?» – «Wie steht's mit meinem Steh- & Einführungsvermögen?» – «Ich glaube, ich bin wieder nicht genügend nass...»*

Der «normale Ablauf»: Lieber «normal» als wonnig? Lieber entladungssicher als erfinderisch?

Und wenn der nächste Akt des Geschlechtsakts bevorsteht, wirft der drohende Orgasmus seine langen, bangen Schatten voraus: *«Bin ich wieder zu früh?» – «Schaff' ich es, rechtzeitig zu kommen?» – «Wird er's merken, dass ich tu' als ob?»*

Selbst wenn man's hinter sich hat, wird's nicht einfacher; neue Fragen schweben über dem Bett: *«Schläft er jetzt wieder gleich ein und lässt mich liegen, wie bestellt und nicht abgeholt?» – «Hoffentlich fängt sie nicht wieder an mit einem unserer haarigsten Themen...» – «Darf ich jetzt duschen gehen, ohne dass er einschnappt?» – «Himmel, was bin ich schlapp... Jetzt noch stundenlang streicheln, ich schaff das nicht...!»*

Er wird's nicht merken. Sie übrigens auch nicht.

Erst die Auswertung der Erfahrungen macht Sie zu erfahrenen Liebhabern. Allmählich.

Entladungsdramaturgie

Was für ein stummes Wehklagen! Die konventionelle Kopulation ist natürlich vor allem so heikel, weil sie pantomimisch abgehen muss. Sie ist die einzige unter allen denkbaren geschlechtlichen Paar-Intimitäten, die sprachlos angekickt und abgewickelt werden kann. Sobald einen der Drang überkommt, schießt vor allem den Männern (aber nicht nur!) durch den Kopf, wie man baldmöglichst zur Sache und dann zur Entladung kommen könnte. Als wäre ihnen sexuelle Spannung eine Qual, die es dringend loszuwerden gelte wie eine glü-

Lassen Sie Ihren Autopiloten eine stumme Blind- & Punktlandung ausführen?

hende Kohle in den Fingern. Die kürzeste Verbindung zwischen dem zündenden Gelüst und dem spermatischen Spasmus ist die unumkehrbare mundtote Choreografie, deren Gestaltungselemente aus der Bühnenwelt entlehnt sind: *«Vorspiel»*, *«Ouvertüre»*, *«Präludium»*, *«Akt»* (unter der Zirkuskuppel salopper: *«Nummer»*), *«Klimax»*, *«Finale»*, *«Nachspiel»*.

Bettmisere ist Spracharmut.

Diese Naturschutz-Inszenierung ist leider verschleißgefährdet. Steif und starr, wie sie ist, büßt sie in der Beziehungsbiografie ziemlich bald ihren spielerischen Charakter ein. Meist entspricht sie nur einem der beiden Partner, gewöhnlich dem Mann; der andere kommt sich eingezwängt vor in eine fremde Dramaturgie, die ihm die Lust abdrückt. Lust haben oder keine Lust haben ist ein Kippschalter, der entweder an oder aus ist: Coitus simplex on, coitus simplex off.

Wenn einer zu streicheln anfängt, ist klar, was er im Schilde führt; kein Zweifel, dass er die originale Begattungsnummer ansteuert. Was denn sonst? Drunter macht er's nicht; es kommt ihm gar nicht in den Sinn, dass es daneben vielleicht auch noch etwas geben könnte. Und bei *«Heute bitte nicht, Schätzchen!»* ist nichts zu wollen. Gar nichts. Etwas anderes anbieten? Statt Standard-Kopulieren, das im Augenblick zu heikel ist, zu verwickelt, zu schweißtreibend, zu verfänglich, zu abgründig – vielleicht ein ganz anderer Geschlechtsverkehr, ein samenloser, hautbetonter, einseitiger oder wohligschlapper? Ist alles kein Thema. Denn phantasiert und manipuliert, manchmal auch debattiert und gerauft wird immer nur um das «Ob», nie um das «Wie». Entweder «es» findet statt, oder «es» fällt aus.

«Die Leidenschaft ist wie ein Blitz: Meist schlägt sie daneben ein.» Anatole France

Wie unpraktisch! Bei dem Stunk um das Alles-oder-Nichts im Bett kommen Sie und Ihre Partnerin zu kurz und beuteln einander unnötig. Sie sind nämlich nicht gezwungen, sich zwischen Entweder und Oder zu entscheiden; Sie können diese quälende Wahl zurückweisen. Es gibt einen Weg aus dem Dilemma; denn es ist nur ein scheinbares. Es wirft sich nur auf vor Ihnen, solange Sie ausschließlich an der Norm interessiert sind. Das hat den Vorteil, dass Sie nicht reden müssen. Wenn

Paul Watzlawick et al.: Lösungen. Bern: Hans Huber 1974

Sie kein Wort herausbringen über Sex und während des Liebens, ist das genauso normgerecht wie eine «normale» Beiwohnung. Und niemand kann Sie verdächtigen, Sie seien nicht normal.

Aber was haben Sie davon, wenn Sie still und brav sind? Was nützen Ihnen Ihre ausgeklügelten Phantasien, die Sie unter striktem Verschluss in Ihrem Kopf verwahren? Was fangen Sie mit Ihren erotischen Spielideen an, von denen Ihr Partner nichts weiß?

«Der Weg hinaus ist durch die Tür. Wie kommt es, dass niemand diesen Ausgang benützt?»
Konfuzius

Haben Sie Lust auf ein kleines Spiel? Sie können es allein spielen, indem Sie meine halbfertigen Sätze vervollständigen. Vielleicht möchten Sie Ihre Partnerin zum Mitspielen verlocken; wenn es sie freiwillig und druckfrei gelüstet, ist's gut: Sie kopieren die Satzstümpfe und formulieren sie beide aus – jeder für sich. Dann tauschen Sie die Bögen.

Wenn Sie das nächste Mal zusammen ausgehen, brauchen Sie sich bestimmt nicht zu sorgen, dass Sie stumm im Teller herumstochern müssten, weil Ihnen nichts Bewegendes einfällt. Noch packendere Spielerweiterung: Sie stellen sich beide vor, wie *der andere* die Satztorsos ausformen würde, und füllen die Liste an seiner Stelle aus.

«Das Spiel ist das Einzige, was Männer wirklich ernst nehmen.»
Peter Bamm

Lieben Sie erfinderische Sprachspiele?

Anregungen, die Ihnen nicht behagen, lassen Sie einfach weg.

➜ Ich stelle mir vor: Was mich in der Sexualität wirklich befriedigt, ist nicht der Orgasmus, sondern

....

....

....

Darum könnten wir in den nächsten vier Wochen

....

....

....

➜ Ich möchte gern einen Abend lang etwas Schräg-Erotisches mit dir spielen. Zum Beispiel:

Hier Grenzen genau vereinbaren!

Gehen Sie spaßeshalber gemeinsam auf <u>www.realdoll.com</u>

Fast alle Rollen sind umkehrbar.

Nicht «zärtlich» sein, sondern die aktive Berührung hemmungslos genießen.

- ★ Herrin & Sklave
- ★ Zwei Kinder beim Doktorspiel
- ★ Wir zwei in 20 (40) Jahren
- ★ Lehrer & Schülerin
- ★ Zwei Schwule (Lesben)
- ★ Sexueller Hungerleider & Sexpuppe
- ★ Schneewittchen & Zwerg
- ★ Verliebtes Paar beim ersten Mal
- ★ Prostituierte & Freier
- ★ Autofahrerin & Anhalter
- ★ Krankenpfleger & Patientin
- ★ Romeos & Julias intime Abschiedsvorstellung
- ★ Tourist & Zugführerin
- ★ Meine Mutter & dein Vater
- ★ Zwei zärtliche, liebestolle Kapuzineräffchen
- ★ Vollegoistische Streichlerin & vollhingegebener Partner
- ★ Teufelin & Erzengel
- ★ Bill Clinton & Monica Lewinsky

→ Ich stelle es mir aufregend vor, wie ich morgen früh aufwache und du ....

....

→ Versuchsweise bauen wir in unseren altehrwürdigen Geschlechtsverkehr den queren Solo-Sex ein, und zwar so:

....

....

Wie? – Ermutigungen in Carol G. Wells: Sex beginnt im Kopf München: Wilhelm Heyne 1991, Seite 97

→ Vorschlag: Künftig werde ich jedes Mal, wenn du mir beim Fernsehen zwischen die Schenkel langst, ...

....

Einverstanden?

→ Anstelle unserer üblichen Paarungsversuche könnten wir in nächster Zeit ....

....

und ich übernehme dabei

....

....

web 40 6 weitere kreative Sprachspielereien

Ist die Erregung in Ihrem Ehebett knapp? Gibt's nur noch selten Aufregung auf der Haut und zwischen den Beinen? Und auch dann nicht unbelastet von stummem Schiss und Druck, von Kümmernis und Überforderung? *«An mir liegt's nicht!»* sagen Sie? *«Ich wäre schon scharf. Aber der andere hat eine nasse Zündschnur. Ich habe alles versucht …»*

Gunter Schmidt: Sexuelle Verhältnisse. Reinbek: Rowohlt Taschenbuch 1998 (Seite 41 ff.)

Genauso ist es: Den Erregungspegel im Bett bestimmt derjenige von beiden, der weniger erregt ist. Paradoxerweise drückt der andere mit seiner Superschärfe auf die erotische Stimmung. Das hat damit zu tun, dass die Unlust ungerecht verteilt ist zwischen beiden. Einer übernimmt die ganze Last des lustlosen Sex-

Klimas, während sich der andere mit seiner ganzen «Schärfe» hinter dessen «Unschärfe» versteckt. Gewöhnlich tobt zwischen den beiden ein unterschwelliges Gezerre um die Frage, wer schuld ist am darniederliegenden Sexbetrieb. Dieser Kampf, der häufig wortlos oder auch in aussichtslosen Debatten ausgetragen wird, trübt die erotische Atmosphäre zusätzlich. Also dürfen Sie ab jetzt ruhig davon ausgehen, dass Sie beide je zur Hälfte am gemeinsamen Erregungstief beteiligt sind – auch wenn es für einen naiven Betrachter nicht so aussieht.

Sündenböcke sind unerotisch.

Stellen Sie sich vor, Sie essen jeden Tag zweimal Tournedos Rossini, vom Feinen das Feinste. Über Monate, jahrelang. Richtig beklemmend wird's bei der Idee, Ihr Partner sähe sich genötigt, Ihre befangene Vorliebe mitzumachen. Er wäre nicht zu beneiden, Sie beide nicht. Denn Vielfalt macht das Leben süß.

Übrigens: Sie können Ihre Paar-Sexualität zu Tode kuscheln. Oder Ihre Paar-Zärtlichkeit kaputtvögeln. Stumm geht's am schnellsten.

So auch in der Sexualität. Wenn Sie nur eine einzige Nummer kennen, leiert sie mit der Zeit aus. Gut, vielleicht machen Sie's gelegentlich auf dem Küchentisch oder auf dem feuchten Waldboden, mal von vorn, mal von hinten, oben, unten oder seitlings, stehend oder hockend sogar, wenn Sie muskulös sind und noch unter 35; doch Orts- und Stellungswechsel machen den Braten nicht so fett, wie Ihnen manche Sexratgeberbücher weismachen möchten. Kopulation bleibt Kopulation, auch wenn allein das «Kamasutra» weit über hundert Stellungen offeriert. Sie sind kosmetische Abwandlungen der einen Koitus-und-Orgasmus-Nummer; wirkliche Auffrischung Ihres Spielplans bringen sie kaum.

Angeblich gibt es insgesamt rund 600 Stellungen …

Kamasutra. Die indische Liebeskunst. München: Droemer (Knaur Taschenbuch) 1998

Erweitern Sie Ihren Spielplan!

«Die Liebe muss man neu erfinden.» Arthur Rimbaud

Sexualität wird erst lustvoll – und bleibt es –, wenn sie gestaltet und nuanciert wird. Die Erregung in Ihrem Körper hängt also davon ab, ob Ihr Kopf lustvolle Bilder und Bilderfolgen erzeugt, die Ihre sexuellen Körperfunktionen in Gang setzen und aufrechterhalten. Hier unterscheidet sich die menschliche Lust wohl am deutlichsten von der tierischen: Das Tier kennt den

Ohne Phantasie läuft nichts.

bilderlosen, instinkthaften Drang, der es überkommt; sein Trieb ist stumpf und starr, nicht gestaltbar. Es ist weder möglich noch nötig, darüber zu reden.

Bei der Menschenerregung hingegen genügt der schiere «Trieb» nicht – falls es ihn überhaupt gibt –, auf Dauer das Kunststück einer für Mann & Frau wonnigen erotischen Annäherung zuwege zu bringen. Hier hat die Bibel doch Unrecht: Das Fleisch ist nicht willig, wo der Geist schwach ist. Menschliche Sexualität ist niemals rein fleischlich; sie kommt nur zustande, wenn sie spielerisch bebildert und nach dem Muster lustvoller Bilder ausgestaltet wird.

Kommt die Liebe noch dazu – umso hinreißender!

Ich gebe Ihnen ein Beispiel. Nehmen wir ein Paar an, seit zehn bis zwanzig Jahren verheiratet. Schleimhäute und Schwellkörper liegen mehr und mehr brach, die Penetration von der Stange läuft nur noch selten, höchstens nach einem Glas Rotwein zu viel, und hinterlässt meistens keinen erhebenden Nachgeschmack, bei beiden. Eines Tages nimmt sich der Mann ein Herz und bricht das jahrelange Schweigen. *«Die Erregung ist uns im Bett fast ganz abhanden gekommen!»*, sagt er seiner Frau auf einem längeren Spaziergang. *«Unseren Sex, so er überhaupt noch stattfindet, spulen wir nach dem immer gleichen Schema ab. In letzter Zeit drängen sich mehr und mehr Sorgen in den Vordergrund, Sorgen um unsere Potenz, besonders um meine, die zunehmend ins Wanken gerät. Das würgt unsere Erregung weiter ab, scheint mir.»*

Vorzeitiger Geschlechtsverkehr? – Lässt sich nur mit Spiel & Sprache verhindern.

Starker Tobak! Der Mann übersteigt kühn die beklemmende Tabusperre und beschreibt kurz und klar, wie's ihm im Ehekahn geht. Vorwürfe macht er keine. Um seine Frau nicht in die gewohnheitsmäßige Verteidigung zu treiben (Verteidigung wogegen eigentlich?), fügt er gleich an: *«Ich möchte liebend gern, dass wir's beide wieder gut haben, wenn wir uns in die Nähe kommen, und bin schon länger am Hirnen, was wir bräuchten, was du und was ich, um das zustande zu bringen.»*

Perspektivische, nicht problemorientierte Sicht

Er bleibt also nicht am Problem kleben, bebrütet und zerzaust es nicht; er schaut nicht zurück, sondern vorwärts auf eine Zukunft, die seinen und ihren Bedürfnissen präziser entspricht als bisher.

Schlüsselsätze

Eingeschlossen in Ihrem Gefängnis? – Der Schlüssel ist innen! Aber wo?

Stellen Sie sich nun vor, welche konkreten Gesprächsimpulse die Weichen günstig stellen könnten für eine ertragreiche Expedition in erotisches Neuland. Ich gehe davon aus, Sie haben, wie der Mann in unserem Beispiel, bereits mit wenigen Worten umrissen, was Sie plagt. Ihre Partnerin weiß auch schon, dass Sie auf nichts anderes aus sind, als ihre chronische Bettkalamität zu sanieren. Welche Sätze empfinden Sie als potent und einladend, um die ersehnte Sanierung wirkungsvoll einzuleiten, welche weniger oder gar nicht? Beurteilen Sie jeden Satz

Vergleichen Sie Ihre Einschätzung mit der meinen auf der nächsten Seite. Aber lassen Sie sich nicht beirren!

Einfach zu erfüllende Wünsche sind die schlaueren Wünsche.

Anregend: Gael Greene: Wie man eine Feige isst. München: Heyne 1989

web 40

7 weitere Schlüsselsätze

A «Wir sollten tagsüber liebevoller miteinander sein.» A: ....

B «Wir brauchen mehr Zeit für Sex.» B: ....

C «Ich möchte, dass wir uns abwechseln in der nächsten Zeit: Einer erregt den anderen lange; der ist ihm ganz hingegeben.» C: ....

D «Meine Idee: Vier Wochen penetrationsfreie Zone! Lass uns entdecken, was dann möglich wird.» D: ....

E «Ich brauche mehr Zärtlichkeit beim Geschlechtsverkehr.» E: ....

F «Ich schlage vor, dass wir nie zweimal am selben Ort Sex machen.» F: ....

G «Wir könnten sexeln mit verbundenen Augen, ganz langsam und nicht gierig.» G: ....

H «Stell dir vor, wir schicken deinen und meinen Orgasmus für vier Wochen zur Kur und schauen, was aus unserem Sex wird ohne das Große O!» H: ....

I «Du könntest meine Sehnsucht heute zur Weißglut reizen! Wie? Pimmle mich nur mit der Eichel und lass den Schaft an der frischen Luft!» I: ....

J ....
.... J: ....

mit einer Punktzahl zwischen 10 (sehr veränderungswirksam) und 0 (Niete).

Ein Vorschlag für den Fall, dass Sie sich die Schlüsselsätze zusammen mit Ihrem Partner vorknöpfen: Wenn Sie befürchten, unter Druck zu geraten oder in Abgründe zu versacken, vereinbaren Sie, dass sich Ihre gemeinsamen Überlegungen ausschließlich in der Welt der Phantasie bewegen – es sei denn, Sie beschließen ausdrücklich, etwas Konkretes real auszuprobieren. Achten Sie auf eine klare Unterscheidung zwischen Imagination und Realität.

Schlüsselsätze:

A 2 Gut gemeint
B 3 Wenig konkret
C 9 Anstößig
D 10 Aufregend
E 1 Sind Sie sicher?
F 3 Etwas blässlich
G 8 Hautvergnüglich
H 10 Geheimtipp!
I 8 Aufreizend
J 10 Maßgeschneidert peppig.

Zurück zu unserem fiktiven Beispielpaar. Der Mann hat das Unaussprechliche herausgebracht, drückt aus, was ihn drückt, und kommt schon nach wenigen Sätzen darauf zu sprechen, dass ihm die erotische Zukunft innerhalb ihrer Doppelbettkanten am Herzen liegt. Seine Frau schafft es knapp, sich nicht reflexartig zu wehren, obwohl sie sich zuerst angegriffen und bedroht fühlt; es gelingt ihr, sein Anliegen aufzufangen. Ihr dämmert schnell: Seine Stoßrichtung ist auch die ihre.

Jetzt wird die Bahn frei für erfinderischen Austausch. Neugier und Lust auf Unbekanntes sind dabei zu erwachen. Beide getrauen sich behutsam nachzusehen, was ihrer Lust auf die Sprünge helfen könnte – und es zum Teil sogar in Wörter gefasst über die Lippen gehen zu lassen, unterstützt vom ausdrücklichen Interesse des Partners.

Mehlige Hände

Unser Phantasie-Paar müssen Sie sich immer noch auf seinem weitläufigen Spaziergang vorstellen, auf einem stillen Waldabschnitt im Moment.

Oder sonstwo. Nur nicht zu Hause.

	Mann	**Frau**
		Schweigt, zögert.
	Wartet.	
Eine ihrer Stärken …		Ich bin ein Augenmensch.
	Ich weiß. Und …?	
… ist eine ihrer erotischen Stärken.		Meine Augen können mich flugs erotisch vibrieren lassen.
	So …?! Das ist mir neu! Du vibrierst über deine Augen …	
	Lacht.	
	Ah, darum hortest du deine Sexhefte unter dem Bett?	
		Das auch, ja. Aber ich komme auch in Fahrt, wenn ich dich in der Küche hantieren sehe zum Beispiel.
	Wie? Was hantiere ich? In der Küche?	
Ganz einfach überraschend.		Ganz einfach, wenn du Gemüse schneidest oder Fleisch. Manchmal spülst du Pfannen, bäckst eine Pizza oder so. Das zu sehen macht mich ganz schwach.
		Lacht.
Claude Nougaro: Les mains d'une femme dans la farine.		Erinnerst du dich an das Chanson von Claude Nougaro, in den sechziger Jahren, von den mehligen Frauenhänden?
Philips CD 842381-2	Keine Ahnung.	
		Doch. Dort singt er, wie scharf es ihn macht, den Händen seiner Frau oder Geliebten zuzuschauen beim Teigkneten.
		Lächelt.
		Es sei ebenso aufregend, wie wenn er mit seinen eigenen Händen in ihre Brüste greife …

Und das alles sagst du mir erst jetzt?

Jetzt ist ein guter Moment, es dir zu sagen. Du bist interessiert.

Stimmt.

Stille.

Erzähl bitte weiter.

Ein Glücksmoment: Sie zeigt sich – er schaut, hört.

Und wirklich, sie erzählt weiter. Weil er interessiert zuhört. Und weil es erotisch ist, zu erzählen und interessiert zuzuhören. Heraus kommt: Ihre Augen sind Geschlechtsorgane, und was sie mit ihnen macht, ist sexuell anregend. Nicht nur ihr Blick auf die mehligen Finger im Teig und nicht nur ihre Augen im Sexheft vermögen sie zu verzaubern. Ihre Augen sind überhaupt von begnadeter Lüsternheit. Schauen ist eine ihrer sexuellen Potenzen. So kommt es, dass das Paar seine unbefriedigende Sexualität nicht länger niederschweigt in den Untergrund oder qualvoll zerfasert, bis der letzte Lustrest unter einem Berg von Problem- und Konflikt-Fetzen verschüttet ist. Es beginnt seine Stärken aufzuspüren.

Vermutlich das Ergiebigste, was Sie zu den Wurzeln sexueller Begabungen lesen können, ist Jack Morin: Erotische Intelligenz. Die Erschließung der inneren Quellen sexueller Leidenschaft. München: Goldmann 1997

«Ich bin ein Augenmensch», sagt die Frau; Schauen ist ihre Stärke und ihre Lust, überhaupt und im Erotischen speziell. Diese Entdeckung macht das Paar, indem der Mann sie dazu verlockt, zu beschreiben, wie sie aus ihrer Schwäche für visuelle Genüsse eine Stärke im Sex machen könnte.

Er ist neugierig. Sie auch.

Bei fast allem, was wir im Leben tun, achten wir mit Bedacht auf Eignung und Neigung, sonst würden wir den Beruf verfehlen und in der freien Zeit versauern. Um Talent und Können optimal zur Geltung zu bringen, betreiben wir einen unermüdlichen Aufwand. In der Sexualität investieren die meisten Leute zwar auch eine Unmenge Energie, indem sie in ihrem Kopf verbissen und ängstlich grübeln und baggern nach den

	Mann	Frau
		Bisher habe ich mich nicht recht getraut. Ich glaube, ich bin verklemmt.
		Lacht.
Hinhören wird immer aufregender.	Du? Verklemmt? Was traust du dich nicht?	
		Eben, hemmungslos zu schauen.
Sich zeigen auch.	Versteh' ich nicht.	
	Zögert.	
	Was möchtest du denn hemmungslos schauen?	
		Sieht ihn einen Augenblick genau an.
		Dich.
	Unsicher: Mich?	
«Liebende denken sich ihre Träume selber aus.» Vergil: Hirtengedichte		Deine Schärfe, ja. Ich blinzle nur, gewissermaßen. Ganz diskret. Das ist auch spannend; aber ich träume schon lange davon, Dich mit meinem unverhohlenen Lasterblick zu betasten.
	Lacht verlegen.	
	Von deinen Träumen weiß ich nichts, kann sie mir auch jetzt noch nicht genau vorstellen. Mir ist schon aufgefallen, dass du mich oft mit Stielaugen musterst, wenn ich nackt bin.	
Beide decken gewisse alte Karten auf. Andere bleiben verdeckt. Genau wie in einem spannenden Spiel.		Mustern tu ich dich gar nicht! Ich geile mich auf an dir, möglichst verdeckt, sodass du's nicht merkst.
		Lacht.
		Aber du, du bist auch verklemmt, drehst dich immer sofort weg.

Ich? Nein, ich bin nicht verklemmt! Gestresst bin ich!

Gestresst? Wieso?

Wieso …??! Denk doch: Seit langem fühle ich mich dann unter Druck, dich befriedigen zu müssen.

Aufdecken ist nicht immer angenehm. Aber stets stimulierend.

Was? Wie bitte?
Du meinst wirklich, du müsstest mich sofort effizient besteigen??

Hast du denn nicht gemerkt, dass ich das fast immer meine?

Lacht.

Nein! Unsere verkrampften Rammeleien gelüsten mich je länger, je weniger.

Sie räumen Ramsch von gestern und vorgestern weg. Das gibt Platz für Neues.

Und ich habe Schiss davor.

Das versteh ich.

Stille.

Du sagtest, du möchtest dich unverschämt aufgeilen, indem du mich anschaust. Was brauchst du dazu?

Das ist doch klar: Scharf wäre für mich, wenn du dich zeigen würdest.

Oh, mich zeigen? Wie das?

Oh! Sich zeigen ist auch scharf!

Überlegt.

Deine Schärfe zeigen.
Du bist immer so lieb und zärtlich …

Nein, ich bin nur verklemmt … *Lacht.*

Also doch!
Erzähl mal!

Stumm grübeln und baggern nach einem Problem ist selber ein Problem.

«Ursachen» ihrer sexuellen «Probleme» und sich dabei stumm immer weiter hineinwühlen in ihre Ängste und Zwänge. Manchmal machen sie das auch zu zweit. Mit bescheidenem Erfolg. Sie lassen am liebsten die Finger von ihrer ganzen Sexualität oder lassen ihr Sexleben zu einem aussichtslosen Grabenkrieg verkommen, wenn ihre Kopulation zu klemmen beginnt. Was nehmen sie nicht alles in Kauf, um nicht abweichen zu müssen vom Trampelpfad der Normalität!

«Schönheit ist das, was von der Norm abweicht.» Hans Werner Henze

Wurde Ihnen vorhin nicht auch ein wenig mulmig in den Lenden, als die imaginäre Frau so standhaft vom scharfen Schauen schwärmte? Durchzuckte Sie da nicht ein Gedankenblitz wie *«Die könnte ein Voyeur sein.»* oder *«Ist das noch normal?»*? Vermutlich möchten Sie normal sein wie alle anderen und nicht abrutschen in die Untiefen der «Perversionen». «Pervers» ist nicht nur ein geläufiges Schimpfwort, dessen Zischen einen innerlich zusammenzucken lässt; das Wort findet sich als hundertjähriges psychoanalytisches Fossil immer noch in gängigen Psychiatrielehrbüchern – verstaubt und ganz ohne Anführungsstriche!

H. Dilling et al. (Hrsg.): ICD-10 Kapitel V. Bern: Hans Huber, 1993, Seite 244

Langsam verschiebt sich jetzt das Vokabular: «Störungen der Sexualpräferenz» nennt es die Internationale Klassifikation psychischer Störungen der Weltgesundheitsorganisation WHO. Unter der Knacksrubrik F65.3 können Sie den «Voyeurismus» nachschlagen. *«Wiederholt auftretender oder ständiger Drang, anderen Menschen bei sexuellen Handlungen oder Intimitäten […] zuzusehen.»* Unseren Mann, der offenbar nicht weit davon entfernt ist, sich lüstern seiner Frau zu zeigen, können Sie übrigens annähernd beschrieben finden bei F65.2 «Exhibitionismus», wenn Sie wollen; er passt zu ihr wie der Knopf zum Knopfloch.

Kein erhebender Gedanke, «F65.3»-krank oder «F65.2»-gestört statt normal zu sein. Aber lassen Sie sich nicht ins Bockshorn jagen! Weder von alten psychiatrischen Besserwissern oder von Wortmonstern (*«abnorm», «Devianz», «Paraphilie»* oder ähnliche) noch von vertrockneten Moralaposteln. Auch nicht von Ängsten, die Sie in Ihrem Inneren bedrängen. Wenn Sie sich unsicher fühlen, lesen Sie etwas Gescheites, das Ihnen den

Kopf zurechtzurücken vermag. Oder konfrontieren Sie Ihre Anfechtungen mit jemandem, dessen gesunden Menschenverstand Sie schätzen. Wenn nötig, können Sie erwägen, psychotherapeutische Begleitung in Anspruch zu nehmen. Stellen Sie vorher sicher, dass die Fachperson dem Thema Sexualität gewachsen ist, intellektuell, emotional. Und verbal.

Erkunden Sie Ihre Spielräume!

Sie sind kein Voyeur, wenn Ihre Blicke begehrlich sind, und kein Exhibitionist, wenn es Sie erregt, sich Ihrer Partnerin Augen schamlos auszusetzen. Der ICD-10-Paragraph F65.5 («Sadomasochismus») trifft nicht auf Sie zu, weil Sie mit Macht- & Hingabe-Spielen mit Ihrer Partnerin liebäugeln. Sie dürfen sich auch die Freiheit nehmen – sofern sie freiwillig und gern mitspielt, zum Beispiel Gummi, Plastik oder Leder in Ihre Sexpraktiken miteinzubeziehen, ohne der Rubrik F65.0 («Fetischismus») anheim zu fallen. Mit größter Wahrscheinlichkeit ist Ihr und Ihres Partners erotischer Spielraum viel größer, als Sie auf Anhieb annehmen. Kümmern Sie sich sorgfältig um Ihr gegenseitiges Einverständnis und dann: Fühlen Sie sich frei für das erotische Spiel! Solange Sie mit Ihrer Partnerin in Kontakt und auf Übereinstimmung aus sind, sind Sie vor Abwegen so gut wie sicher.

«Es gibt kein intensives Paarungserlebnis für den Mann, wenn nicht irgend eine Anomalität ihn aus dem Tritt bringt.»
Pascal Bruckner/ Alain Finkielkraut: Die neue Liebesunordnung. München: Hanser 1979

Wie kommen Sie neuen sexuellen Spielräumen auf die Spur? Machen Sie es wie unser Phantasiepaar und fragen Sie sich und Ihren Partner: Wo liegen Ihre Stärken? Auf welchem Sinnesgebiet? Im Äugen, Horchen, Befingern, Züngeln, Schmatzen, Schnüffeln? In Ihren Händen, Fingerspitzen, Lippen – oben oder unten, Füßen? Wo orten Sie Ihre Faibles? In der wehrlosen Hingabe? Im Spielerischen? In Ihrer Phantasie? In der Disziplin? Im selbstvergessenen Küssen? Im Beherrschen? Im Tun, als ob? Im Gestalten? Im augenzwinkernden Theatralischen? In der Willenlosigkeit? Im Anstoßen & Anschieben? Im Überraschen? Oder in etwas ganz anderem?

Seit der Verliebtheit schon einmal innig & intim geküsst?

Heiße Szenarien zum Wühlen und Spielen

➜ Kussorgie

«Küsse sind das, was von der Sprache des Paradieses übrig geblieben ist.»
Joseph Conrad

… einem Allerwelts-Hopser vermutlich überlegen.

Seit der Verliebtheit nie mehr richtig geküsst? Richtig lange und barock? Richtig innig?

«Ein Geschlechtsverkehr nur mit den Mündern – das wär's! Über und über mit Küssen bedeckt werden! Dann lippe und kose und züngele ich dich von oben bis unten! Der Einfachheit halber lassen wir die landläufigen Geschlechtsteile weg und nehmen uns eine Menge Zeit. Hmm?»

➜ Softer Sex

Langweilig? – Ja und!? Gönnen Sie sich die lange Weile.

«Leidenschaftlicher» Sex liegt Ihnen nicht sonderlich? Ihre sexuellen Gelüste sind eher lau? Aber zutrauliche Fellpflege – ja, gerne!?

«Lass uns im Bett liegen, uns berühren, überall. Langsam und sanft, ohne Sexschärfe, abwechselnd. Weil unsere Haut so wunderbar nackt und seidenweich und vielfältig ist und befühlt werden möchte. Vielleicht eine CD-Länge lang. Könntest du dir das vorstellen?»

➜ Matratzenlümmeln

«Darin besteht die Liebe: dass sich zwei Einsame beschützen und berühren und miteinander reden.»
Rilke

Sie jammern viel und andächtig darüber, dass Sie *«nie Zeit»* haben füreinander? Worauf warten Sie?

«Wir könnten einen ganzen (halben) Tag im Bett verbringen – miteinander sinnlos Zeit verbummelnd, unverbindlich kuschelnd und redend, bei Snacks und einem Glas Wein zum Beispiel. Spielregel: Kein Problemstemmen und kein Schleimhautsex. Wie wär das?»

→ Stilles Stecken

Ihr Ficken und Geficktwerden ist Ihnen zu fiebrig? Banal? Stressig? Besinnungslos? Oberflächlich? Einsam? Geschäftsmäßig? Heikel? Lieblos? Routiniert?

«Ich habe mich bei der Phantasie ertappt, du könntest deinen Lustschaft sachte zwischen meine rutschigen Flügelchen schieben und ihn dort – einmal eine runde halbe Stunde stecken lassen, ganz still, bis auf ein Minimum unbewegt. Wir tun nichts außer uns in die Augen schauen und warten. Warten und wahrnehmen, wie's ist.»

Reden?
Erst nachher.
Wenn überhaupt.

→ Heiteres Orgasmus-Raten

Geht für Frau und Mann. Bestimmt!

Haben Sie Stress mit den sexuellen Leistungsnormen: Sie schaffen es nicht oder nur mit krampfigem Aufwand, rechtzeitig zum Orgasmus zu kommen? Es ist Ihnen schon passiert, dass Sie dem anderen einen fulminanten Gipfelsturm vorspielten, um den Murx hinter sich zu bringen? Sie schämen sich ganz innen für Ihr kleines Geheimnis?

«Hilfst du mit bei einem verdrehten Bettspiel, von dem ich kürzlich in einem Buch gelesen habe? Nach unserer nächsten Stoßwonne rätselst du, ob ich einen richtigen Orgasmus gehabt oder dir einen vorgeschauspielert habe. Und du beschreibst genau, wie du auf deinen Tipp kommst. Ich werde es dir nicht zu einfach machen …!» Lacht.

Mit dem heiligen Orgasmus dürfen Sie ruhig ein wenig respektlos sein.

Beschäftigt Sie das Thema vorgetäuschter Orgasmus? Das beste Buch dazu ist Rachel Swift: Die Geschichte mit dem O. Hamburg: Kabel 1994 (ab Seite 185)

→ Dienst nach Vorschrift

Sie haben immer das Gefühl, dass Sie *«alles falsch machen»* beim Sex? Oder Sie hören Ähnliches vom anderen?

«Ich möchte mich dir einmal ganz hingeben: Du sagst mir ganz genau, was ich tun soll, welche Berührung dir wo angenehm ist, und ich führe alles präzisestens aus, so gut ich kann. Als Notbremse sage ich «STOPP!», wenn es für mich wirklich auf keinen Fall

Einer lernt sich hingeben. Und genießt es.
Der andere lernt ausdrücken, was er möchte. Und genießt es.

geht. Du respektierst das 100prozentig. Nachher oder ein andermal tauschen wir die Rollen. Einverstanden?»

→ Blind und träge

Beide blind? Ein erotisches Abenteuer!

Spielen Ihnen die Augen beim Sex manchmal einen Streich? Hindern Sie daran, sich zu konzentrieren? Oder irritiert es Sie, dass Sie Ihr Partner beim Sex nicht anschaut?

«Augenbinden könnten aufregend sein! Einer von uns macht sich blind und lässt sich vom anderen ausgiebig anschauen, während er sich ihm hingibt. Wenn das Schauen extrem verlangsamt ist, kommen die begleitenden, beschreibenden Wörter fast von selbst, glaube ich.»

web 41
17 weitere erotische Szenen-Impulse

Ohne Wörter kein Spiel!

«Man braucht nur ein wenig Phantasie, und alle Schlösser öffnen sich.» Karl Friedrich Hieronymus Freiherr von Münchhausen, der Lügenbaron (1720–1797)

Und wie lassen Sie nun Ihre Vorzüge & Vorlieben in einen innovativen sexuellen Spielplan einfließen? Sicher indem Sie just diese Frage zum gemeinsamen Thema erklären und sich aufmachen zur Pirsch nach real möglichen intimen Szenarien. Stöbern Sie in den paar spielbaren Kurzdrehbüchern herum, vielleicht fügt sich die eine oder andere Szene günstig zu Ihren Begabungen und Begierden, und wenn Sie noch mehr Glück haben, passt es auch auf Ihre Partnerin. Keine Frage: Ihre ausdrückliche Zustimmung, nein, ihre ausgesprochene Lust auf das Szenario, in das Sie einsteigen möchten, ist die alles entscheidende Voraussetzung, dass überhaupt etwas Spielerisches läuft zwischen Ihnen beiden.

Zwei Menschen, die es über lange Zeit sexuell miteinander gut haben wollen, können erotische Spannung vermutlich nur im Spiel (wieder-)herstellen. Es ist eine naive Illusion, anzunehmen, dass alle im Sex dasselbe wollen. Gewiss, manche Männer «wissen» genau, was sie wollen. Aber ihre Frauen haben gewöhnlich ihre Probleme damit; die Männer rücken nicht heraus mit den Schwierigkeiten, die ihnen die weiblichen Unsicherheiten und Probleme machen. Schwierigkeiten, die nicht ausgedrückt, und Schwierigkeiten, die nicht gehört werden, verstopfen die Lust im Bett. Auf Dauer bleibt also nichts anderes übrig, als das Schweigen zu brechen. Nicht unbedingt, um in erster Linie alle die Probleme und Schwierigkeiten im Sex lang und breit zu sezieren.

«Jede menschliche Tätigkeit, die um ihrer selbst willen genossen wird, weil die Aufmerksamkeit des Tätigen nicht über sein Tätigsein hinausgeht, ist Spiel.»
H. R. Maturana & G. Verden-Zöller: Liebe und Spiel. Heidelberg: Carl Auer Systeme Verlag 1994

Die Sprache bietet sich quasi von Natur aus an als Fünfsterne-Liebesdienerin. Sie ist Ihnen gern behilflich, ein neues, erotischeres Spiel einzufädeln, kunstvolle Spielregeln vorzuschlagen und auszuhandeln, den rasanten Drall der rein sexuellen «Triebabfuhr» genießerisch zu drosseln und einen befriedigenden Abschluss festzulegen.

Das heißt: Sie könnten Ihr sexuelles Drehbuch umschreiben. Sie spielen nicht länger ein Szenario mit, das sich als «natürlich» ausgibt, in Wirklichkeit aber nichts weiter ist als ängstlich und eng. Da ist die Welt im Bett in Ordnung, solange alles als «normal» durchgehen kann und nur ja nicht von der breiten Fernverkehrsstraße abweicht – egal wie öd und leer es dort sein mag. Man fürchtet nichts so gründlich, wie mit seinen sexuellen Phantasien allein und isoliert dazustehen; dann lieber die eingefahrenen Geleise der Gewohnheit. Lieber das Zölibat, als über die Lippen zu bringen, dass man «abweichende» Gelüste hat. Lieber weiß Gott was für Hobbys, Liebhabereien und Spielereien als erotische Spiele, die eine Naturbelassenheitsprüfung vermutlich nicht bestehen könnten.

«Der Mensch spielt nur, wo er in voller Bedeutung des Wortes Mensch ist, und er ist nur da ganz Mensch, wo er spielt.»
Schiller

Ein Spiel ist eine lustvolle Tätigkeit, die sich selbst genügt und keine Ziele verfolgt. Es wird ganz in der Gegenwart gelebt, es geht während des Tuns nur um das Tun und nicht um dessen Konsequenzen. Im Spiel sind wir dort, wo wir unsere Aufmerksamkeit hinlenken, und nicht unbedingt dort, wo unser Leib ist. Unsere Sexualität liebt diese spielerische Präsenz, die sich schöpferische Freiheit herausnimmt.

Wie wird Vögeln richtig luftig? – Indem Sie es aus der Vogelperspektive betrachten und sagen, was Sie sehen.

Kein Spiel ohne Regeln. Regeln *«ergeben sich»* nicht, sie sind weder *«natürlich»* noch *«spontan»*; sie werden vorgeschlagen, ausgehandelt, für spielbar erklärt und dann gespielt. Auch in der

«Wer mit vollem Bewusstsein eine Rolle spielt, begibt sich ins Geheimnis.»
Holger Schenk

Sexualität. Spielerische Sexualität ist planbar, verhandelbar und schließlich scharf; spielerisch wird sie, sobald der Mitspielende die Wahl hat, Gefühle zu zeigen – oder nicht. «Spontaneität» ist nur möglich, wenn Bewusstheit fehlt. Wer möchte schon «bewusstlosen» Sex machen? Man würde viel zu viel verpassen! Sexualität im Beziehungsalltag wird lustvoll durch spielerische Gestaltung. Mann und Frau sind Autoren, Regisseure, Schauspieler, Produzenten, technisches und administratives Personal, Sponsoren, Medienkritiker und Zuschauer in einem.

Klar, dass eine erotische szenische Idee von beiden Beteiligten gemeinsam ausgeformt werden muss, wenn sie aufregend für beide sein soll. Aufregend ist nicht nur die Szene, die dabei herauskommt; zu zweit phantasieren, planen, werweißen, Neues sich ausdenken und zurechtlegen – eine Lust! Und wenn's bereit ist, inszeniert zu werden: die Vorfreude, das genüssliche Warten auf das Spiel! Feinstoffliche erotische Spannung!

Lust ist Zeigen …

Das schärfste Gewürz: Sie bestimmen jederzeit in eigener Kompetenz, dass Sie sich bei allem Zeigen niemals restlos offen legen!

… und Verbergen gleichzeitig.

8 Reden beim Lieben

Intim unten & oben

Was verbindet uns Menschen mit den Bonobos? Wir haben 99 Prozent unseres biologischen Erbgutes gemeinsam. Und wir paaren uns von vorne, wir und die zierlichen kleinen Schimpansen im zentralafrikanischen Regenwaldgebiet. Jedenfalls, wenn wir Lust dazu haben. Die Missionarstellung, die ebenso verbreitete wie zu Unrecht verunglimpfte, hat nämlich den aparten Vorzug, dass wir uns dabei anschauen können. Wenn wir wollen. Und wenn wir's aushalten. Das Bonobo-Paar jedenfalls schaut sich beim Vögeln in die Augen, ganz lange. Und es küsst sich mit offenen Lippen und mit Zungenspiel. Wie wir, sicher solange wir neu sind füreinander.

80 Prozent der Leute kopulieren gewöhnlich von Angesicht zu Angesicht.

Das schönste Bonobo-Buch ist von Frans de Waal & Frans Lanting: Bonobos. Die zärtlichen Menschenaffen. Basel: Birkhäuser 1998

Niemand weiß genau, was Herr und Frau Bonobo davon haben, dass sie sich einander zuwenden beim Röhreln, sie genießen es einfach sichtlich. Bei uns ist das ein wenig komplizierter. Zwar schlemmen und schwelgen wir mit Schleimhäuten und Schwellkörpern «da unten». Ganz ähnlich wie die lieben Tiere. Solange wir verliebt sind – kein Problem. Doch wenn die berüchtigten 90 Tage der «psychischen Angina» (wie José Ortega y Gasset die Verliebtheit nennt) vorbei sind, bemerken wir mit stummem Schrecken Veränderungen im Bett. Die erotische Anziehung schrumpelt still und heimlich. Es zeigt sich mehr und mehr: Ganz so spielend wie bei den Bonobos geht's bei uns doch nicht.

Verliebtheits-Verfallsdatum 90 Tage – ein unverbindlicher Richtwert.

Was unterscheidet uns vom lieblichen Zwergschimpansen? Ohne viel von Anthropologie zu wissen, sehen wir, dass wir unterschiedlich ausgestattet sind. «Unten», zwischen den Beinen, sind die Werkzeuge einigermaßen vergleichbar, aber «oben», auf der Höhe Kopf und Herz, sitzen die Fähigkeiten, die uns unverwechselbar zu Menschen machen: Denken & Vorstellen, Fühlen & Lieben. Und mit unserem Mund können wir das ausdrücken, was uns bewegt. Vielleicht liebkost Frau Bonobo ihren Mann mit ihrem Mund innig, weil sie ihn liebt, oder auch, weil ihre Lippen seine Lippen genießen. Doch sie ist unfähig zu sagen: *«Du kannst dir nicht vorstellen, wie meine feuchte Mooshöhle entzückt ist über deinen Rüssel und wie dein sanftes Fell auf meinem fein kribbelt.»* Sie kann nicht entscheiden, ob sie reden will oder nicht beim Sexeln, sie weiß auch nichts davon, wie intim es sein kann, *«oben»* ebenso intim zu werden wie *«unten»*. Ihre Ausstattung als Tier ist eben anders: Ihr Instinkt sorgt kurzerhand dafür, dass sie mit ihrem Mann keine Fehler machen kann, wenn es um Sex geht.

«Der Kuss wird vom schönsten aller Körperorgane gezeugt, denn der Mund ist das Organ der Sprache, und die Sprache ist der Schatten der Seele.» Achilleus Tatios, altgriech. Romanschriftsteller, 2. Jh. n. Chr.

Um dieses Privileg ist er zu beneiden, und sie auch. Denn für viele menschliche Paare ist das Bett ein einziges Fettnäpfchen. Frauen und Männer leiden häufig unter dem Eindruck, als lauerten dort eigentlich nichts als Missgriffe. Sie fühlen sich unsicher und ungeborgen beim Lieben. Vermutlich weil sie die animalische Instinktsicherheit verloren haben. Und weil sie nicht wissen, dass sie den Verlust vielleicht wettmachen könnten, indem sie sich «oben» genauso miteinander verbinden würden wie «unten». Diese Verbindung können sie allein durch den verbalen Oral-Verkehr herstellen, der den «Geschlechtsverkehr» begleitet.

«Ohne die Sprache vermindert sich das Vergnügen an der Liebe um mindestens zwei Drittel.» Giacomo Casanova

Eine Idee: Tandeln Sie einmal total tonlos! Ja, versuchen Sie es zu Ihrem Vergnügen! Verklemmen Sie Ihre Erregung vollständig, wie wenn Sie ein Lebewesen mit Kiemenatmung und ohne Stimmorgane wären. Oder als ob Sie sich als illegales Liebespaar keinesfalls akustisch verraten dürften. Verlegen Sie den Ausdruck Ihrer Geilheit anderswohin: auf Ihre wachen Augen, Ihre wollüstigen Hände, Ihren geschmeidigen Körper, Ihr offenes Herz. Wenn Sie Ihren Partner für dieses Spiel gewinnen können, genießen Sie gemeinsam die aufregende Stille, die Sie spielerisch hergestellt haben. Finden Sie heraus, was Sie scharf macht an dem Spiel. Und was Ihnen fehlt.

Lieben Sie Stöhnen?

Die Paarung ist für die meisten Menschen eine pantomimische Nummer. Zwar drücken Mienenspiel, Gesten, Gebärden und Bewegungen Gefühle, Empfindungen und auch Missempfindungen aus. Sparsame Requisiten kommen vor und selbstgemachte Stöhntöne vielleicht auch, doch die Menschensprache bleibt bei dieser darstellenden Kunst draußen.

Nichts gegen Pantomime!

Marcel Marceau hat die Pantomime auf der Bühne zum exquisiten Kunststück entwickelt; im Bett ist die Sex-Pantomime ebenso anspruchsvoll zu spielen und noch viel diffiziler zu verstehen. Gewiss, Sie können sagen, Liebe machen sei das Handlichste und Bezauberndste von der Welt, da brauche man nichts zu verstehen, genießen genüge – wenn man sich ausreichend liebe. Wenn! Wenn Sie wüssten, was «Liebe» ist, wie viel es davon bräuchte, bis es «ausreichend» wäre, wie man einander diese «Liebe» zeigen sollte und vor allem, wenn Sie mit Ihrer Partnerin in diesen tückischen Fragen übereinstimmen würden. Und wie wollen Sie das pantomimisch abklären? Was ist, wenn Unsicherheiten, Differenzen, Missverständnisse auftauchen und wuchern? Wenn sich Leere, Scham, Angst zwischen Sie beide drängen? Da kommen Sie wahrscheinlich nicht darum herum, den Mund aufzumachen.

«Liebe ist die sonderbare Gabe, einen Menschen so zu sehen, wie er nicht ist.» Hannelore Schroth, Schauspielerin

Manche Leute machen den Mund auch wirklich auf und stöhnen, die meisten wenigstens auf dem «Höhepunkt» des Geschehens, beim Orgasmus. Und kurz davor. Manche einfach, wenn sie erregt sind, scheint es. Diese Musik klingt gut und betörend, doch wenn ich Sie fragen würde, was ein konkretes Stöhnen Ihres Partners bedeutet, stünden Sie vor der Qual der Wahl:

1000mal Stöhnen – 1000 Bedeutungen

★ Stöhnen = «Aaach, wenn du doch nur auch einen Laut von dir geben würdest …»

★ Stöhnen = «Ich bin so epochal scharf!»

«Der einzige Grund, warum ich mit dem Joggen anfangen würde, ist, um mich mal wieder keuchen zu hören.» Erma Bombeck, amerikanische Humoristin

★ Stöhnen = «Warum merkst du nicht, wie zuwider du mir bist …!»

★ Stöhnen = «Oahh! Es gibt nichts Besseres, als eine Frau zu sein!»

★ Stöhnen = «Wann ist das hier endlich vorüber?»

★ Stöhnen = «Jaaa! Nimm mich ohne jede Rücksicht!»

★ Stöhnen = «Neinnnn! Mein Liebhaber flippert hundert Mal besser!»

web 42

8 weitere Übersetzungen von «Stöhnen»

★ Stöhnen = «Mmmmist! Ich fürchte, ich schaff's wieder nicht rechtzeitig!»

★ Stöhnen = ...

Lust macht Erregung macht Stöhnen macht Summen macht Wortlust macht Lust.

Eine ungemütliche Vorstellung, sich beim Lieben alles zu sagen, was einem durch den Kopf zuckt und blitzt! Wenn Sie noch so weit weg sind von der Erleuchtung wie ich, haben auch Sie Aufmerksamkeitsmängel und Konzentrationsschwankungen, sogar wenn Sie vor Lust beben. Diese chaotische Bilder- und Gedankenflut mag heiß sein für Sie, weil Sie sich innerlich verflüssigt fühlen, beinah wie in einem Rausch. Aber solange Sie keine oder wenig Übung haben mit erotischem Reden und deshalb nicht wissen, was Sie sagen könnten und wie was wo ankommt bei Ihrer Partnerin, sollten Sie vielleicht etwas zurückhaltend sein – vor allem mit heiklen und kritischen Sätzen. Heikles gehört ohnehin nicht ins Doppelbett, sondern in ein Gespräch außerhalb des Schlafzimmers. Liebäugeln könnten Sie indes mit Ihrem Wollust-Stöhnen, das fast von Natur aus spielend in Wonnewörter überzugehen neigt.

Gut gestöhnt ist halb geredet.

Einwand: «Reden beim Sex blockt mich ab.»

«Dumm fickt gut.»
Stammtisch-schrott

Klar, was Sie nicht kennen, können Sie sich nicht gut vorstellen. Wenn Sie vom Klavierspielen keine Ahnung haben, kommt es Ihnen jenseitig vor, ohne auf die Tasten zu sehen mit beiden Händen und an der Orgel sogar noch mit zwei Füßen gleichzeitig Musik zu machen, und Sie sitzen achselzuckend vor den Tastenreihen. Im Bett ist es genauso: Sexualität können Sie neu zu verstehen versuchen als Duett zweier Musikanten, die beide mit ihren vielseitigen Instrumenten gemeinsame Musik machen. Oder als Spiel, bei dem Sie einander ganzheitlicher begegnen als nur gerade mit Ihren Geschlechtswerkzeugen. Oder als bewegte Berührung, die neben Ihren Schleimhäuten auch die Weichheit Ihrer Herzen und die Schönheit Ihrer Seelen mit einbezieht. Versuchen könnten Sie's vielleicht.

«Die Sprache beschreibt, überredet, erregt: die Worte haben die Kraft zu verzaubern.»
Isabel Allende

Versuch: Start mit Ohren

«Manche Ohren haben Wände.»
Robert Lembke

Nehmen Sie Ihre jetzige Bett-Realität als Ausgangspunkt. Wenn Sie also das nächste Mal miteinander orgeln, tun Sie es wie immer, auch wenn Sie mit dem Qualitätsstand Ihrer Sexualität nicht zufrieden sind. Seien Sie nicht zärtlicher oder aufmerksamer als sonst und geben Sie sich genauso wortkarg wie all die vorigen Male. Lassen Sie sich nichts anmerken und verändern Sie nicht das Geringste an Ihrem Beischlafgebaren – außer an Ihren Hörgewohnheiten.

Ihr Partner erfährt nichts von Ihrem Vorhaben. Gar nichts.

Diese Versuche haben den Vorzug, dass Sie äußerlich nichts zu verändern brauchen. Sie können Sex machen wie bisher. Sie müssen sich nicht gedrängt fühlen, jetzt plötzlich Wörter in Ihr Sex-Spiel zu bringen; vielleicht wollen Sie das ja auch gar nicht. Noch viel weniger brauchen Sie Ihren Partner in Ihre Streifzüge in erotisches Neuland ausdrücklich mit einzubeziehen. Dies könnte nämlich ein anspruchsvoller Entwicklungsschritt sein, den Sie sich möglicherweise für etwas später aufheben sollten.

«Bei uns Frauen sitzt der G-Punkt in den Ohren. Wer ihn weiter unten sucht, verliert seine und unsere Zeit.»
Isabel Allende

1. Stellen Sie sich vor, Ihre Ohren seien ein Geschlechtsorgan, ähnlich wie eine Vagina, die lustvoll aufnimmt, was in sie eindringt.

2. Seien Sie neugierig, als wären Sie bei Ihrem Fickus noch nie persönlich dabei gewesen.

3. Hören Sie auf die Laute, die Sie und Ihr Partner bei Ihrer Begegnung machen: Atmen, Stöhnen, Wimmern, Seufzen, Blasen, Hauchen, Flüstern, Schnaufen, Winseln, Schnieben, Brummeln, Säuseln, Summen, Schnurren, Flöten, Schnauben. Genießen Sie die Töne. Die Ihres Partners, Ihre eigenen.

Der Mensch ist ein Töne machendes Wesen.

4. Beim Sex machen Sie noch viel mehr und viel feinere Töne, die Sie vielleicht bisher überhört haben. Wie immer Ihre Körper berühren oder berührt werden, erzeugen sie Schwingungen oder schwingen selbst. Wenn es ganz still ist und Sie selbst auch, können Sie es hören. Begleiten Sie zum Beispiel Ihre Hand, wie sie langsam über die Haut Ihrer Partnerin gleitet. Ihr Fuß kann das übrigens auch! Haut ist überall am Körper verschieden und klingt darum je nach Körperstelle unterschiedlich. Behaarte Haut ist akustisch nicht vergleichbar mit glatter. Die Kopfhaut ist überhaupt unser lautestes Hautinstrument, natürlich auch, weil es bis zu den Ohren nicht weit ist. Sitzen unter der Haut ein Muskel, ein luftiger oder flüssiger Hohlraum (Brustkorb, Bauch) oder sehnige und knochige Gebilde, können Sie unterschiedliche Hautmusik hören. Hornhäutige Partien können wie ein Jazzbesen klingen, Nägel an Händen und Füßen bieten sich für spezielle Rhythmuseinlagen an. Völlig andere Klänge erzeugen Schleimhäute, besonders wenn zwei von ihnen sich berühren.

Entdecken Sie Ihre Körper als Klang-Ereignis.

5. Hören Sie nicht auf zu hören, wenn es still wird. Selbst die tiefste Stille ist belebt und bewegt. Vielleicht könnten Sie sich vorstellen, Sie lägen mit Ihrem Partner unter einem gemeinsamen feinen Gewölbe, Sie empfänden die Atmosphäre darin als dicht und lebendig, und Sie suchten sie ab nach den herumschwebenden feinen Klangelementen. Sie nehmen sie wahr und lassen sie verklingen, wenn sie vorbei sind. Hören können Sie natürlich nicht nur mit den Ohren. Schauen Sie Ihren Partner mit hellhörigen Augen an, und Sie werden ihn polyphon klingen sehen. Versuchen Sie, sich die sichtbaren Haut-Klänge vorzustellen. Das Gleiche ist auch möglich mit Gerüchen und Geschmacksempfin-

dungen. Horchen Sie mit allen Ihnen zur Verfügung stehenden Mitteln.

6. Haben Sie Lust, noch einen Schritt weiterzugehen? Hier ein Vorschlag: Nehmen wir an, Sie haben die Haut Ihrer Partnerin rund ums Liebeln schon ausgiebig belauscht, wenn Sie sie mit Ihrer Hand berührten **(4)**. Ein andermal stellen Sie sich nun vor, Ihre gleitende Hand könnte reden beim Berühren. Ganz leise zwar, aber wenn Sie genau hinhören, hören Sie, was sie sagt. Sie beschreibt nämlich haarklein ihre Wahrnehmungen und Empfindungen. Während Ihre Hand tastend über die Haut-Landschaft Ihrer Partnerin fließt, horchen Sie auf die Wörter und Sätze, die aus ihr herauskommen. Achten Sie auch auf ihre Stimme, ihren Tonfall, auf die Stille zwischendurch.

7. Noch eine clevere Idee der US-Autorin Barbara Keesling zum Ausprobieren: Wenn Sie das nächste Mal am Liebeln sind, hören Sie genau auf die Töne, die Ihr Partner macht, und imitieren Sie sie ganz einfach – nur viel leiser, sodass Ihr Echo gar nicht auffällt. Ducken Sie sich hinter ihren Klängen und schwingen Sie dort fein & innig mit. Sie dürfen gespannt sein, was jetzt in Bewegung kommt.

Synästhesien sind Mitempfindungen. Ein Sinnesorgan kann Reize auch aus anderen Sinnesbereichen aufnehmen.

Nicht selber reden. Lauschen!

Barbara Keesling: Talk Sexy to the One You Love. New York: Harper-Collins 1997 (Seite 61)

Dennoch haben es die stillen Vorstöße in sich. Sie könnten Ihnen erfahrbar machen, dass Stille in unmittelbarer Nähe neben der Sprache wohnt, wenn Sie ihr nur Ihr Ohr leihen. Der erste Schritt, den Sie ganz allein für sich machen, besteht darin, dass Sie Ihre bisherige Stummheit in Stille verwandeln, und Stille ist hörbar, und hellwach Gehörtes ist nahe dran, sprachlich gefasst und benannt zu werden. Ob Sie Frau sind oder Mann – Sex ist für Sie erlebnistiefer, das heißt sinnlich und emotional plastischer, wenn Ihre Wortlosigkeit lebendig wird. In Ihrem Inneren. Sie werden feststellen, dass beredte, lebendige Stille Platz braucht, dort in Ihrem Inneren.

Stummheit ist das Gegenteil von Stille. Stille ist Gesang.

Lob der Langsamkeit

«Machen Sie anstelle von Fortschritten lieber Entdeckungen.» Heinrich Jacoby

Die Panzernashörner haben's gut. Ihr schwergewichtiges Hupferl dauert dem Vernehmen nach zwischen 60 und 90 Minuten, allfällige Balz- & Nachspiele nicht gerechnet. Die Dick- und Hornhäuter scheinen sich Zeit zum Schwelgen zu nehmen. Rekordhalter unter allen kopulierenden Säugern sind offenbar die Präriewühlmauspaare mit ihrem 40stündigen Marathonbeischlaf. Bei uns Leuten des Abendlandes hingegen, wo mehr oder weniger zuverlässige Untersuchungsdaten vorliegen, soll sich die Standardbegattung durchschnittlich über satte 120 Sekunden erstrecken. Gehetzter sind nur die Schimpansen: Sie investieren knappe 7 bis 8 Sekunden, dies allerdings bis zu 60 mal pro Tag. Kein Wunder, dass Sex immer mehr Männern und vor allem Frauen zunehmend verleidet. Inzwischen wird von Fachleuten ernsthaft gemutmaßt, die so genannte «vorzeitige Ejakulation» passiere in erster Linie Männern (eventuell auch deren Frauen?), die keine (oder fast keine) Ahnung haben, wie sie ihren Sex genießen könnten und ihn darum möglichst zügig hinter sich bringen wollen.

Viel tierisch Anregendes in Michael Miersch: Das bizarre Sexualleben der Tiere. Ein populäres Lexikon von Aal bis Zebra. Frankfurt: Eichborn 1999

Außerdem wird es in 120 Sekunden ziemlich eng und gedrängt. Die knappe Zeit ist bei vielen Leuten randvoll angefüllt mit Kummer um ihren Orgasmus: *«Bin ich zu früh? Zu spät? Komme ich überhaupt?» – «Schafft sie's diesmal?» – «Hoffentlich merkt er's nicht ...»* Kein Platz für ausgedehnte Sinnenwonnen & hedonistische Gänsehaut. Die Dinge nehmen ihren rasanten Lauf, während Mann und Frau wahrhaft «von Sinnen» sind und getrieben von ihren stummen Ideen und Ängsten und Zwängen.

«Ejaculatio praecox», auch «Frühzündung», «Lampenfieber», «Termindruck», «Vorfeier», «Vorfreude», «Vorläufer» oder «Vorschuss» genannt

Natürlich, schon lange bevor sie richtig buckeln, ist es ungemütlich. Das berüchtigte so genannte «Vorspiel» ist oft eher Knochenarbeit als genüssliches Haut-Spiel. Bei der Arbeit drängt sich allemal das Ziel in den Blickpunkt vor. In den Köpfen wird alles daran gemessen, ob es dieser Zielvorgabe dienlich ist oder nicht: *«Mache ich's richtig? Oder greife ich wieder daneben?» – «Warum reagiert sie nicht?» – «Mist! Mir fällt nichts ein, was ihr gefallen könnte!»* – *«Jetzt wartet er bestimmt darauf, dass ich ihn lecke, aber ich kann nicht … Was soll ich bloß machen?»*

Die Sorgen stauen sich in den Hirnwindungen und verstopfen den lustvollen rechtshemisphärischen Fluss. Die Begegnung wird stotterig, angespannt und hektisch. Ängstliche Unsicherheit treibt das Tempo an. *«Nur ja keine peinliche Pause! Kein Loch, das meine Hilflosigkeit verraten könnte!»* – Wie wär's mit einem Versuch in der entgegengesetzten Richtung?

Vertiefte Infos dazu in Carol G. Wells: Sex beginnt im Kopf. Der mentale Weg zu höchster Erfüllung. München: Heyne 1991

Zeitlupen-Sex

Wenn Sie das nächste Mal schnäbeln, machen Sie es wie immer. Fügen Sie nichts hinzu. Vergessen Sie nichts, was Sie gewöhnlich auch tun. Geben Sie sich nicht die Spur einer Mühe, «besseren» Sex hinzukriegen, jedenfalls nicht mehr als sonst.

Experimentieren Sie einzig mit der Geschwindigkeit. Halbieren Sie Ihr Tempo! Streicheln und liebkosen Sie, rekeln und winden Sie sich, stoßen und schlängeln Sie wie all die vorigen Male – nur halb so schnell.

Und jetzt seien Sie aufmerksam auf Ihr äußeres und inneres Ohr. Lassen Sie es wie eine akustische Zeitlupenkamera alles aufzeichnen, was klingt an Bewegung & Berührung. Registrieren Sie die Feinheiten, die vielleicht deutlicher hervortreten können, wenn Sie den Fokus Ihrer Wahrnehmung schleppend wandern lassen: Was hören Sie Ihre Hände und Ihre Haut darüber sagen, was sie erleben? Jetzt, wo der Fluss verlangsamt ist, haben Sie es vielleicht mit weniger Druck zu tun. Sie können gelassen darauf warten, dass Sie die hauchfeine Stimme Ihrer Hautempfindungen auffangen.

Natürlich werden Sie sich vorerst hüten, Ihrer Partnerin etwas von Ihrem Versuch zu verraten. Sie wollen doch Ihren experimentellen Spielraum (noch) nicht einschränken lassen. Indem Sie nur gerade das Tempo variieren, und zwar nur Sie allein, ohne Wissen des anderen, können Sie erfahren, dass Sie im Bett durchaus einflussreich sind und nicht vollständig ausgeliefert.

Behalten Sie Ihr Vorhaben für sich! Setzen Sie Ihren Spielraum (noch) nicht aufs Spiel! Es ist Ihr Spiel.

«Was du sehen kannst, davon kannst du sprechen.» Chinesisches Sprichwort

Wie weihen Sie den anderen ein?

«Die Grenzen meiner Sprache bedeuten die Grenzen meiner Welt.» Ludwig Wittgenstein

Ich kann Sie gut verstehen, wenn Sie Ihren Partner nun endlich in Ihre Erkundungsreise mit einbeziehen möchten. Vielleicht haben Sie ja den Eindruck, die Stummheit in Ihrem gemeinsamen Bett gehe eigentlich in erster Linie von ihm aus. Er hat eventuell bereits ungünstig darauf reagiert, wenn Sie zaghaft in Richtung Vertonung Ihrer Sexualität vorgestoßen sind. Etwa indem er so tat, als hätte er Sie überhaupt nicht gehört. Oder indem er es ausdrücklich von sich wies, während des intimen Rangelns Wörter mitspielen zu lassen *(«Beim Sex muss*

Warnung: Niemals im Bett damit anfangen!

- ➔ Erzählen Sie Ihrem Partner von den Versuchen, die Sie mit sich selbst gemacht haben.
- ➔ Probieren Sie, ihn mit Hilfe der Ergebnisse Ihrer Testreihe neugierig und interessiert zu machen.
- ➔ Berichten Sie von den Anregungen in diesem Buch, die Ihnen einleuchten. Das geht aber nur, wenn Sie mit ähnlichen Initiativen noch keine negativen Erfahrungen gemacht haben.
- ➔ Fragen Sie ihn direkt, ob Sie ihn einführen dürften in eine der Expeditionen und ob er Lust hätte, mit Ihnen zusammen Neues, noch Unbekanntes zu erleben.
- ➔ Machen Sie ein kleines Spiel daraus: Sagen Sie ihm, Sie möchten diesmal beim Sex etwas anders machen, nur ein klein wenig. Er solle, wenn es ihm möglich sei, die Kleinigkeit herausfinden, die Sie verändern. Wenn er einwilligt, vergnügen Sie sich an ihm mit einer der Expeditionen, die Sie im Bereich Ihrer Empfänglichkeit und der Entschleunigung Ihres erotischen Erlebens kennen gelernt haben.
- ➔ Vielleicht berichtet er Ihnen darüber hinaus, welche Wirkung die winzige Veränderung für ihn gehabt hat, falls sie ihm aufgefallen ist. Laden Sie ihn ein, Ihnen seine Beobachtungen erst mitzuteilen, wenn Sie das Bett hinter sich haben.

Setzen Sie einen kleinen, aber attraktiven Finderlohn aus. Wenn's geht, aus Ihrer erotischen Schatztruhe.

man spüren! Reden lenkt nur ab.»). Oder er ist ein Sponti (*«Entweder spontan, oder wir lassen's ganz bleiben!»).*

Doch es könnte sein, dass Sie sich nicht (mehr) leicht abweisen lassen wollen. Möglicherweise sind Ihre Aussichten nicht so dürftig, wie Sie sich vorstellen – vorausgesetzt, Sie verstehen es, ihn zu locken.

Als Frau lassen Sie sich genauso gern locken, nicht wahr?

Wenn Ihnen der erste schwierige Schritt über die Stummheit hinaus gelingt, werden Sie doppelt belohnt. Einerseits wird Ihre gemeinsame Sexualität zum Thema. Und zwar nicht (wie es landesüblich ist) erst und ausschließlich aus Anlass einer massiven Störung im Bett oder wenn es gar nicht mehr anders geht, weil einem von Ihnen der Frustbeutel platzt, sondern spielerisch und in schöpferischer Perspektive. Und andererseits werden Sie vielleicht eine bedeutsame Entdeckung machen: Obwohl beim Sex selber (noch) kein hörbares Wort gesprochen wird, bewegen Sie sich unmerklich und krampflos in eine Richtung, wo Ihr Inneres zu klingen anhebt. Ihre dazugewonnene Lebendigkeit wird nach außen drängen und sich mitteilen wollen. Keine Rede davon, dass Sie «sich Mühe geben» oder «über den eigenen Schatten springen» müssten. Und der andere erst recht nicht.

«Sprechen ist unsere Lust und unser Wesen.» Novalis: Die Lehrlinge zu Sais

Sie stecken den anderen an mit Ihrer inneren Energie.

Was, wenn's klemmt?

Besonders Männer sind manchmal überraschend ängstlich und kennen nichts anderes, als die Intimität mit ihrer Frau fast ausschließlich Schwanz voran realisieren zu wollen. Wenn das nicht geht, werden sie unsicher, verängstigt und ungeschickt und neigen dazu, sich abzukapseln. Sie sind unzugänglich für die verbalen Versuche ihrer Partnerin, weniger zielgerichtete erotische Begegnungen anzuregen. Sie empfinden sie als Druck, und Druck beantworten solche Menschen mit zusätzlicher Verhärtung und weiterem Rückzug. Weiterer Druck führt geradewegs in den Teufelskreis.

Bedeutet das, dass Sie abgeschlafft zu Ihrer herkömmlichen

Frauen können natürlich unter den gleichen Druck geraten.

sprachlosen Sexualität zurückkehren müssen? – Nein! Geben Sie nicht auf! Sie dürfen Ihre innere Beredsamkeit als persönlichen Gewinn und Zuwachs an Vitalität betrachten. Sie werden künftig Ihren Partner neu und lebendiger berühren, da Ihre Seele achtsam mitvibriert. Genießen Sie das! Genießen Sie Ihre eigene Offenheit. Selbst wenn sich Ihr Partner im Moment nicht ausdrücklich auf einen verbalen Austausch einlassen will, wird er Ihren inneren Fluss spüren. Die Hoffnung, dass verfestigtes Inneres antaut und langsam weicher und flüssiger wird, dürfen Sie mit umso geschmeidigerer Beharrlichkeit aufrechterhalten, je weniger Druck sie auf ihn ausüben. Warten Sie! Bleiben Sie dran!

Dumpfe Stummheit ist genauso ansteckend wie hellwache Sprechseligkeit. Vorsicht: Sie können leicht zurückangesteckt werden!

Allenfalls können Sie Ihren Erwartungsdruck zurücknehmen, indem Sie alle Ihre Hoffnung fahren lassen. Sie könnten sich eventuell schonend mit dem Gedanken vertraut machen, dass es Ihnen niemals gelingen wird, Ihre Partnerin in diesem Punkt zu ändern. Sie ist vielleicht überfordert mit Ihren Träumen und Ansprüchen, die ich bei Ihnen möglicherweise mit diesem Buch noch zusätzlich schüre. Sie müssen damit rechnen, dass Sie in Sachen erotischer Ausdrucksfähigkeit begabter oder erfahrener sind als sie und dass sie nicht in der Lage oder nicht willens ist, mit Ihnen gleichzuziehen. Dass sich die Sexualitäten zweier Menschen nahtlos, himmlisch und dauerhaft ineinander fügen, ist, glaube ich, ein praktisch unerreichbares Harmonie-Ideal. Gut möglich, dass Sie es sich abschminken müssen.

> *«Wenn du vor dem Schweiger redest, bist du schnell nackt.»*
> Japanisches Sprichwort

Die Nähe der Wörter

Spielen Sie Bonobos! Spielen Sie mit Tönen!

Am Anfang sei das Wort gewesen, heißt es; doch beim Sex geht alles aus vom Atem. In Ihrer Erregung atmen Sie vielleicht tiefer, schneller, hechelnder oder langgezogener als sonst, und wenn Sie Ihrer Erregung freien Lauf lassen, werden Sie womöglich von einem Fluss mitgeschwemmt, der beinah von selbst zu klingen und zu singen anfängt. Sie tönen und stöhnen fast von alleine, wenn ihr heißer Luftstrom Stimmbänder,

Kehle, Zunge, Mund und Lippen passiert und zum Klingen bringt. Von hier ist es nur ein winziger Schritt zu regelrechten Wörtern: Kehlkopf, Gaumen, Zunge & Lippen sind die Instrumente, die Ihnen Tag für Tag zu Diensten sind, wenn Sie sich verständlich machen wollen. Wörter & Sätze zu formen ist für sie das Selbstverständlichste von der Welt, ja eine richtige Lust! Mit routinierter Leichtigkeit und traumwandlerischer Sicherheit entlassen Sie täglich Tausende von verständlichen Lauten aus Ihrem Mund. Manchen Leuten fällt das so leicht, dass sie mit sich selber reden, wenn sie allein sind, und sie sind sich dessen vielleicht nicht einmal bewusst. Viele können das sogar in der Bewusstlosigkeit des Schlafes.

«Die Eigenschaft des Tones ist dem Tastgefühl verwandt, und er wird ja auch in Worten mit warm, kalt, sinnlich, trocken, samtweich und seidenglatt umschrieben.»
Yehudi Menuhin

Und beim Sex, da sollen Sie auf einmal still und stumm sein? Das macht nicht viel Sinn. Der Strom vom Atem über den vertonten Schnauf zum geformten menschlichen Laut ist doch eigentlich fast reißend und unwiderstehlich.

Vielleicht ist es Ihnen auch aufgefallen beim Lauschen auf Ihre oder Ihres Partners wollüstige Klänge: unverwechselbar menschliche Laute entstehen, sobald Konsonanten mitschwingen. Da werden aus Stöhnen und Seufzen echte Silben. So können Sie zum Beispiel ein *«Uuuu!»* verfeinern in *«Uubhhh!»*, *«Uuffff!»*, *«Ughhh!»*, *«Uiibhh!»*, *«Uunnnh!»*, *«Upphh!»*, *«Uusshh!»* oder *«Uuwwh!»*. Achten Sie das nächste Mal beim Rangeln darauf, wie viele vielfältige Silben Sie beide kreieren, wenn Sie erregt sind: *«Åpfff!»*, *«Tsssüü!»*, *«Puhhuu!»*, *«Õhmm!»*, *«Aåffhh!»*, *«Wû!»*, *«Ëpphh»*, *«Nnnãhh!»* und Ähnliches.

Selbstvergessene satte Säuglinge singen solchen Singsang.

Einen «Sinn» lassen die meisten dieser «Wörter» nicht erkennen. Sie sind musikalische Poesie, Lieder ohne Worte, lyrischer Silbengesang aus einer anderen Welt, lautsymbolische Hymnen, kauderwelscher Singsang, selbstvergessene, klingende Trance mit Hilfe selbstgeschaffener Mantras.

Sie können beides tun: die singenden Silben einfach kommen und tönen lassen, aber auch tätig mitgestalten. Beides ist genussvoll. Wenn Sie auf Ihre Töne einwirken möchten, werden Sie sicher gemächlich & achtsam vorgehen. Angenommen, Sie haben Ihre Partnerin nicht über Ihre schöpferischen Ex-

Das «U» lässt besonders den Bauch- und Beckenraum vibrieren. Das «A» weitet Brust und Herz, «I» schwingt im Kopf. Probieren Sie aus!

kursionen informiert oder gar einbezogen. In diesem Fall machen Sie mit Vorteil ganz sachte Veränderungsschritte, die sich über eine lange Zeit hinziehen können. Als kleine Faustregel schlage ich Ihnen vor: Ihr Innovationsschritt ist dann am ergiebigsten (für Sie beide), wenn Sie (fast) sicher sein können, dass der andere ihn nicht bewusst bemerken wird.

ode auf N

lepn
nepl
lepn
nepl
lepn
nepl
nnnnnnnn
lopn
paa
lopn
paa
o nepl
o lepn
plllllll
lepn
plllllll
lepn
plllllll
nepl
lepn
plllllll
lopn
paa
noo
paa

[...]

Ernst Jandl: Laut und Luise. Ditzingen: Reclam 1976

Meditative Versuche

→ Ganz einfach: Wiederholen Sie die artikulierten Klänge, die aus Ihnen herauskommen, wenn sie Ihnen gefallen und gut tun. Verändern Sie sonst nichts. Scheuen Sie sich nicht, Ihrem wohligen und erregten Gesang Refrains einzufügen. Meditative Weisen (Litaneien, Rezitative, Psalmen) beziehen ihre beruhigende Kraft aus der einförmigen Wiederholung.

→ Variieren Sie nur die Lautstärke. Lassen Sie sie ein wenig an- und abschwellen, je nachdem, wie erregt Sie sind.

→ Ändern Sie an einzelnen Phonemen herum, bis sie ganz darauf passen, wie Sie im Moment gestimmt sind. Lassen Sie dabei Rachen, Gaumen, Zunge, Zähne & Lippen selbständig machen. Wenn Sie sie nicht behindern, sind sie am kreativsten. Etwa so: «Wuõhh – oppphh – pphuuh – uchhh – chäämmmhm – mmî – isshssh – sshähh – möhmhh ...» Genießen Sie auch die wechselnden Farben & Formen Ihrer Klangbilder.

→ Jonglieren Sie: Nehmen Sie die zwei, drei Silbengebilde, die Ihnen besonders leicht & wohltuend über die Lippen kommen, und lassen Sie sie sanft & langsam wiederkehrend durcheinander wirbeln.

→ Stellen Sie sich vor, Ihre Klänge seien Hände. Berühren & streicheln Sie Ihren Partner damit ganz langsam. Folgen Sie Ihren Berührungen mit den Augen, wenn Sie mögen.

→ Wenn Ihr Partner wortartige Gebilde macht, können Sie sie aufnehmen und damit spielen, als ob es Ihre eigenen wären. Versuchen Sie behutsam, in lose Wechselgesänge mit ihm einzustimmen. Beantworten Sie seine Töne, indem Sie sie wiederholen & verwandeln & verzieren.

Seien Sie vorsichtig! Wenn der andere aufmerksam wird und keine Ahnung hat, was Sie da machen, versteht er plötzlich die Welt – und Sie – nicht mehr. Je unscheinbarer und unmerklicher Ihre Versuche, umso fruchtbarer für Sie.

Der Schritt vom «wortartigen Gebilde», das zum Beispiel zerfließende Wohligkeit & Erregung ausdrückt *(«Mhêhmm!»)*, zu Wörtern, die im Duden zu finden sind *(«Schön!»)*, scheint bescheiden und mühelos zu tun. Wenn Lust überfließt, müsste für menschliche Wesen der sprachliche Ausdruck das Naheliegendste sein. Sollte man meinen. Der Mann vom Mars würde gewiss seinen Ohren nicht trauen, wenn er im Rahmen eines interplanetaren Austauschprogramms unsere Fortpflanzungsgepflogenheiten studieren würde. «Da gibt es einen schwer verständlichen Widerspruch», stünde in seinem Forschungsbericht. «Die Menschen verfügen über eine hoch differenzierte Sprache, die sie zu ihrer Verständigung ausgiebig brauchen, wo immer sie miteinander zu tun haben. Wissenschaft, Kunst und Alltagskultur sind ohne sprachliche Verständigung undenkbar. Doch wenn zwei Menschen sich körperlich (und seelisch?) nahe kommen, scheinen sie ihre Sprache zu verlieren, als ob sie von einer Aphasie betroffen wären. Sie schränken ihre gesamten Lautäußerungen drastisch ein, sodass sich für den Beobachter die Frage stellt, ob ihnen die Aktivitäten, die offenbar in einem ungeklärten Zusammenhang mit der Fortpflanzung stehen, wirklich Freude machen. Menschliche Dolmetscher bestätigten glaubhaft, dass kaum eine der wenigen beobachteten Verlautbarungen sprachlichen Charakter gehabt habe.»

«Ein Hauch unseres Mundes wird das Gemälde der Welt.»
Johann Gottfried Herder

Aphasie: Zentrale Sprachstörung nach abgeschlossener Sprachentwicklung: die äußeren Sprechwerkzeuge und Sinnesorgane sind intakt, ebenso die Intelligenz.

Die außerirdischen Forschungsergebnisse bilden gewiss die hiesige Bettrealität ziemlich genau ab: Fester Bestandteil fester Beziehungen ist der Pantomimen-Sex. Karge musikalische Untermalung kommt vor, der vertiefte Atem zieht unweigerlich vereinzelte Töne und Klänge nach sich; aber richtige lexikalische Wörter kommen kaum vor. Ausnahmsweise ruft die Frau *«Aua!»*, wenn sich ihr Mann beim Stoßverkehr versehentlich mit dem linken Ellbogen auf ihrer rechten Brust abstützt.

Zum Beispiel *«oh!»* und *«ahh!»* und – selten – «ui!»

Dann ist's wieder ziemlich still, noch stiller als vor dem Missgeschick.

Einwort-Gesang

«Was soll ich denn überhaupt sagen beim Vögeln? – Mir fällt einfach nichts ein …»

«Aua!» könnte immerhin das erste Wort in einem neuen, lebendigen erotischen Wortschatz sein. Alle Kinder der Welt beginnen ihren Spracherwerb mit solchen Einwortsätzen (Holophrasen), nachdem sie sich im ersten Lebensjahr einen umfangreichen Lautschatz zugelegt haben. Erst lallen und babbeln sie, gurren und plappern. Dann verdoppeln sie selbstgemachte Laute *(«nana», «dada»)*, echoen, was sie von Erwachsenen hören, und es scheint, als würden sie spielerisch die über hundert Muskeln trainieren, die an der Veränderung des Stimmtrakts und damit am Sprechen beteiligt sind. Sie machen Instrumentalmusik.

Sex kann genussvoll kindlich sein: schamlos selbstvergessen und ganz hingegeben.

Zwischen dem 12. und 18. Monat folgt nun der erste Gesang: Ein-Wort-Äußerungen. Sie klingen wie einzelne Wörter *(«Papa!?»)*, bedeuten aber für das Kind meistens viel mehr als für die Erwachsenen (zum Beispiel *«Ich habe Papa ins Haus kommen hören, und ich freue mich auf ihn! Ich möchte ihm so gern entgegenlaufen. Darf ich?»)*. Die ersten lexikalisch korrekten Wörter sind also randvoll bepackt mit Bedeutung und außerdem eingebettet in eine Reihe von nicht-verbalen Signalen, die diese Bedeutung noch verstärken: Tonfall, Mimik, Gestik. Alles in allem geht es in erster Linie um Gefühle, die das Kind ausdrücken und vermitteln will, um starke, unmittelbare und unaufschiebbare Gefühle.

So ähnlich könnte es sein, wenn Sie mit Ihrem Partner einen Rutscher machen und es dabei erstmals mit Wörtern versuchen möchten. Was für ein wundersames & spaßiges Erlebnis, erotischen Sinn mit einer willkürlichen Lautverbindung zusammenzubringen! *«Die Menschen gesellen sich zueinander vermittelst der Rede»*: Mit Wörtern versichern sich Liebende ihrer Gemeinsamkeit. Sprechen ist doch unsere angeborene Lust, ge-

Francis Bacon: Novum Organum 1620

hört zu unserem innersten Wesen – und zwar Sprechen um des Sprechens willen! Sonst im Leben machen Sie das doch auch: Sie ziehen zur stummen Wirklichkeit eine sprachliche Parallele, indem Sie etwa sagen: *«Was für ein wunderbares Wetter heute!»* Mehr noch: Als ob Sie Zweifel an der (offensichtlichen) Realität hätten, rückversichern Sie sich mit einem floskelhaften *«nicht wahr?»*. Tatsächlich möchten Sie aber nichts anderes als gemeinsame Sache machen mit Ihrem Gegenüber – eben wie jetzt, wo Sie mit ihm im Bett sind. Sie möchten natürlich vermeiden, dass sich gerade jetzt, in diesem Moment, die Abgründe zwischen Ihnen auftun, die es ja auch noch gibt. Es liegt Ihnen daran, trotz allem ein paar geglückte, aufregende Momente gemeinsam möglich zu machen. Sie haben Glück: Wörter sind Brücken. Auch einzelne Wörter.

Stellen Sie sich die tägliche Kalamität vor, gäbe es dieses «sinnlose» Wortgeklingel nicht. Fast so peinlich wie im Bett.

Kosen beim Küssen

Möchten Sie versuchen, Ihr Bettschweigen zu brechen? Gute Aussichten haben Sie mit dem naheliegendsten aller Wörter – dem Vornamen Ihrer Partnerin. Sollte Ihre gemeinsame Sprachlosigkeit angejahrt und verkrustet sein, vermöchten Sie damit das Schweigen vielleicht fürs Erste anzutauen, statt zu brechen.

«Die Sprache ist, gleich nach dem Küssen, das erregendste Kommunikationsmittel, das der Mensch bisher entwickelt hat.» Beat Gloor: 81 Sprachbeobachtungen

Den Anfang könnten Sie im Alltag machen, am hellichten Tag, meine ich. Die meisten Menschen schätzen es ausdrücklich, wenn sie von ihrem Partner namentlich angesprochen werden – statt *«Du!»*, *«He!»* oder *«Hallo!»* oder gar nichts. Sie empfinden das wie eine kleine Liebkosung. Wer's lange vermisst hat, fühlt sich vielleicht sogar angenehm überrascht & beschenkt.

Wie wär's, wenn Sie einen Faden wieder aufnähmen, den Sie im Laufe der gemeinsamen Zeit verloren haben? Wie nannten Sie Ihre Partnerin früher? Zu Beginn Ihrer Beziehung? Bevor Sie aufhörten, sie bei ihrem Namen zu nennen? Wissen Sie, wie sie sich jetzt nennen lassen möchte von Ihnen? Würde

Unsicher? – Fragen Sie gelegentlich nach!

sie es überhaupt schätzen, wenn Sie jetzt damit anfangen würden?

Sollten Ihre Erfahrungen tagsüber ermutigend sein, könnten Sie den Partnernamen vielleicht auch beim Sex als Brücke ausprobieren. Geben Sie den Namen Ihrem erregten Luftstrom mit wie eine flüchtige Feder. Wissen Sie etwas darüber, wie die zärtliche Botschaft ankommt? Wann & wie genau würde Ihre Partnerin gern ihren Namen hören? Wenn sie scharf ist? Vorher? Wenn's vorbei ist? Möchte sie, dass Sie ihr *«Anna!»* ins Ohr flüstern oder hauchen oder einfach ganz trocken sagen? Oder öfter wiederholen? Gibt es (Kose-)Namen, vor denen Sie sich hüten müssen, wenn Sie sie nicht irritieren wollen?

«Sommerregen warm: Wenn ein schwerer Tropfen fällt bebt das ganze Blatt. So bebt jedes Mal mein Herz wenn dein Name auf es fällt.» Erich Fried

Und apropos – wie ist das bei Ihnen selbst? Möchten Sie beim Sex mit Ihrem Namen angesprochen werden? Ist es möglich, dass Sie sich auf diese Weise persönlich gemeint fühlen würden? Können Sie sich vorstellen, wie der Klang Ihres Namens Ihr Inneres zu bewegen vermöchte? Weiß Ihre Partnerin, wie Sie's gern haben?

Vielleicht finden Sie den ganzen Aufwand um den Namen entbehrlich und lästig. Oder Ihnen oder Ihrem Partner gefällt der Vornamen nicht, und Sie vermeiden ihn aus diesem Grund. Sie verweisen darauf, dass Sie einander am Telefon auf Anhieb erkennen, auch wenn Sie sich kurz und bündig mit *«Hallo, ich bin's!»* melden oder unvermittelt zu reden anfangen. Ihre Stimme identifiziert Sie tatsächlich noch schlüssiger als Ihr Name, und Sie können ihr mindestens ebenso viel Gefühl und Zuwendung mitgeben wie dem Vornamen.

«Liebe ist das unwiderstehliche Begehren, unwiderstehlich begehrt zu werden.» Robert Frost

Herzwarm kosen lässt sich natürlich auch mit Kosewörtern. Zwar wirken die Anreden manchmal etwas abstrus und abgestanden, weil sie wie Bernsteine eines fernen Goldenen Zeitalters nicht in den unerbittlichen Ernst der Gegenwart hineinpassen wollen. *«Jetzt hör aber auf, Schnäggli! Ich lass mich von dir nicht ins Unglück treiben!»* Möglicherweise ist es an der Zeit, Ihre Koseworte daraufhin zu überprüfen, ob sie noch zeitgemäß und emotional tauglich sind – auch beim Sex. Nach Absprache können Sie ausräumen und ersetzen.

Faust aufs Auge

Namen und Kosewörter werden mit Vorliebe zum Grüßen verwendet. Der Gruß diente auf dem ganzen Globus schon immer dazu, das Schweigen zu brechen. Der Wortkern von «Grüßen» bedeutet ursprünglich «zum Reden bringen». Wenn Sie also Ihren Partner mit seinem Vornamen oder einem Kosewort ansprechen, verlocken Sie ihn wirklich zu einer Antwort, das heißt, Sie stoßen Kontakt und Austausch an. Sie klopfen an seine Tür und machen es ihm leicht zu öffnen.

web 44 154 Kosewörter zum Stöbern

An die Tür klopfen können Sie eigentlich fast mit jedem Wort. Vielleicht sorgen Sie sich viel zu sehr darum, ob Ihnen beim Sex überhaupt etwas einfällt, und wenn doch, ob's am Ende nicht das Falsche ist. Anstrengend, nicht wahr?! Viele Handwerker machen's genau umgekehrt: Sie erleichtern sich anstrengende, anspruchsvolle Arbeit mit Hilfe von Wörtern, indem sie vor sich hinmurmeln.

Angst vorm Blackout im Bett?

Sprachbegleitete Montage

> «So, und jetzt noch hier, dieses Loch... mmh, ahh... Moment! – Groß genug?? – Klemmst womöglich... Nein, es geht. Schwein gehabt! – So, das passt. Passt genau. – Noch ein Dreh... Komm, komm! – Mach nicht schlapp! Komm! – *(Lacht)* – Passt fast zu genau... *(Stöhnt)* So ein Murks! – Achch... – Hoppla! Puhh, jetzt ist gut. – Soo, du hältst wenigstens. Läufst mir nicht mehr davon. – So! Mal zusammenstecken... sollte eigentlich...»

Sind Sie beim Sex auch so präsent? Und so kommunikativ?

Glauben Sie vielleicht, der Sanitärmonteur mache sich auch nur einen einzigen Gedanken darüber, ob er die richtigen Worte beim Arbeiten findet? Sicher nicht. Er merkt wahrscheinlich nicht einmal, dass er am Reden ist, die Wörter und Sätze fließen glatt und beinah lustvoll aus ihm heraus, weil er so konzentriert & selbstvergessen & entspannt ist.

Mir ist aufgefallen, dass Handwerker das gewöhnlich nur

Kinder (auch volljährige!) begleiten manchmal das Schreiben oder andere Arbeiten mit Zungenbewegungen: der Anfang unwillkürlichen Redens beim Tun.

tun, wenn jemand sie hören kann. Nicht dass sie eine Antwort erwarten von mir, nur ja nicht! Ich glaube, sie kämen sich blöd vor, wenn sie allein vor sich herreden würden, und könnten die günstige Wirkung des arbeitsbegleitenden Redens nicht genießen. Würde ich mich aber in ihr Reden einschalten und zum Beispiel eine ihrer Fragen beantworten, fühlten sie sich gewissermaßen ertappt, zu wörtlich und auf den Arm genommen. Andererseits sprechen sie meistens ein Gegenüber an, reden also eindeutig zu den Dingen, mit denen sie sich beschäftigen, als ob es Personen wären. Damit scheinen sie den Kontakt mit den Gegenständen eng und lebendig zu erhalten.

Viel Faszinierendes zum Wunder der Sprache in Wolf Schneider: Wörter machen Leute. München: Piper 1997

Gut möglich, ja sogar wahrscheinlich ist, dass Sie einen Teil Ihrer alltäglichen Tätigkeiten ebenfalls mit Wörtern und Sätzen begleiten, still für sich oder hörbar für andere. Vermutlich machen Sie es vor allem, wenn Sie Ihren Partner in Hörweite wissen. Mit ihm fühlen Sie sich so vertraut, dass Sie sich nicht zurückzuhalten brauchen. Sie können es aus sich herausfließen lassen, wie's gerade kommt: *«Eben hatte ich doch die Zange noch in der Hand. Wo ist sie jetzt, zum Teufel?»* Den anderen «brauchen» Sie als eine Art passiven Resonanzkörper. Sie möchten nicht, dass er sich einmischt in Ihre inneren Angelegenheiten. *«Wo du sie zuletzt hingelegt hast, nehme ich an.»*, könnte Sie zu Recht auf die Palme bringen. Er wäre zu weit gegangen.

Achten Sie in der nächsten Zeit darauf, wie Sie das machen, wenn Sie Ihre Beschäftigungen mit Reden musikalisch untermalen. Schauen Sie, mit welcher unbekümmerten Leichtigkeit das vonstatten geht. Versuchen Sie, Ihre sprachschöpferische Unbeschwertheit beizubehalten, auch wenn Sie sich selbst ein wenig belauschen – und sich darüber freuen. Handeln und Reden gehen gut zusammen! Eines stimuliert das andere, und gemeinsam macht beides mehr Spaß.

Sprache, Arbeit und Spiel lassen sich nicht voneinander trennen, früher jedenfalls nicht, als Handarbeit noch weit verbreitet war. Arbeitslieder und Arbeitsgemurmel sind spielerisches Reden und unverhohlenes Vergnügen. Schwatzen, Murmeln, Summen & Singen bei der Arbeit halfen mit, die Mühsal zu verkürzen, indem die Arbeit damit in die tröstliche Nähe des Spiels gerückt wurde. Das weltberühmteste Beispiel: der Blues der amerikanischen Schwarzen. Dem rhythmischen Ballen der Kräfte beim Rammen, Ankerlichten, Segelhissen und Lastenstemmen dient noch heute der Arbeitsruf *(«Hau-Ruck!»)*. Wer hier nach der «Bedeutung» der verwendeten Wörter und wortähnlichen Laute suchen wollte, würde sich ebenso umsonst anstrengen wie der Mann, der sich damit quält, «das Richtige» zu sagen, während er mit seiner Frau fiedelt. Hier wie dort gibt es nur einen «Sinn»: Musik. Musik koordiniert unser Tun, nimmt ihm die ernste Schwere und macht es zum Spiel – alles Zutaten, die auch unseren Sex versüßen & verschärfen können.

Der Blues wurde zuerst, in der 2. Hälfte des 19. Jahrhunderts, nur gesungen, a capella.

Angst schnürt die Kehle zu, sagt man. Singen macht sie auf.

Zarter Hau-Ruck im Bett

Sie können die Wörter beim Rammeln ebenso selbstverständlich zum Laufen bringen wie beim Rammen. Im Bett macht es allerdings noch viel mehr Freude, die antrainierte Stummheit hinter sich zu lassen. Schließlich möchten Sie doch auch hier Ihre lustvollen Fähigkeiten mit denjenigen Ihres Partners koordinieren, damit ein gemeinsames erotisches Gesamtkunstwerk entsteht. Wie wollen Sie das machen, ohne zu wissen, wo er gerade ist, und ohne zu signalisieren, was Sie im Augenblick vorhaben? Stumm tappen Sie doch beide im Dunkeln. Sie meinen, schließlich *«spürten»* Sie Ihren Partner und kennten ihn genau genug, um seine körperlichen Signale zuverlässig zu lesen: Reden sei überflüssig, wenn nicht störend? – Nun mal ganz nüchtern: Spüren können Sie bis zu Ihren Fingerspitzen und weiter nicht. Ihr Gespür hat genau die Reichweite Ihres Nervensystems. Und dann fängt die Welt Ihres Partners an. Möchten Sie von dort etwas erfahren? Wenn ja, dann fragen Sie! Liegt Ihnen am Herzen, dass er etwas von Ihnen mitbekommt? Dann reden Sie!

«Befehlen, fragen, erzählen, plauschen gehören zu unserer Naturgeschichte so wie gehen, essen, trinken, spielen.» Ludwig Wittgenstein: Philosophische Untersuchungen § 25

Das sei so unromantisch, sagen Sie? – Finden Sie's denn romantisch, ständig blind und taubstumm zu mutmaßen, wo sich

Ihre Frau beim Sex möglicherweise mit ihren Gedanken gerade herumtreibt? Empfinden Sie das wirklich als intim: Unten flutscht es vor Schärfe, und oben ist ein aussichtsloses Ostereier-Suchen im Gange. Weder Sie noch ihre Frau haben eine Ahnung, wo der andere seine farbigen Eier versteckt hat. Gewiss, es kommt vor, dass auch eine blinde Sau zufällig eine Eichel findet. Sprachloses, benebeltes Mausen kann bisweilen heiß und hitzig sein, gar ekstatisch und explosiv gelegentlich. Doch wenn Sie auf diese glücklichen Fügungen angewiesen sind, werden Sie im Laufe der Jahre immer länger auf sie warten müssen, und eher als Ihnen lieb ist, werden die Sternstunden im Doppelbett ganz ausbleiben, und Sie kommen zu kurz, Sie beide. Ein Jammer wär's. Also: Wie könnten Sie oben ebenso wollüstig werden und einander in aufregende Nähe kommen wie unten?

«Das rechte Gespräch ist ein bloßes Wortspiel.» Novalis: Monolog über die Sprache

Wenn Sie ein experimentierfreudiges Paar sind, steigen Sie ein wie Barbara Keesling: Ihr Partner legt sich nackt und bäuchlings aufs Bett und bleibt passiv & still & ganz Ohr. Sie setzen sich neben ihn. Ihre Finger & Ihre Augen beginnen, ausgehend vom Nacken, eine genüssliche, langsame Reise über die ganze Körperlandschaft des anderen. Sie konzentrieren sich immer auf einen einzigen Ort in dieser Landschaft, verweilen dort lange und lassen Wörter & Sätze kommen, die Ihnen gerade einfallen. Es sind Wörter & Sätze, die beschreiben, was Fingerbeeren & Augen berühren, und zwar fein & genau, als gelte es, Ihrem Partner zum ersten Mal eine Ahnung zu vermitteln, welch ein Wunderwerk sein Körper ist. Vielleicht wollen aber auch Erinnerungen, Bilder, Phantasien dabei sein, wenn Sie über des Partners Haut lustwandeln.

Barbara Keesling: Talk Sexy to the One You Love. New York: Harper-Collins, 1997 (Seite 132)

Nein, auf Erregung werden Sie jetzt nicht aus sein, weder Sie noch Ihr Partner. Hier erfahren Sie, mit welcher Leichtigkeit Sie Sprache einfließen lassen können in Ihre körperliche Nähe. Sie fangen an, Wortlust zu genießen, die Sie verbindet als die sprachbegabten Wesen, die Sie sind.

Ergießen Sie Ihren wachen Bewusstseins-Strom Wort für Wort über die empfängliche Haut-Topographie Ihres Partners.

Dirty Talk? – Lieber nicht!

«Liebe ist rein. Porno ist rein & raus.»
Anonym

Reden beim Sex können sich die meisten Leute nicht plastisch vorstellen. Sie assoziieren «Bettgeflüster», seicht, schlüpfrig, grob wie im hirnschwündigen Porno-Streifen. Genau genommen hegt man auch moralische Bedenken dagegen. Der Dreck am Dirty Talk kommt aus den ungehobelten Dialogen in Sexheften und Pornofilmen, von denen jedermann schon mindestens ein Ohr voll mitbekommen hat. «So» möchten Sie als Mann bestimmt nicht mit Ihrer Frau zu reden anfangen, und wenn doch insgeheim – dann können Sie sich beim besten Willen nicht vorstellen, dass sie es schätzen würde. Also werden Sie sich hüten! Und als Frau kämen Sie sich wahrscheinlich unerträglich nuttig vor. Mit Zärtlichkeit und Liebe hätte derlei nichts mehr zu tun, denken Sie vielleicht. Stimmt auch. In einem Umfeld von Ausbeutung und Frauenverachtung blähen sich die plumpsten Männerphantasien und die grobschlächtigsten Bilder- und Wortorgien.

Pornographie ist Phantasie, nicht sexuelle Wirklichkeit. Phantasien können nützlich, destruktiv oder harmlos sein. Das bestimmen Sie.

Also alles Pfui? Es könnte ja sein, dass Sie doch fasziniert sind von den phantasiegesteuerten Deftigkeiten. Vielleicht sehnen Sie sich danach, einmal so hemmungslos & direkt mit ungewaschenen Wörtern zu hantieren, wenn Sie scharf sind und Ihr Partner auch. Das wäre für mich gut verständlich; denn der Kontrast zu wortlosem Routine-Sex und zu lendenlahmer Bravheit könnte wirklich ordentlich spannungsgeladen sein – sogar wenn sich vorerst alles lediglich in Ihrer Phantasie abspielen würde.

«Die Erotik ist ein von Gespenstern bevölkerter Bereich. Sie ist das Niemandsland, verflucht und verzaubert zugleich.»
Camille Paglia

Interessiert? – Dann mache ich Ihnen einen Vorschlag: Ich lege Ihnen ein paar knüppeldicke Wörter und Sätze vor, die ich aus Sexheften gestohlen habe. Sie lesen die Ergüsse, einen nach dem anderen, lehnen sich zurück und stellen fest, welche unanständigen Bilder in Ihnen entstehen und wie Sie darauf reagieren, innerlich. Dann gehen Sie an die Übersetzung. Machen Sie es wie ein Simultanübersetzer, der sich niemals hetzen lässt. Suchen Sie in aller Ruhe nach Formulierungen, die möglicherweise in Ihren Mund und in Ihr Ohr passen könnten.

«Mangelnde Phantasie ist der Grund dafür, dass Menschen Vergnügen an Pornographie finden.»
Peter Ustinov

Missverstehen Sie mich bitte nicht: Wir bewegen uns im Moment im Reich der Phantasie und der phantasieträchtigen sprachlichen Fingerübungen. Keine Rede davon, dass Sie Ihre nächste Bettszene gefährden sollen durch nicht entschärfte Wortgranaten.

Pornodialoge maßschneidern

Eine manierliche Übersetzung, gewiss! Aber je nach Tonfall und Begleit-Gesten könnte die brave Version schärfer wirken als die aufgedonnerte in der linken Spalte.

«Hol mir sofort meinen schweren Rüssel raus …»	«Ich hab Lust auf dich, …»
«… und lass dich abficken!»	«… Lust auf Sex.»
«O ja, du hast aber ein riesiges Bockshorn, …»	*«Ja, ich spür's bei dir …»*
«… ich kann nicht warten, bis du mich aufspießt!»	*«… und das macht mich ganz aufgeregt.»*

Versuchen Sie eine persönliche mundgerechte Übersetzung!

«Nix da! Erst fick ich dich in deine Fresse! Mach das Maul auf!»	....
«Her mit deinem Kolben! Mein Mund ist tief und gefräßig!»	....
«Ich stopf dir das Maul mit meinem Bolzen. Saug dich fest, du geile Sau!»	....

Dolmetschen – schwerer Job!

«Und jetzt will ich dich zureiten, bis du um Gnade wimmerst.»	....
«O ja, fick mich! Fick mich durch! Fick mich in mein heißes Loch!»	....

Nehmen Sie's leicht …

«Willst also getankt werden? Sollst du haben! Spreiz deine Dreckschenkel!»	....

«Ich platze vor Schärfe auf deinen dicken Riemen. Ramm ihn da rein!»	....
«So, du Luder, jetzt bist du dran! Ich mach Kleinholz aus dir!»	....
«Ah, ahhh, spreng mich in die Luft! Oh, gleich explodier' ich, ohh!»	....
«Ich geb dir den Rest! Da, du Miststück! Du verdienst es nicht besser!»	....
«Spritz mich voll! Spritz los mit deinem Prügel, du scharfer Bock!»	....

... spielerisch ...

... und mit einem Lachen, ...

... wenn's geht!

Die Porno-Bocksprache zäumt die Sprachlosigkeit buchstäblich am Schwanz auf. Sie ist ein reines Phantasieprodukt, hergestellt von Männern für Männer, von bestimmten Männern für bestimmte Männer. Für den privaten männlichen Wichs-Konsum scheint sie geeignet, sonst würde Porno nicht verkauft. Sollten Sie einmal hinreißend erregt sein, entfährt Ihnen unter Umständen ein derber Sex-Brocken, der Ihr gemeinsames Feuer mächtig auflodern lässt – vorausgesetzt, Sie wissen genau, dass das Ganze bei Ihrer Partnerin nicht nach hinten losgeht. Am besten gehen Sie hier kein Risiko ein. Sie haben nämlich viele andere Möglichkeiten, Ihre Sexualität mit Wörtern anzureichern und zu verschärfen. Es könnte sein, dass Sie sich mit Gewinn von der Idee lösen würden, Reden im Bett mache nur im Sex-Geschäft einen Sinn, und bei Ihnen zu Hause sei folglich verkniffenes Schweigen bei der Verrichtung normal und dringend empfehlenswert. Oder eigentlich sollten Sie ein säuselndes Bettgeflüster von sich geben, doch das sei absolut nicht Ihr Fall. Oder mangels würziger alternativer Ideen bleibe Ihnen keine andere Wahl, als einander anzuschweigen, wenn Sie am Lieben sind.

Wenn Sie nicht ausdrücklich gefragt haben, in jüngster Zeit, können Sie es nicht zuverlässig wissen.

Aber Moment mal: Waren Sie nicht eben noch angezogen

Ein Fleisch werden – stockstumm? Das ist wie Tanzen ohne Musik.

von dem Gedanken, Sie könnten sich beim Zwitschern vielleicht manchmal oben ebenso nahe kommen wie unten? Sie werden doch nicht so schnell aufgeben wollen!

Entspannt reden

web 45

Ihr Urrhythmus – Anregungen für erotisches Ein- & Ausatmen

Reden ist Ausatmen, und Ausatmen ist Entspannen! Sie haben Recht, in unseren Köpfen argumentiert's ganz anders: *«Reden beim Sex ist unnatürlich und macht mich nur nervös! Das lenkt mich ab.»* – Sexuelles Reden lenkt Sie ab? Wenn Sie also zum Beispiel während der Paarung die Unterlippe Ihrer Partnerin mit der Kuppe Ihres Zeigefingers berühren und zum Beispiel sagen würden: *«Mein Gott, was bist du hier weich! Und da, innen, wird's feucht, glatt, nass …»*, dann empfänden Sie das als Ablenkung? Wirklich? Ablenkung wovon?

Ich sehe das Gegenteil: Ihre Wörter lenken doch Ihre Aufmerksamkeit auf die Mitte Ihres Erlebens, sie steuern die Konzentration auf den Brennpunkt Ihrer Lust. Und Ihren Partner nehmen Sie auch gleich mit! Er hört & sieht, wo Sie sind, was Sie bewegt & erregt, und er lenkt seine Konzentration auf denselben Fokus: *«O ja, deine Fingerhaut auf meiner Lippenhaut … wunderbar glatt! Streich weiter so drüber …!»*, sagt er vielleicht, so gut er kann, mit Ihrem Finger auf seiner Lippe. Er hat Ihre Einladung angenommen, ist auf Sie eingegangen und lädt nun Sie wieder ein, ihm präzis zu begegnen: nicht nur unten zwischen den Beinen, sondern auch oben mit Ihrer und seiner Wachheit. Und genau das wollten Sie doch, oder?

«Miteinander reden ist eine Form des Geschlechtsverkehrs.» Anaïs Nin: Das Delta der Venus

Jetzt wird's wieder kompliziert mit dem Reden, sagen Sie? Sie meinen, eben noch hätte ich Ihnen vorgeschlagen, sich in den Schoß der Entspannung sinken zu lassen, und dabei würden die Worte fast von alleine kommen. Und nun sei plötzlich Konzentration gefragt. Entspannt und konzentriert sein, gleichzeitig – klingt das nicht wie Gas geben und bremsen, gleichzeitig?

«Wenn wir unseren Leidenschaften widerstehen, dann weil sie schwach sind, und nicht wir stark.» La Rochefoucauld

Nein. Entspannen und Konzentrieren ist nicht komplizierter als auf zwei Beinen gehen und es genießen, als zuhören und mitfühlen, als fremde Haut berühren und die eigenen Finger spüren. Vielleicht bedeutet es einfach: Augen auf, Sinne auf, Herz auf! Was Sie sehen, hören, fühlen, schmecken, riechen, fällt in Ihrem Inneren gebündelt auf den Bewusstseinspunkt Ihrer Aufmerksamkeit. Sie sind also mitten drin im Geschehen und gleichzeitig dessen Beobachter. Sie geben sich hin und erleben zugleich mit, wie Sie das «tun». Sie sind erregt und parallel dazu neugierig auf die Beschaffenheit Ihrer Erregung. Der neugierige Beobachter in Ihnen ist redselig, weil Sie ein sprachbegabter Mensch sind. Er möchte nicht geizig bei sich horten, was ihm zufällt wie Sterntaler. Was Ihnen durch die Sinne und dann durch den Sinn fließt, drängt nach außen – zum anderen! Die Berührung mit ihm liegt Ihnen doch am Herzen, ja am Herzen! Nicht nur an der feuchten Furche oder an der starren Standarte.

Interessiert Sie das? Viel mehr dazu lesen Sie mit Genuss in Margo Anand: Tantra oder Die Kunst der sexuellen Ekstase. München: Goldmann 1997

Sexualität ist Musik, Sie und Ihre Partnerin sind die Instrumente. Als Saiteninstrumente können Sie sich vorstellen. Ihre Saiten brauchen beides, Entspannung & Anspannung. Sonst reißen sie oder hängen durch. Sie klingen erst an- & aufregend, wenn sie stimmen, übereinstimmen mit Ihnen selbst und abgestimmt sind auf Ihren Partner. Und wie stimmen Sie Ihre erotischen Saiten? Zum Beispiel mit Hilfe Ihrer Stimmen natürlich.

Ohne Konzentration sind Sie abgelenkt. Ohne Entspannung versteifen und verstricken Sie sich.

Vielleicht stimmt es also gar nicht, dass Sprache das Fühlen vom Denken trennt und damit die Einheit des Erlebens zerstört. In der sexuellen Intimität & Erregung können Sie Ihre spielerischen & meditativen Fähigkeiten zusammenfließen lassen. Die Sprache macht Ihr Spiel & Zusammenspiel erst möglich und fokussiert Sie beide auf Ihre intime fließende Berührung.

«Flow» ist seit einigen Jahren ein Synonym für «Glück». Ob Sie segeln, arbeiten, extremklettern, kochen, essen oder lieben – immer wenn Sie in die strömende Ordnung der Bewusstheit eintauchen, sind Sie glücklich. Sie wollen kein Ziel erreichen, steuern keinen Höhepunkt an: Fließen *ist* der Höhepunkt. Ein-

Mihaly Csikszentmihalyi: Flow. Das Geheimnis des Glücks. Stuttgart: Klett-Cotta 1992

ziger Zweck des Fließens ist, im Fließen zu bleiben. Wenn der Fluss im Gang ist, schmilzt das Ego – die beste Voraussetzung, um in der Sexualität «ein Fleisch» zu werden, poetisch gesagt.

Wenn Sie also zusammen mit Ihrem Partner genüsslich und ausgedehnt erotisch und sexuell fließen und fliegen möchten, überlassen Sie sich am besten dem Aufwind der Sprache. Sprache koordiniert und verstärkt Ihr erotisches Strömen.

Blind, stumm & scharf?

«Die Augen sind die Lenker der Liebe.» Sextus Propertius (50–16 v. Chr.): Elegien

Ihrer Partnerin beim Rangeln in die Augen sehen – nein, das gehe nicht, sagen Sie? Das sei Ihnen zu viel, Sie hätten das noch gar nie versucht, oder höchstens einen buchstäblichen Augenblick lang, um sich zu vergewissern, dass sie noch da ist.

Dabei haben Sex und Augen viel miteinander zu tun, das wissen Sie natürlich. Ist es nicht ein klein wenig peinlich für Sie, dass der Bonobo-Mann seiner Frau entspannt und ungeniert in die Augen schaut, während er ihr seine Genusswurzel einpflanzt? Und sie, sichtlich glücklich darüber, sieht ebenso locker und ungezogen in sein Gesicht. Wetten: Wenn die beiden das können, schaffen Sie's auch, wenn es Sie danach gelüstet!

Sie *müssen* nichts!

Die Augen sind eine ausgesuchte erogene Zone. Wussten Sie das? Die ganze Augenregion verleitet zu feinsten Berührungen mit Fingerspitzen, Lippen und Zunge. Früher hieß die Liebkosung der Wimpern «Schmetterlingskuss». Und erst das Auge selbst! Es lässt sich behutsam knuddeln mit einer schleimhäutigen, glitschigen Zunge – ein zart-zutrauliches Betasten.

Während der Paarung schauen manche Augenpaare gern zu. Sie sichten die Körperlandschaften, die sich begegnen; sie beobachten mit Lust die animalischen Vorgänge; sie geilen sich auf an den Szenenbildern, die für sie erotisch und sexuell bedeutsam sind.

Umgekehrt sind Augen potente Ausdrucksorgane. Sie können reden, von Trauer und tiefer Bewegung besonders augenfällig: Sie sind es, die weinen. Aber auch warme und kalte Gefühle, Erregung und Innigkeit vermögen sie auszudrücken. Sie sind der Spiegel der Seele und das Fenster der Wonne. Nur, in dem Spiegel zu lesen ist nicht immer einfach. Wie alle anderen nicht-verbalen Signale ist der Ausdruck der Augen missverständlich. Schon mancher Mann hat zum Beispiel die verwunderliche Erfahrung gemacht, dass Weinen nicht gleich Weinen ist. Rinnende Tränen können Trauer bedeuten, sicher. Aber ebenso Rührung, Wut, Verzweiflung, Ratlosigkeit, Scham, Freude oder hilflose Erregung & Hingabe, Aufgelöstheit & Verfließen. Wer wird sich da auskennen? Nur der Sprachkundige. Der Neugierige, der zu fragen versteht. Wer verstopft, verklebt, stumpf, verschlafen ist, macht vermutlich Fehler und tappt peinlich daneben.

Haben Sie die Augen Ihrer Partnerin schon einmal lange und genau angeschaut? Schweigend, nicht stumm. In ihrer bizarren Schönheit können Sie versinken.

Sensible Augen und die Lust auf erotische Wortbrücken gehören also zusammen wie körperliche Fitness und Sichzurechtfinden im Gelände für den Orientierungsläufer. Angenommen, Sie sind in beidem unsicherer Anfänger: Sie fühlen sich bang, wenn Sie Ihrem Partner beim Liebeln in die Augen schauen möchten, und die erotischen Wörter fließen nicht so leicht und weich über Ihre Lippen, wie Sie's gerne hätten. Paradoxerweise kommt Ihnen zustatten, dass er ziemlich sicher genauso gehandikapt ist wie Sie: blicklos und stumm. Das ist Ihre Chance: Sie können in aller Ruhe sein Gesicht anschauen. Und sich aus intimer Nähe laben an seinem Gesicht, an seiner Erregung und Selbstvergessenheit, an den bewegten Landschaften seines Antlitzes, an dem schimmernden Spiel von Licht und Schatten darauf. Starren Sie nicht: Lassen Sie Ihre lebenslustigen Augen zu deren Vergnügen über sein ganzes Gesicht wandern & flanieren & hüpfen & schweben. Machen Sie's wie ein Erstklässler beim Lesen: Unterstützen Sie Ihre Augen mit Ihrem Zeigefinger.

Nehmen Sie sich Zeit! Tasten Sie seine oder ihre Gesichtszüge ab. Langsam.

Den ungewohnten neugierigen Blick auf ihrem Gesicht wird Ihre Partnerin spüren. Sie schlägt vielleicht die Augen auf, begegnet Ihren Augen. Eine kleine innere Erschütterung bei Ihnen beiden: Blicke, die aufeinander treffen, nah, sehr nah,

«Macht man doch nur, wenn man verliebt ist…!» Wer sagt das?

Sie sehen und werden gesehen im gleichen Augenblick, der Atem scheint einen Moment zu stocken, Fluchtreflex: Wieder Augen zu und nichts wie weg nach innen! Aber diesmal halten Sie stand, einen Augenblick länger als sonst, Sie lächeln vielleicht und erlauben sich, mit einem kleinen Seufzer Ihren Atem wieder in Fluss zu bringen. Sie wissen ja: ausatmend sind Sie selbstgemachten Klängen ganz nah – Seufzern eben, weichen stöhnenden Lauten, Tönen aus Ihrem Inneren. Was aus Ihnen herauskommt, unterstützt Sie, wenn Sie eine intime Brücke zu Ihrer Partnerin schlagen möchten in diesem nahen und zugleich heiklen Moment. Vielleicht zieht sich Ihre Partnerin wieder hinter ihre Lider zurück in ihre eigene Welt. Macht nichts! Das ist ja, was Sie kennen: Vögeln und erregt sein und nicht wissen, wo der andere wirklich ist.

Das möchten Sie verändern? – Es geht! Nicht heute, nicht morgen. Ganz langsam.

Oder – o Schreck! – Ihre Frau starrt Sie verwirrt an und sagt: *«Was ist los??»* oder *«Was habe ich (wieder) falsch gemacht?»* oder *«Tut's weh?»* oder *«Was schaust du??»* oder *«Ist was?»* oder *«Hat's geläutet?»* oder *«Ich seh blöd aus, gell?»* oder *«Bist du schon gekommen?»* oder *«Sollen wir aufhören?»* – Warum erschrecken Sie? Sie hat doch das Schweigen gebrochen! Sie macht es Ihnen leicht, sich auf sie einzulassen – auf Augen- & Herzhöhe, und nicht nur zwischen den Beinen. Versuchen Sie sich vorzustellen, Sie möchten den Faden aufnehmen, den sie Ihnen anbietet. Was würden Sie tun? Was sagen Sie?

«Sie sprach zu ihm, sie sang zu ihm; Da wars um ihn geschehn.» Goethe: Der Fischer

Ein kitzliger Augen-Blick

★ «Schön, deinen Augen zu begegnen, jetzt wo's so aufregend ist.»

★ «Ich habe darauf gewartet, dass du deine Augen aufschlägst.»

★ «Schau mich an!»

★ *Ich küsse ihre linke Schläfe. Dann ihre Augenlider. Ganz langsam.*

★ «Mit offenen Augen zu lieben ist speziell gut!»

★ «Meine Augen wandern über dein Gesicht. Deine Augen sehen, was meine tun.»

★ «Ich liebe dich.»

★ *Ich zeichne mit dem kleinen Finger ihre Augenpartie nach.*

★ *Ich lächle:* «Gott, was machst du mich verlegen mit deinen Augen! Und wie es kribbelt da unten!»

★ ....

Greifen Sie in den Wühltisch.

Probieren Sie Reaktionen aus, die Ihnen (in der Phantasie) wach und lebendig vorkommen.

Flüstern könnte Ihnen vielleicht leichter fallen als Reden. Weil Sie dabei Ihren Wörtern mehr Atem und Stille mitgeben.

web 46
8 weitere augenblicksintime Angebote

Sich beim Liebeln in die Augen sehen ist stark, manchmal ein beinah überwältigendes Zusammentreffen, das Angst und Erregung gleichzeitig auslösen kann. Angst und Erregung stehen in einem unübersichtlichen und paradoxen Verhältnis zueinander. Erregung kann durch Angst verhindert, aber auch geschürt werden. Wollen und Nichtwollen pendeln sich in ein ambivalentes Gleichgewicht ein. Die Angst heizt die Erregung an, indem sie die bereits vorhandene physische Aufregung nährt, sofern sie nicht zu groß ist, die Angst. Der Körper reagiert ja ähnlich auf Angst machende und sexuell stimulierende Situationen: Er spannt seine Muskeln an, lässt das Blut schneller durch die Adern fließen und beschleunigt Herz und Lun-

«Nie wird ein Auge satt, wenn es beobachtet, nie wird ein Ohr vom Hören voll.» Prediger Salomo 1,8

Angstlust! Das gibt's.

gen. Sexualität ist, wie wir selbst, ein abgründiges Geheimnis. Es lässt sich weder wegstreicheln noch wegreden.

Spitzenbuch zu diesem Thema von Jack Morin: Erotische Intelligenz. Die Erschließung der inneren Quellen sexueller Leidenschaft. München: Goldmann 1997

Wenn Sie als Paar, vielleicht erstmals wieder seit vielen Jahren, scheue Versuche unternehmen, einander in die Augen zu schauen beim Fackeln, wagen Sie sich vor in einen Tabubereich der Sexualität, der begehrliche Aufregung für Sie bereithält. Wirklich verstehen werden Sie das Rätsel wahrscheinlich nie – glücklicherweise, sonst wäre die Spannung weg! Mit den Wörtern, die Sie über das Abgründige hinweg dem anderen zuwerfen wie Blumenblüten, fügen Sie dem Treiben spielerische Leichtigkeit hinzu. Sie entdecken allmählich, dass Sie sich nicht neu zu verlieben brauchen, weder in neue Leute noch in Ihren Partner, um wieder Herzklopfen & Flattern im Zwerchfell zu erleben. Gehen Sie an die Überwindung Ihrer Stummheit im Bett! So beleben & begrünen Sie Ihr erotisches Brachland.

«Ins Ohr geflüsterte Worte kann man tausend Li weit hören.» Chinesisches Sprichwort

Als erotisch fruchtbares Paar haben Sie viele Möglichkeiten: Sie können die Augen schließen beim Aalen, um sich ganz dem Fluss Ihrer sinnlichen Wahrnehmungen und Ihren Phantasieströmen zu überlassen. Oder nur einer von Ihnen öffnet die Augen und schaut seinen hingegebenen Partner. Oder Sie setzen sich beide Ihren Blicken aus, haben also einen direkten, intensiven Austausch zwischen Ihren innersten Zonen. Diese Verbindung Ihrer Augen kann kraftvoll sein, fast zu kräftig vielleicht; aber sie ist für sich allein auch eingeschränkt in ihren Ausdrucksmöglichkeiten. Und missverständlich. Doch millionenfach erweiterte Spiel- & Ausdrucksvarianten stehen Ihnen zur Verfügung, sobald Wörter hinzukommen. Wörter bieten Ihnen ein ganzes unerschöpfliches Universum von musikalischen Elementen, die solo oder zu zweit einsetzbar sind. Sie können sie frei spielen lassen, und wenn Sie Lust haben, die Stille zu genießen, können Sie einfach still sein.

Nur Worte können Missverständnisse klären.

Und übrigens: Warten, bis der andere endlich was sagt beim Sex? – Nein danke! Nur Selberanfangen, Selbermachen bringt's. Gewartet haben Sie schon genug.

«Sag doch was!» – Auweia, wie peinlich!

Lieben auf Distanz: Telefonanie

Telefonsex kann eine so schwül-heiße Sache sein, dass man sie nicht dem Sexkommerz überlassen sollte. Die Potenz der Sprache und die erotische Kraft der Stimme haben auch Sie beide zur Verfügung, selbst wenn Sie sich schon Jahre nicht mehr fremd sind. Die Telefondistanz kann Ihnen vielleicht genau das wenigstens teilweise zurückgeben, was Sie als Paar inzwischen leider beinah ganz eingebüßt haben: den Kitzel der Verfremdung.

«Zieh dich aus und ruf mich an!» Zeitungsannonce

Ein Spiel ist's natürlich! Arrangiert und inszeniert, wie alles, was Pfiff hat. Willkommene Gelegenheit bekommen Sie, wenn Sie freiwillig oder notgedrungen für ein paar Tage getrennt sind aus geschäftlichen oder anderen Gründen; doch selbstverständlich können Sie sich auch heute Abend oder morgen früh zu einem sittenwidrigen Telefon-Date verabreden – ohne jeden seriösen Anlass wie Urlaub oder Auslandreisen, mitten in Ihrer Tagtäglichkeit. Sie brauchen nur beide ein Bett oder eine Couch in einem störungssicheren gemütlichen Raum mit Telefonanschluss. Und mindestens eine Stunde Zeit.

Lesen Sie zum Anwärmen: Nicholson Baker: Vox. Roman. Reinbek: rororo 1999

Gehören Sie bisher zu der Mehrheit der Leute, die sich des Telefons bedienen wie irgendeines anderen alltäglichen praktischen Gebrauchsgegenstandes wie Kugelschreiber oder Zahnglas? Dann haben Sie Glück: Vielleicht enthüllt Ihnen die fast 130 Jahre alte Erfindung von Alexander Bell ihren speziellen erotischen Drall, spät, aber noch rechtzeitig!

Möglicherweise antörnend ist auch Chris G.: Die Nummer, die Erfüllung bringt. Sex per Telefon. München: Droemer (Knaur Taschenbuch) 1996

Stellen Sie sich doch vor: Sie liegen halb nackt und mit einem Kissenberg unter Ihrem Kopf in Ihrem Bett, den Telefonhörer klemmen Sie zwischen Kissen und Ohr, sodass Sie beide Hände frei haben für alle Berührungen, die Sie gelüsten, wenn Sie jetzt Verbindung haben mit Ihrem Partner, der ebenso pulsiert wie Sie, hörbar an Wörtern, die präzis & selbstvergessen beschreiben, wie's ist, und hörbar an luftigen Klängen, die ihren Auftrieb beziehen aus der Hitze im Inneren und daraus, dass Sie sich gegenseitig in die Glut blasen, die Sie sich bereitet haben mit virtuosen Zugriffen auf Klitoris & Schwanz, weil Sie

«Gott, wie schön warst du gestern Abend am Telefon!» Sacha Guitry

wissen, dass Sie die Heißluft der Erregung zu sprachlicher Verwegenheit verleitet und die erotische Mundfäule, entstanden aus lähmender Gewöhnlichkeit, kurzum verbrennt …

Möchten Sie sich nicht so weit vorwagen oder noch nicht? Dann streuen Sie winzige heiße Partikel in Ihre Telefongespräche, unscheinbare, vieldeutige Verlockungen & Versuchungen, kleine, verwirrende Andeutungen & Angebote, zusammenhanglose, überraschende Anzüglichkeiten & Frechheiten. Vielleicht malen Sie sich und Ihrem Partner am Telefon zu gänzlich unpassender Zeit ein sexuelles Szenario für heute Abend aus – laut & deutlich! Aber bitte nur, wenn Sie sicher wissen, dass er auf so etwas wartet.

Wenn Sie die Telefon-Rechnung nicht fürchten: Das Handy ist ein Hit!

9 Duett im Bett

Erotische Partituren

Sie schaffen es nicht ganz, sich genau und konkret vorzustellen, wie Sie Ihre Sexualität vertonen könnten? Was Sie sagen könnten, wenn Sie erregt werden oder scharf sind oder Ihren Partner beflügeln möchten? Es kommt Ihnen überhaupt nichts in den Sinn? Oder nur unbrauchbare Allerweltssprüche, für die Sie sich blamieren müssten? Vielleicht fürchten Sie ein Blackout, verkrampft oder peinlich berührt zu sein, unter Druck zu geraten, von Ihrem Partner sitzen oder liegen gelassen oder verlacht zu werden.

Sie wissen: Sie *müssen* gar nichts!

Zu dumm für Sie, wenn Sie, im Bett mit ihm, erfolglos nach erotischen Worten ringen, mit denen Sie doch so gern einen typisch menschlichen Kontakt herstellen möchten. Einen Kontakt nämlich, der handfest ist & fein, sinnlich & innig, eng & liebevoll, verbindlich & spielerisch, ernsthaft & witzig. Oder?

«Liebe ist ein Duett. Schwindet sie bei einem, verstummt das Lied.» Adalbert von Chamisso

Es ist nicht ganz ausgeschlossen, dass ich Ihnen aus der Patsche helfen kann – unter *einer* Bedingung: Sie müssen mir zusichern, dass Sie die Szenarien weder ganz noch teilweise für Ihren privaten Gebrauch übernehmen werden. Die Szenen sind entweder meiner Phantasie entsprungen, oder ich habe sie aus meinem Freundeskreis anvertraut bekommen. Sie haben mit Ihnen als Frau oder Mann, so einzigartig wie Sie sind, nicht viel zu tun. Ihre selbstbewusste Sexualität braucht selbstgemachte Vertonung.

Das schaffen Sie! Nur Sie allein.

Die Szenarien sind Türöffner in Ihrem Kopf, sie können Ihnen zeigen, dass Sexualität und Sprache kompatibel sind: Die beiden passen sogar so gut zusammen, als wären sie füreinander geschaffen. Eine erotisch viel versprechende, wohlige, scharfe oder liebes-innige menschliche Begegnung lockt unwillkürlich Laute & Wörter & Sätze heraus – wenn Sie sie nicht in Ihrer Kehle ersticken. Dass es überhaupt geeignete Klänge & Sprachbilder gibt, sehen Sie auf den nächsten Seiten. Lesen Sie wie in fremden Notenblättern zu einer fremden Musik. Sie vergessen sie nach der Lektüre sofort und machen Ihre eigene Musik! So kommen Sie auch nicht in Versuchung, gestresst und strapaziert zu werden; denn die Partituren wollen Sie nicht unter Leistungsdruck setzen. «Gut» sind Sie im Bett dann, wenn Ihr persönlicher Originalton zur Sprache kommt.

Unrealistisch? – Sie machen Ihre persönlichen realistischen Szenen!

Vielleicht vermissen Sie in den erotischen Dialogen auf den folgenden Seiten den derb-fleischlichen Zungenschlag. Pornographische Texte bringen Ihnen da den gewünschten Kick. Achten Sie indes genau darauf, dass Ihr Partner wirklich das exakt gleiche Interesse und den gleichen Geschmack hat wie Sie. Das können Sie nur zuverlässig feststellen, wenn Sie ausdrücklich und detailliert fragen und nachfragen.

Quellen: Sexshops und Erotika-Abteilungen in großen Buchhandlungen. Oder im Internet.

Noch etwas: Erotische und sexuelle Partituren am grünen Tisch zu lesen kann einen befremdlichen Eindruck auf Sie machen. Gut möglich, dass Sie mit den Wörtern und Sätzen wenig anfangen können oder gar nichts; vielleicht fühlen Sie sich beschämt, abgestoßen. Oder genau umgekehrt: Erregte Wörter und Sätze bringen Sie in Fahrt und erhitzen Sie, überraschend und unwillkürlich. Am besten rechnen Sie mit allem, auch damit, dass Sie Gelegenheit bekommen, Neues an sich kennen zu lernen.

«Wir können uns ohne die Sprache nicht einer Sache bewusst sein. Unsere Bewusstheit hängt gewissermaßen mit der Sprache zusammen.» Anais Nin

Solo-Auftritt

Ihr Mann ist bockstumm im Bett? Höchstens wenn *«es ihm kommt»*, verliert er für ein paar Sekunden die Herrschaft über

Mann	**Frau**	
Kommt aus der Dusche und und schlüpft zu ihr unter die Decke.		Es ist 22:40 Uhr
	Liest noch einen Moment in ihrem Buch weiter.	
Kuschelt sich an sie und greift an ihre rechte Brust. Beginnt ihre Brustwarze zu zwirbeln.		
	Seufzt ein klein wenig und legt ihre Hand beschwichtigend auf seine Hand.	Seufz: *«Diese Männer! Sie begreifen's nie!»*
	Jetzt klappt sie das Buch zu. Sie wendet sich ihm zu, schlingt ihren rechten Arm um ihn. Ihren Kopf bettet sie an seinen Hals. Küsst ihn dort.	
Stumm. Umarmt sie und fährt mit der Hand zärtlich durch ihr Haar.		Die Geschichte bis hierher: Beide sind an Sex interessiert. Er möchte so einsteigen, sie anders.
	Genießt die Berührung, stöhnt leise.	
Seine Hand streift streichelnd ihren Hals, ist wieder von ihrer Brust angezogen, bleibt dort, konzentriert sich erneut auf ihren Nippel.		
	Ist sofort mit ihrer eigenen Hand zur Stelle, nimmt die seine und führt sie sanft zurück in ihr Haar.	Sie korrigiert ihn nichtverbal …
	Das hier ist aufregend…	… und bestätigt ihn verbal …
Lässt seine Finger fein über ihren Haarboden wandern.		
	Windet sich.	… und noch mal ohne …
	Ja, das ist schön!	… und abermals mit Wörtern …
	Drängt zu seinem Ohr, küsst langsam alle Windungen der Muschel.	… und wieder ohne: *«Schön mit dir im Bett!»*
Wird unruhig.		

	Kommt ins Schnaufen. Packt fester zu an ihrem Kopf.	
		Dringt tastend mit der Zunge in sein Ohr ein.
	Erregung fährt ihm ein. Er drückt sie auf den Rücken und greift ihr zwischen die Schenkel.	
Sie bestimmt sich sexuell selbst, lässt sich nicht drängen …		*Dreht ihren Schoß ab, drückt seine Hand sanft weg von ihrem Freudental. Legt ihren linken Oberschenkel über ihn.*
… hält aber gleichzeitig den intimen Kontakt aufrecht. Auch mit Wörtern.		Ooh, du wirst aber schnell scharf…!
	Lässt sich überwältigen und küssen.	
		Lacht und küsst ihn auf den Mund.
		Küsst mit der Zunge seine Lippen.
Sie weist ihn nicht ab, kritisiert ihn nicht. Im Gegenteil.	*Küsst hingegeben zurück.*	
		Ihre Hand gleitet sachte hinunter zu seinem Vize und umschlingt ihn.
	Stöhnt ihr in den Mund.	
		Dick und scharf steht er in meiner Hand.
		Streift mit der Zunge seine Lippen. Dringt damit vor zu seiner unteren Zahnreihe.
	Keucht.	
Das erste richtige Wort von ihm!	Aoooohh…! Nein!	
		Reibt sich wie eine träge Schlange an ihm. Seinen Pfahl hat sie fest im Griff.
Wörter sind erotisch ansteckend.		Du genießt es wunderbar!
	Macht die Augen auf und fixiert sie, starr vor Erregung.	
		Mhhmmm…!
Zwischentiming: Jetzt ist es 22:55 Uhr		

sich und lässt einige unartikulierte Töne raus? Bisher hatten Sie Respekt vor dem lastenden Schweigen in Ihrem Doppelbett; jetzt sind Sie neugierig geworden. Sie möchten mehr mit Ihrem Partner persönlich zu tun haben, wenn Schleimhäute & Schwellkörper sich regen: mehr Persönliches, Intimes. Sie halten aber nicht viel davon, mit Ihrem Partner über das Reden zu reden. Verständlich, denn Ihre Erfahrungen mit derlei «Gesprächen» sind entmutigend.

Es kann natürlich ebenso gut umgekehrt sein: Auch viele Frauen bringen im Bett kein sexuelles Wort über die Lippen.

Also versuchen Sie es auf eigene Faust! – Faust? Nein, Fingerspitzengefühl! Fädeln Sie den erotischen Seelenfaden sorgfältig & geduldig ein.

Kleiner Wechselgesang

Natürlich können Sie Ihrer Partnerin ohne Worte übermitteln, was Sie berührt, schärft. Auf den ersten Blick scheint es in der Sexualität besonders nahe liegend, sich mit körperlichen Signalen auszudrücken und zu verständigen. Es geht tatsächlich. Wenn Sie Wohlbehagen & Erregung mit Gesten zeigen, stecken Sie Ihre Frau damit an – hoffentlich! Vielleicht haben Sie aber auch schon die Erfahrung gemacht, dass man einander in den Gewoge der Körper und Berührungen verlieren kann wie im unübersichtlichen Unterholz. Auf einmal fühlen Sie nicht mehr sicher: *«Wo ist der andere eigentlich?»* – *«Gefällt es ihm noch mit mir?»* – *«Erregt ihn diese Liebkosung wirklich, oder tut er am Ende nur so?»* – *«Mache ich wieder irgendetwas falsch?»*

«Womöglich hören wir Frauen überhaupt nur zu, wenn man uns ins Ohr flüstert.»
Isabel Allende

Wörter schaffen Klarheit, sie sind Positionsmeldungen: *«Hier bin ich! Genau hier! Das hier verzaubert mich jetzt gerade! Schau her! Und mit dieser Berührung darfst du jetzt nicht aufhören, bitte, bitte! Mach genau so weiter! Ja, wie du mich gerade packst, ist's scharf!»*

Sie geben Ihrer Partnerin Ihre Koordinaten durch, aber nicht sang- & klanglos! Sie singen & klingen! Ihre Stimme übermittelt also nicht unberührt nüchterne Daten, sondern sie ist selber bewegt von Ihrer Erregung. Und wenn Sie Wörter aussenden, sind sie erregter Gesang, der zum Duett verleitet.

«Das Gefieder der Sprache streicheln Worte sind Vögel mit ihnen davonfliegen.»
Hilde Domin: Hier. Frankfurt: Fischer 1993

	Mann	**Frau**
		Ihr Schoß kreist.
Sie reitet ihn.		*Sie hat die Augen zu. Ihre Erregung macht sie schnaufen.*
	Er schaut sie an. *Ist scharf auf sie.*	
		Streckt ihm ihre Brüste entgegen.
Er besingt, was ihn erregt.	Deine Brüste …! *Greift mit den Händen nach ihnen.*	
		Windet sich seinen Händen entgegen. Stöhnt.
	Knetet ihre Brüste kräftig.	
Sie besingt, was sie erregt.		*Flüstert:* Ja! Jaaaa!! Pack mich! *Ihr Becken gerät in stärkere Schwingung.* *Sie reibt ihre Scheide drängend an seinem Schwanz.*
	Kommt mehr und mehr ins Schnaufen.	
		Plötzlich wirft sie ihren Kopf nach vorn, buckelt über ihm und vögelt ihn intensiv.
	Packt sie an den Schultern. *Stößt von unten.*	
		Aahhh!! Dein Schwanz… dein Schwanz!
Sie: «*Du machst genau das Richtige!*»	*Stößt mächtiger.*	
		Drängt ihren Schoß zwischen seine Schenkel. *Sie öffnet die Augen, fasst in seine Haare, krallt sich darin fest.*
Er: «*Was du da machst, bringt mich zum Glühen!*»	Auuuuaaa!! *Keucht.* Du Monster! *Lacht.*	
		Lacht. *Zaust seine Haare.*

Windet seinen Kopf in ihren Händen. Wird wilder.	
	Reitet ihn. *Klammert sich an seine Schultern.*
Fasst sie fest um die Taille. *Bäumt sich von unten gegen sie auf, stößelt sie ruckend.* Uuhhh…! Uuuuuuhhh…!	
	Aahh…! Maaartin! *Lässt sich durchschütteln.*

Zweistimmig!

Zu zweit Singen beim Lieben, das sollten Sie ausprobieren! Versuchen Sie's mit einer bescheidenen Partitur. Eine literarisch-sängerische Spitzenleistung brauchen Sie nicht zu liefern!

Wonnige Wunschworte

Sexuell sprachlose Leute greifen oft zu merkwürdigen Kniffen, um ihre Partner im Bett dazu zu bringen, bestimmte Dinge zu tun oder zu unterlassen. Am beliebtesten und weit verbreitet ist, etwas selbst zu machen, in der Hoffnung, dass es einem daraufhin der andere auch antun möge. Die Idee dahinter: Es ist viel wertvoller, wenn er *«spontan»* und *«von selber»* merkt, wonach ich mich sehne, als wenn ich es ihm extra sagen muss – womit es eigentlich schon fast ganz verdorben wäre… So nahm es ein Mann auf sich, seiner Frau jahrelang klitschnasse Küsse ins Ohr zu pflanzen, weil er hoffte, dass sie eines Tages merken würde, wie sehr es ihn gelüstete, das Ohrinnere von ihrer Zunge liebkost zu bekommen. Er wartete umsonst. Mehr noch: Sie ekelte sich ebenso viele Jahre lang über das schleimige Gedränge in ihrem Gehörgang. Dies wiederum hätte ihr Mann von selber merken sollen – wenn er sie doch liebte… Sie

«Das müsste er doch spüren!» – Tut er aber nicht.

Spüren und merken können Sie nur innerhalb Ihres Hautkleids. Weiter nicht.

verkniff sich, es ihm zu sagen, weil sie fürchtete, ihn zu verletzen. Beide merkten nicht, dass sie beide etwas hätten merken müssen, aber nicht konnten; sie brachten nicht über die Lippen, was ganz schlicht hätte gesagt werden können. Nämlich er: *«Küsst du mich bitte mit der Zunge ins Ohr? Das bringt mich auf 150!»* Und sie: *«Am liebsten hab ich deine trockenen Küsse auf die Ohrmuschel; die nassen weiter innen mag ich nicht.»*

Glauben Sie, dass beim Sex eigentlich alle Leute dasselbe wollen? Wenn ja, dann kommen Sie im Bett gut stumm zurecht.

Ihre sexuellen Wünsche an Ort und Stelle mit Wörtern äußern – das kennen Sie nicht? Sie behelfen sich bisher mit einer Art Taubstummensprache, indem Sie Ihren Körper «sprechen» und reagieren lassen, wenn Sie etwas von Ihrem Partner wollen? Sie packen zu oder wehren ab, verschließen oder öffnen sich, winden oder versteifen sich, wenden sich zu oder ab, atmen oder stöhnen stärker, wenn's Ihnen gefällt; oder Sie stellen sich taub und stumm und gelähmt, wenn nicht?

Stellen Sie sich vor: Ein ganzes (Ehe-) Leben lang ausschließlich Gebärdensprache im Bett!

Die Sexualität ist vermutlich der einzige Lebensbereich, wo sich Menschen gewöhnlich auf Gebärdensprache beschränken. Der Erfolg ist erwiesenermaßen bescheiden, die Ausdrucksmöglichkeiten sind zu dürftig. Entsprechend pannenanfällig und missverständlich ist diese Verständigungstechnik denn auch.

Viele Gesten sind zwar deutlich und eindeutig. Wenn meine Partnerin zum Beispiel meine vorwitzige Hand von ihrem pelzigen Delta wegnimmt und sie auf meinen Brustkasten zurücklegt, gibt's für mich nichts zu deuteln: Sie will das nicht. Aber ich weiß nicht, wie es in ihr drin aussieht, wenn sie mich abweist. Ist sie irritiert, sauer, entnervt, angewidert? Oder kokettiert sie mit mir? Will sie mich reizen? Hat sie vielleicht das Bedürfnis, für einen gemäßigteren Rhythmus zu sorgen? Oder will sie am Ende ganz aussteigen und in Schlaf versinken? Wenn ja, wie kommt sie dazu?

Ungewissheit und Angst sind effiziente Lustkiller. Wenn Sie stumm bleiben.

Unangenehm für mich, diese Ungewissheit! Je nach unserer Bett-Vorgeschichte phantasiere ich mir das jetzt zusammen, was ich nicht weiß, nicht wissen kann. Mein Pech: Meistens stimmen meine Phantasien und Annahmen nicht. Weil die Stimme gefehlt hat.

Die Stimme ist ein vielseitiges Medium. Sie kann nicht nur präzis ausdrücken, was sie will, nämlich mit Hilfe des Inhalts, den sie ausdrückt; als musikalisches «Instrument» schlägt sie auch immer eine bestimmte «Tonart» an, sodass ich hören kann, wie das gemeint ist, was inhaltlich ausgedrückt wurde. Jetzt kann ich sehen und verstehen, wie meine Partnerin gestimmt ist, wenn sie meine Hand verpflanzt. Und ein weiterer, noch bedeutsamerer Vorteil: Wir können einander allmählich kennen lernen, und unsere Sexualität bleibt nicht stehen. Sie wächst – wie alles Lebendige.

Mann	**Frau**	
Steht nackt an der Wand, *schlingt seine Arme um sie.*		Er will sie im Stehen rübeln.
	Reibt ihr rechtes Bein lange *& langsam an ihm.*	
	Du! Komm! Nimm mich!	Scharf! Zum Hören. Zum Sagen auch!
Bewegt seinen Schoß *ganz wenig im Kreis.* *Drückt ihn gegen sie.*		
Stille.		
Packt ihre Arschbacken.		
	Holt tief Luft.	
Knetet sie andächtig. Hinten.		
	Schmiegt sich an ihn.	
Aaah jaa, schling dein Bein um mich!		Eine ausdrückliche Einladung.
	Klemmt ihn mit ihrem Bein ein.	
Stille.		
Dringt mit der rechten Hand *zwischen ihre Pobacken,* *zu ihren Lippen.*		

Sie will das Tempo koordinieren. Verbal ist das am einfachsten und genauesten.

Nicht so schnell!
Entwindet sich ihm ein wenig.

Rutscht mit der Hand wieder etwas höher.

Beginnt ihm das Ohr zu küssen. Tastet mit trockenen Lippen seine Muschel ab.
Ganz lange.
Saugt am Ohrläppchen. Schiebt ihre Zunge vor beim Saugen. Leckt in Zeitlupe sein Läppchen.

Sie weiß jetzt: Er genießt sie. Und ist ihr nicht gram wegen der Korrektur von vorhin.

Hör nicht auf!
Beginnt leise zu stöhnen.

Sein Schoß kommt wieder in Bewegung.

Ja … mach mich scharf!
Ja, so …! Reib dich an mir!
Drückt sich fest an ihn.
Bewegt sich fein mit ihm.

Wieder eine Einladung. Diesmal von ihr. Alles O.K.

Stille.

Nimmt seinen Kopf in ihre beiden Hände. Schaut ihn an.

Sieht in ihre Augen mit erregtem Blick.

Bleib mit deinen Augen bei mir!
Sie machen mich ganz schwach …

Erregend zu hören, dass man willkommen ist!

Küsst sie plötzlich heftig.

Lässt seinen Kopf los, packt ihn um die Taille und lässt sich genüsslich küssen – den Kopf zurückgebogen.
Lange Zeit.

Wird langsamer, gemächlicher, inniger. Schickt wonnige Töne in ihren Mund.
Mmmmmhhhmm!

Knutsch mich!

Schmatzt mit ihr zusammen.

Mmmmmmhhmm!

Küss mich flutschig …!
Sie lassen ihre Lustlaute in ihren Mündern verschmelzen. Ganz lange.
Lässt die rechte Hand an seinem Beckenrand entlanggleiten, fasst an seinen dick gewordenen Stängel.

Ganz klar: Jetzt Von-Mund-zu-Mund-Geschlechtsverkehr!

Gib mir deinen Knubbel her!

Wird lauter.
MMMmmhhmm!!

Ganz klar: Jetzt wird's rammlig!

Reibt seinen Ständer in ihrer Hand.

MMMMHHMM!!

Jaaahh, gut dich zu packen und zu reiben!
Sie reibt seinen Schwanz geschmeidig.
Lange.
Sagt ihm in den Mund: DU!
Dringt mit der Zunge zwischen seine Zahnreihen.

Ganz klar: Sie will auch!

Mmmhhhmmmmmm …

Ganz klar: Es fließt.

Stimmlich-sinnlich

«Die Ehe ist so etwas wie die gegenseitige Zärtlichkeit zweier Schleifsteine.» John Osborne

Gehören Sie auch zu den Paaren, die ihre Paarung als eheliche Amtshandlung empfinden? Fehlen Ihnen Zärtlichkeit & schöpferische Intimität? Aber wie anders machen? Wie zärtlich sein, ohne allmählich ins ausgeleierte Rubbeln zu verfallen? Wie erfinderisch sein im Sex, wenn einem fast gar nichts mehr einfällt? Wie intim werden und nicht wissen, was Intimität sein könnte, über die krude Kopulation hinaus? Wie spielerisch sein im Bett, wenn einem die alten Spielregeln abhanden gekommen sind und man sich neue überhaupt nicht vorstellen kann?

Streicheln ist für viele Leute nicht besonders angenehm und aufregend, weder zum Geben noch zum Nehmen. Das liegt vor allem daran, dass die streichelnde Hand keine spürbare Freude am Streicheln hat. Sie «streichelt» eben, statt zu berühren. Sie möchte allenfalls «lieb» und «zärtlich» sein, aber sie ist nicht neugierig, auf Empfang, entdeckerfreudig, sensibel, nicht präsent und wach. Ihr fehlt die egoistische Lust am Befühlen und Betasten. Eine Hand, die «Streicheleinheiten» auf des Partners Körperoberfläche verteilt, ist auf ein Ziel aus und manipulativ, taub und stumm. Wen wundert's, wenn die taubstumme Hand einem Menschen gehört, der erotisch weder empfänglich noch expressiv ist? Genau genommen: der beides noch nicht gelernt hat!

«Streicheleinheit» – was für ein verunglücktes Wortkuriosum! Warum nicht gleich «friction bit»?

In der menschlichen Sexualität liegen Berühren & Berührtwerden sehr nahe bei der sprachlichen Ausdrucksfähigkeit, die genauso typisch ist für unsere Spezies. Sinnenlust & Wortlust fühlen sich wohl in enger Verbindung, sie möchten lieber nicht getrennt werden. Was Ihre Sinne erfahren, wollen sie feiern & besingen! Und zwar genau dort, wo Sie jetzt berühren oder jetzt berührt werden. Besonders wenn jemand da ist, den Sie gern haben und der Sie mag.

Ihre Hand kann reden & hören? – Sicher!

Feiern & Besingen sind vielleicht einfacher, als Sie denken! Sie brauchen sich keine Sorgen zu machen um die Wörter, die Ihnen nicht einfallen. Auch nicht wegen drohender Langeweile. Wörter und Sätze entstehen beinah von selbst, wenn Sie mit Ihrer wachen Aufmerksamkeit exakt dorthin gehen, wo Sie sich beide berühren. Immer wieder neu, von Augenblick zu Augenblick.

«Augenblick: der Orgasmus der Zeit.» Walter Hilsbecher

Mann	**Frau**	
	Zieht Luft und Duft durch Mund und Nase ein. Mhmm … deine Finger riechen nach dir … Mmmh …	Sie sagt, was sie riecht.
Betrachtet sie, nahe, im Profil. Weich, deine Lippen, unter meinen Fingerbeeren. Vier Beeren.		Er sagt, was er tastet.
	Feste, süße Beeren. Mhmm … Nein! Sie riechen nach mir, nach meiner Brunst. Brunstbeeren. *Lacht.* *Schnüffelt lange an seinen Fingern.*	Sie beschreibt, was sie riecht.
Reibt seine Finger sanft an ihrer Nase.		
Der Duft deiner Brunst …! Wie duftet sie?		
	Schnuppert inbrünstig. Sie duftet nach meiner Liebesgrotte. Nach meinem scharfen Schleim. Nach meinem Tier. Mmmh … Lass mich riechen an deinen Fingern! Riechen … riechen …!	Sie beschreibt näher, was sie riecht.
Horcht auf ihre Stimme. *Auf ihren Atem.*		
	Riecht und riecht. Schnauft.	
Lacht Deine Zungenspitze schnuppert an meinen Fingern! Wie eine weiche, warme Schnecke, aufdringlich, dringst zwischen meine Finger ein.		Er folgt ihrer Zärtlichkeit mit seinen Wörtern.
	Windet ihr Gesicht unter seiner Hand, schleckt seine Finger.	

Drückt seine volle Hand weich in ihr Gesicht. Spreizt seine Finger.

Duuuu! *Bläst ihr seinen langen Atem ins Gesicht.*

Sie vertont die kleine Liebesszene.

Deine kühle Brise auf meinem Gesicht! Du bebrist mich!
Wuuuuuuuhhh …!
Atmet schwer.
Uuuuhh – jetzt dringen deine Finger in meine Nase! Uuhhh!

Sie näselt vokalisch-vielfarbig vor sich hin.

Lacht. Du näselst …!

Lauscht sie an.

Er komponiert eine Begleitung zu seinen intimen Vorstößen.

Meine kleinen Fingermännchen dringen in deine feuchten, glatten Nasenmuscheln.
Das ist aufregend!

Näselnd:
Aufregend, ja!

Ganz neu für mich …

Keucht leise und gebrochen aus der Kehle.

Uuhh … Das fährt mir in den Schwanz!

Sie unterlegt ihrem Sinnengenuss selbst gemachte Musik.

Unten füllst du meine große enge Furche – durchbohrst mich oben und unten.
Aaaooohhh …!
Du spießt mich auf …! Überall, wo du kannst.

Wimmert leise.

Horcht & zittert.

Er macht Musik. Er sagt, was er spürt.

Oohh … was bist du feucht-heiß in dir drin, bringst mich zum Schmelzen …

Sie sagt, was sie spürt.

Dein Hartes in meinem Weichen …
Wunderbar hart bist du!

Quickie Talk

Es ist fast wie beim Essen: Immer das Gleiche ist langweilig. Und wenn es noch so betörend zubereitet wurde. Das so genannte «Vorspiel», etabliert als unverrückbare Einrichtung vor dem sexuellen Hauptgang, kann altbacken werden. Auch für Frauen. Viele Männer haben sich irgendwann entschlossen, sie wollten fortan keine rücksichtslosen Lüstlinge mehr sein und ihr schlechtes Gewissen abverdienen mit geduldiger Schleifarbeit. Genauso fühlt es sich an für Frauen. Manchen Händen ist die Entdeckerlust nicht anzumerken. Sie berühren nicht, sie präparieren den anderen zäh und verbissen auf Lust und Orgasmus hin. Jedes Mal.

Über die probeweise Abschaffung des «Vorspiels» lesen Sie mehr ab Seite 203.

Wenn bei Ihrem «Vorspiel» der Wurm drin ist, möchte ich es Ihnen gern madig machen. Natürlich können Sie es nicht einfach kurzerhand weglassen. Ihre Partnerin hat ein gewichtiges Wort mitzureden. Nur, reden Sie überhaupt darüber? Haben Sie in den letzten zwölf Monaten je die Frage auf den Tisch gebracht, ob Sie beide das gegenseitig applizierte «Vorspiel» genießen? Ich wette: Nein! Also wissen Sie viel zu wenig über den anderen, um sich im Sex frei zu fühlen. So frei, dass Sie zum Beispiel aus heiterem Himmel einen Quickie vom Zaun brechen könnten – ohne Schiss und Schuldgefühle. Wie ungemütlich!

Sie «spüren das». Sagen Sie? – Sie vermuten oder phantasieren das. Sage ich.

Das bedeutet doch: Das Verhältnis zwischen Gourmet-Sexualität und Fastfood-Sex müsste vermutlich nächstens aufs Tapet kommen. Grundsätzlich. Manche Leute, auch Frauen, haben Lust auf «vorspiel»-freien, jähen Sex, fühlen sich aber unsicher, ob das für den anderen angeht oder nicht. Aus Angst vor einem Rüffel lassen sie's ganz oder fast ganz bleiben. Schade! Ein Quickie kann ein ausgesucht scharfes Gewürz in Ihrer Sex-Küche sein.

Sie wissen nicht, wie? Lesen Sie nach ab Seite 43.

Klären Sie also ab, ob Sie sich künftig einen Quickie herausnehmen können. Wenn ja, wie Sie ihn am besten einfädeln, unter welchen Voraussetzungen und wie oft etwa. Verhandeln Sie! Wenn Sie auf schnörkellosen Sex besonders scharf sind und Ihr Partner nicht, bieten Sie ihm vielleicht mit Vorteil die eine oder andere erotisch aufwändige Begegnung an. Als Gegenleistung.

Der Quickie ist Luxus-Sex für sprachbegabte Paare.

Schnellsex braucht, entgegen einem landesweiten Vorurteil, nicht tierisch und primitiv zu sein. Ein Minenfeld ist er auch nicht unbedingt. Sie können den Blitzsex kultivieren & genießen, ohne Angst vor einem unheilvollen Missgriff. Angereichert mit sprachlichem Generalbass, kann er wohlklingend & hemmungslos aufregend sein.

	Mann	**Frau**
19:24 Uhr: Check-In Wörter verführen.	Im Dämmerlicht ist deine Haut richtig kaffeebraun. Deine Augen – tief und dunkel und geheimnisvoll.	
		Lacht. Komm, hör auf! Sag doch einfach, was du willst.
	Deine Stimme klang anzüglich heute Nachmittag am Telefon. Die Stimme, nicht was du gesagt hast.	
		Du hast mir geduldig zugehört. Das tat gut. Und jetzt …
Lächeln …		*lächelt …* … jetzt klingt auch deine Stimme anzüglich.
… und Berührungen helfen mit.	*Steht auf und stellt sich hinter sie, langt ihr unters T-Shirt, direkt & sanft an beide Brüste.*	
		Mmmhhh! Deine Hände sind angenehm frisch.
	Aber ich muss in zehn Minuten weg …	

Also, worauf warten wir?

Wörter schaffen Klarheit.

Olé!

Beide hasten von der Terrasse ins Wohnzimmer und ziehen sich fix aus.

19:26 Uhr: Boarding Time

Legt sich nackt auf den Teppich. Winkt ihn heran.
Komm!

Inmitten klärender Wörter fühlen Sie sich wohl.

Du stresst mich!

Komm!
Nässt ihre Kerbe mit Spucke.

Schärft sich seinen Schwanz mit der Hand.

Komm, komm!!

Du bist schon startklar?

Sehr wohl.

Längst. Komm jetzt!

Du hilfst mir aber auch gar nicht!

Du bist scharf genug.
Ich stopf ihn mir rein!

Legt sich kurz entschlossen auf sie.
Wie du meinst.

Mehr als sehr wohl!

Doch doch, das geht.
Siehst du!

Paaahh, deine kühlen Finger sind gut! Heiß!

Ah, schön! Er schwillt an!
Die Eichel glitscht in mich hinein.
Jaaa! Nimm mich!

19:28 Uhr: Ready for Take-off.

Packt sie an beiden Schultern.

O ja, du packst mich gut.
Aber herumtrödeln darfst du nicht.
Wir haben nur zwei Minuten.
Greift ihm an die Eier.

Viel mehr als wohl!

Stöhnt. Lacht gequält.
Du gehst aber ran!

Reibt sich unten an ihr.

Der Schwanz ist sauhart!
Komm, spritz ab, bevor du gehst.
Los, komm!

Noch eine Klärung.

Stöhnt. Kneifst mich so scharf mit den Fingern … und mit deiner nassen Bresche.

Aufregend klar!

Greif mir auch da unten hin, an meine Knospe …! Jaaahh … uuuhhh …! Das fährt mir geilig ein … uuuhhh …! Du fegst mich weg!

Verpasst ihr eine Serie von Stößen. Kommt mehr & mehr ins Keuchen.

19:30 Uhr: Take-off!

Jaaahh …! Mach das! Ich heb ab … aaahhh …!

web 47

Parlando: Ein scharfes Wort gibt das andere! Und wie das fließt!

Phantasieschärfe

Die Phantasie ist der kreative Fundus hinter Ihrer Lebensbühne. Er birgt eine Unmenge Bilder, Geschichten und fiktive Personen, die Sie jederzeit herbeizaubern können, wenn es Ihnen beliebt und nützt, um sexuell in Schwung zu kommen oder zu bleiben. Die Phantasieszenen setzen Sie gewöhnlich nicht stracks in die Realität um, wenn überhaupt. Sie lassen sie auf Ihrer exklusiven inneren Probebühne auffahren. Meistens sind Sie in Ihrem Hirntheater nicht nur Ihr eigener Regisseur, sondern auch Ihr einziger Zuschauer – außer Sie haben eine mutige und zutrauliche Partnerin, und Sie verfügen auch über Mut und Vertrauen in der Beziehung zu ihr. Und natürlich brauchen Sie eine geeignete Sprache, ein erotisches Sprachgefühl.

Ihre erotischen Phantasien sind Ihr sexuelles Markenzeichen.

Angenommen, Sie möchten Ihre Phantasiepotenz mitnehmen ins Bett. Vorsicht! Zu Risiken und Nebenwirkungen fragen Sie Ihren gesunden Menschenverstand. Den zuerst. Wenn Sie noch nie eine Silbe virtueller Scharfmacher über die Lippen ge-

Blitzgescheites dazu lesen Sie in Holger Schenk: Geheimnis, Illusion und Lust. Reinbek: rororo 1995 (Seite 77 ff.)

bracht haben, sollten Sie beim Rutscher nicht plötzlich damit herausplatzen, nur weil Sie sich von der Idee beflügelt fühlen, Ihre Sexualität auf Vordermann zu bringen. Die meisten Menschen sind hier extrem nackt und bloß, nicht nur körperlich, und verletzlich wie ein rohes Ei.

Risiken und Nebenwirkungen eines Phantasie-Einsatzes während Ihrer sexuellen Begegnung müssen also Gegenstand sorgfältiger Gespräche mit Ihrer Partnerin gewesen sein, bevor Sie ernsthaft und konkret dran denken können, Ihre scharfen Bilder laut zu beschreiben. Vielleicht sollten Sie eher mit harmlosen gedanklichen Szenenspielen in harmlosen Situationen beginnen, um die Tragfähigkeit Ihrer erotischen Beziehung abzuschätzen. Denken Sie daran, dass viele Leute Mühe haben, sexuelle Phantasien von der sexuellen Wirklichkeit zu unterscheiden. Für manche sind Gedankensünden verwerflicher als handgreifliche Untaten. Schäden sind manchmal kaum mehr zu beheben, vor allem wenn es um zerbrochenes Vertrauen geht.

Leise können Sie's immer tun. Wenn Ihnen dabei wohl und wollüstig zumute ist.

Fazit: Nehmen Sie Ihre Hemmungen ernst, das heiße Thema zur Sprache zu bringen; sie ersparen Ihnen möglicherweise viel Ungemach.

Mann	**Frau**
	Schaut ihn an und schüttelt den Kopf. Heute komme ich nicht richtig auf Touren. Du kannst stoßen soviel du willst. *Lächelt.*
Hält inne beim Steppen, legt sich etwas auf die Seite, bleibt aber in ihr drin. Was kann ich machen?	
	Wenn du stumm und grimmig vor dich hinraspelst, törnt mich das ab. Erzähl mir etwas Aufregendes dazu!

Wie würden Sie eine solche Störung anmelden? Mit Wörtern? – Wie? Mit Gesten? – Wie? Gar nicht? – Wohin mit dem Frust?

Wörter sind aufregend praktisch: Sie beseitigen Zweifel. Fast immer.

Überrascht:
Etwas Aufregendes??

Ja, eine scharfe Phantasie!

Jetzt – zum Rüsseln?

Lacht.
Ja, natürlich zum Rüsseln.
Etwas Geiles,
du weißt ja, was ich brauche, oder?

Aha, ja … eh … Moment.
Steigt nachdenklich wieder auf und fleischelt langsam.

Unstimmigkeit benannt – Platz für Erregung!

Oh, schon besser!
Es beginnt leicht den Rücken hochzukribbeln …
Nein! Nicht schneller stangeln!

Okay, okay! *Lacht.*
Wieder ernst, beinah flüsternd:
Wenn wir hier fertig sind,
klopft es an der Schlafzimmertür …
Herein kommt ein Schwarzer.

Ton ab für die Vorstellung!

Schließt die Augen. Breitet ihre Arme aus.

Hätten Sie auch eine solche Phantasie jederzeit einsatzfähig im Hinterkopf?

Groß, jung, muskulös.
Typ Michael Jordan.

Schaut ihr ins Gesicht.
Du siehst wunderbar hingegeben aus.

Und dann? Was dann?

Könnte Ihnen eine solche Phantasieszene zusagen? Oder eher eine zahmere?

Er kommt langsam auf uns zu.
Streift sich die Kleider vom Leib. Sein Mast schimmert dunkel, ist mächtig,
zeigt auf dich.

Stößt Stoß für Stoß weiter.

Zieht die Beine hoch, dehnt sich breit.
Nnnnnnnn …
Und dann?
Was passiert jetzt?

Ihr passen die scharfen Bilder haargenau

Ich flüstere dir ins Ohr:
«Lea, ein großer
schwarzer Mann kommt
auf dich zu, nackt,
er schaut dir in deinen
offenen Schoß.»

Zieht ihre Beine stark an.

Du spreizt deine
Schenkel, so weit du kannst.

Er driftet nie ganz ab in die Phantasie, bleibt nahe bei seiner Partnerin.

Leise: Aaaahhh, du reitest
mich gut!
Nnnnnnn … Und jetzt?
Was macht er jetzt?

Der Michael Jordan duckt
sich zwischen Deine
Schenkel.
Beschnuppert dich da unten.

Die beiden pendeln erregt hin & her zwischen hier & dort.
Zwischen Realität & Phantasie.

Leise, schwer atmend:
Deine Stimme erregt mich …

Er schnuppert zwischen
deinen nassen Lippen.
Er fährt seine Zunge aus.

Stöhnt.
Du schwänzelst mich scharf …!

Scharf sind die Bilder
im Kopf. Scharf die Wörter, die sie abbilden.

Küsst sie ins Ohr.

Seine Zunge ist heiß … nass …
Aaaahhh!
Du packst mich gut!

Ja, seine schlanke,
nasse Zunge dringt in
deine Lippenblüte ein …

«In der großen Stunde der Liebesbegegnung haben dieselben Wörter, die wir zu jeder anderen Zeit als grob empfinden, die Wirkung gewagter Liebkosungen. Sie müssen nur geflüstert werden.»
Isabel Allende

Oooohh! Das siehst du alles?

Ja. Ich seh's aus
nächster Nähe.
Sehe, wie er dich
schlürft …

Flüstert:
Er schlürft mich da unten,
wirklich …?
Mmmmmhhh …!
*Zieht ihn zu sich herunter &
küsst ihn innig.*

Schnäbelt sie stetig.

Innig liebend

Gibt es eine passendere Gelegenheit, einem geliebten Menschen seine Liebe auszudrücken, mit Wörtern meine ich, als beim Vögeln? Drum heißt Vögeln ja auch «Liebemachen» oder schlicht «Lieben». Sex ist «Liebesspiel», und das Reden dabei nennt man manchmal «Liebesgeflüster».

Ernest Borneman führt im Stichwortregister von «Sex im Volksmund» rund 240 Wörter und Begriffe auf, in denen «Liebe» vorkommt.

Es scheint ganz selbstverständlich, dass sich Mann und Frau im Bett ihre «Gefühle zeigen» möchten, häufig auch, wenn diese Gefühle bereits so trübe geworden sind, dass sie streng genommen ehrlich nicht mehr gezeigt werden könnten. Darum bin ich nicht mehr so sicher wie früher, dass rinnende Sekrete wirklich der günstigste Anlass dafür sind, einander zu sagen oder gar zu «beweisen», dass man sich liebt. Der Nachteil einer solchen gnadenlosen Verkoppelung von Sex und Liebe kommt zum Vorschein, sobald es Schwierigkeiten mit Lust und Erregung gibt. Brutal und zerstörerisch, selbstzerstörerisch ist's anzunehmen, Bettunstimmigkeiten seien der handgreifliche Beweis für Liebeszerfall und genau genommen der Anfang vom Ende der Liebe.

Umgekehrt – Sex ohne «Liebe» – geht auch nicht so gut, ich weiß.

Mit dem «Liebesgeflüster» ist es auch nicht weit her. *«Ich liebe dich.»* und *«Du, meine Geliebte!»*, gefolgt von einem schweren, süßen Seufzer – ja, das können sich alle vorstellen, dank zahllosen Illustrationen auf Leinwand und Bildschirm und Papier, gewiss. Aber beides ist verbraucht, ausgelatscht. Nahezu untauglich für den Hausgebrauch. Privat, da ist die Zeit für Liebesschwüre meist längst vorbei, man hat sich «gern» nach all den Jahren, und man ahnt, dass man sich beinah glücklich schätzen muss, wenn wenigstens noch das übrig geblieben ist.

«Worte sind die Stimme des Herzens.» Chinesisches Sprichwort

Gut möglich, dass Sie zu den vielen Menschen zählen, die seit Jahren kein einziges Mal mehr von ihrem Partner gehört haben, dass er sie liebt. Das kann hart sein und schwer zu ertragen. *«Ich liebe dich»* – die drei innigsten Wörter der deutschen Sprache – sind für die meisten Leute so bedeutungsgeladen und von sakraler Feierlichkeit, dass sie sie höchstens für die Dauer ihrer ärgsten Verliebtheit mit gutem Gefühl hervorbrin-

«In der Formel ‹Ich liebe dich› steckt die Heftigkeit des Imperativs: Liebe mich!» Pascal Bruckner/ Alain Finkielkraut

gen können. Sie hüten sich, dem anderen «etwas vorzumachen», oder kommen sich blöd vor, als zitierten sie irgendjemand anderen. *«Ich hab dich gern»*, ja, das würde meist besser stimmen; nur fühlt sich der Satz so blässlich an, dass er leicht sang- und klanglos im Alltagsgetriebe untergehen kann. Jahrelang, oder länger.

Wie zeigt man sich denn, dass man sich gern hat, nach wie vor oder wieder? Am deutlichsten, indem man sich annimmt, wie man ist. Oder indem man den anderen hört, wenn er sich zeigt. Oder indem man ihn Unterstützung spüren lässt, auch wo es Mühe kostet. Lieben ist häufig keine Lust, Liebe zeigen auch nur beschränkt. Eher eine Herausforderung.

«Das Wort ist eine unersetzliche Liebesgabe.» Michael Lukas Moeller

Sexualität hingegen, diese großzügige Zugabe des Lebens, verlockt Sie, weich und geschmeidig und ebenso großzügig Ihrer Partnerin gegenüber zu sein, für ein paar Augenblicke, und zu verschenken, was Sie an häutiger Sensibilität und sprachlicher Ausdruckskraft verliehen bekommen haben.

Müssen Sie vor Illusionsgefahr noch gewarnt werden? Innig liebende Paare fallen nicht vom Himmel ins Himmelbett, im Gegensatz zu kopflos Verliebten. Auf dem Erdboden haben sie gelernt, ihre Sinne füreinander zu öffnen, und zwar ziemlich nüchtern. Und dabei einander von dieser Öffnung zu erzählen. Kitschige Liebesgeständnisse ? – Nein danke.

Besoffen (verliebt) geht das nicht sehr gut.

Mann	**Frau**
Stille. Hörst du, wie still es ist?	
	Stille. Flüstert: Unser Zimmer ist voll Stille. *Stille.*
Reibt ihre Klitoris hauchfein.	
	Ich atme deine Stille ein wie einen feinen Duft. *Stille.*

Stille ist hörbar. Sie kann reden.

«Das Flüstern einer schönen Frau hört man weiter als den lautesten Ruf der Pflicht.» Picasso

Augen-Blicke …

Dein Blick fällt in
meine Augen.
Sinkt in mich hinein.
Ein Sommerregen.

… und schmiegsame Haut …

Lächelt.
Stille.
Du schmiegst dich an mich.
Warm und seidig.
Von oben bis unten.

… und Liebesgefühle sind gern still. Und können reden.

Stille.
Innen bin ich ganz weich,
für dich.
Dankbar, dass es dich gibt.
Dass du so lange schon
mit mir bist.

Seufzt tief.
Drängt mit ihren Lippen an seinen Mund.

Berührt ihre Lippen.

Stille.

«Die Liebe ist eine Kunst wie die Musik.» Pierre Louÿs, franz. Dichter (1870–1925)

Béatrice …

Du berührst mich aufregend.
Ihr Mund geht auf, sie atmet mehr.
Stille, nur ihr Atem.
Schärfe breitet sich aus in meinem Schoß.

Stille.

Béatrice …

Ein warmer Strom da unten.
Deine Finger lösen ihn aus.
Warm … warm … wärmer …
immer wärmer …
Flüstert:
Heiß.
Schnauft ihm ins Gesicht.

Erregung & strömende Hitze …

Stille.

Dein Atem ist fruchtig …
Inhaliert ihren Schnauf.
Ich sehe deine Schärfe in deinem Gesicht.

Stille.

Nass bist du zwischen deinen Lippen da unten.

Stille.

Flüstert:
Küss mich!

Ihre Zunge kommt aus dem Mund, ihm entgegen.
Sie schaut ihm in die Augen.
Küss mich! Simon!
Küss mich …! Du tust mir wohl …!
Wohl … so wohl …
Ihre beiden Zungen umschlingen sich lange.

Stille.

Stille.

… & Innigkeit münden liebend gern in Stille.

Wörter können schwimmen auf der Stille.

Sprache vermag sogar Küsse zu verzaubern.

Abgesang

Ohne Orgasmus wäre die Erde wüst und menschenleer, aber *mit* ihm gibt's auch Schwierigkeiten. Viele Sex-Probleme haben damit zu tun, dass er nicht ist, was er sein sollte. Leider ist er oft verfrüht, verspätet oder vermisst, zu mickrig oder ungenügend synchronisiert, scheu und störbar oder nicht koituskompatibel, Zwangsvorstellung oder unerreichbare Hochleistungsmarke, oder fast unerreichbar. *«Der Orgasmus ist ein psychisches Phänomen»*, schreibt Ernest Borneman. Seit William Masters und Virginia Johnson die körperlichen Begleiterscheinungen anhand von zehntausend Geschlechtsverkehren im Beischlaflabor akribisch vermessen haben, können wir uns auf das Wesentliche konzentrieren: Der Orgasmus ist wirklich eine Kopf- und Herzensangelegenheit. Dort, im Kopf und im Herzen, macht er sich breit

Als Mann lesen Sie am besten Bernie Zilbergeld: Die neue Sexualität der Männer. Tübingen: dgvt-Verlag 1994
Als Frau: Hanjo Schmidt: Klitoral … vaginal … ganz egal! Stuttgart: Gatzanis 1995
Und dann tauschen Sie die Bücher!

Vielleicht das Beste und Befreiendste zum weiblichen Orgasmus: Marcia Douglass & Lisa Douglass: Und – wie war's? Das etwas andere Sexbuch – So haben Frauen mit Männern wirklich Spaß. München: Goldmann 1999

bei vielen Leuten, drückend. Herrisch, erbarmungslos und entweder oder. Für Entzücken und Verfließen ist kaum Platz.

Also Zeit zum Entrümpeln! Wenn Sie Lust haben, schmökern Sie in einem der wenigen Bücher, die Ihnen dabei hilfreich und gescheit an die Hand gehen können. Und: Machen Sie den Orgasmus, Ihren eigenen und den Ihrer Partnerin, zum Thema, falls Sie bisher standhaft gehofft haben sollten, die misslichen Unstimmigkeiten würden sich mit der Zeit von selbst *«ergeben»* …

Übrigens: Haben Sie etwa vorhin unter den vertonten Sex-Szenen eine Partitur zum Orgasmus vermisst? Ich hatte, ehrlich gesagt, nicht viel Lust, eine zu schreiben. Das liegt zum einen daran, dass ich den Orgasmus in meinem Handgepäck für die einsame Insel vermutlich nicht berücksichtigen würde. Mir ist er nicht einleuchtend genug.

Andererseits erscheinen mir die paar Sekunden rüttelnden Kontrollverlusts wenig geeignet, auf kreative Weise zusätzlich musikalisch gestaltet zu werden, wenn's nicht gar störend wäre, es zu versuchen. In vielen Ehebetten ist die flüchtige Klimax ohnehin die einzige Szene, die stimmlich klingt.

Orgasmus – ein *«mystischer Anfall»*. Alex Comfort

Ob Sie beim Orgasmus jammern & wehklagen, stöhnen, weinen, *«Ich komme … ich komme ..!»* rufen oder halb sinnlose Wörter hervorstoßen, erbärmlich wimmern & winseln, schnauben, glucksen vor Glück, lallen, schluchzen, keuchen wie in der Agonie und das Blaue vom Himmel fluchen, alle Heiligen anrufen oder Ihre Mutter, Ihres Partners Kosenamen japsen, vom Sterben stammeln oder ob Sie brabbeln wie ein seliger Säugling oder nach Luft ringen und prusten, gurgeln und röcheln, flöten oder verfließend pfeifen aus dem letzten Loch – immer wird es unverwechselbar nach Ihnen klingen: Kein Orgasmus ist wie der Ihre. Er ist Ihr urpersönliches gesangliches Paradestück im Bett. Genießen Sie ihn hemmungslos, wie er ist.

Auf das markerschütternde Ereignis der beiden vollsynchronisierten Orgasmen hat bekanntlich das «Nachspiel» zu folgen. Ja, das muss sein: viel uneigennützige Zärtlichkeit – wie vorher beim «Vorspiel». Doch Sie ahnen, oder wissen vermutlich aus eigener Erfahrung, dass sich gewöhnlich in der bewegenden Schlussszene mindestens einer von beiden nicht dagegen stemmen kann, in ein mildes Koma zu fallen. Nach dem herrschenden Klischee ist es der Mann, der wegtritt. Nicht ohne vorher besorgt Kürzestinformationen einzuholen: *«Und, wie war ich?»*

«Sag doch endlich was!!» oder *«Bist du gekommen?»* – nicht besonders hochkarätige erotische Sprachprodukte …

Diese beherzte Frage stellt der Mann, obwohl er nichts so sehr fürchtet wie die Gefahr, er und seine Frau könnten sein sexuelles Erlebnis *«zerreden»*, wenn er es zur Sprache bringt. Meistens ängstigt er sich unnötig; denn die Auskünfte erschöpfen sich in der Regel in prägnanten Qualifikationen wie *«Gut!»* oder *«Super!»* oder gar in einem vollständigen Satz: *«Du warst großartig, Schatz!»*. Solche sprachlichen Exzesse kommen überdies höchstens in den ersten Jahren einer festen Beziehung vor, von Ausnahmen abgesehen.

Wer von *«Zerreden»* redet, hat meist mit Reden noch gar nicht begonnen.

Diese Ausnahmen sind vom Erlesensten! Sexuelle Höhenflüge können den Seelenaustausch elegant stimulieren. Stellen Sie sich vor, Sie sind aufgeweicht an Leib & Seele, vielleicht ist die Hornhaut auf Ihrer Psyche dünn & durchlässig geworden, wenn nicht gar ganz weg für einige Momente. Wörter & Sätze fließen aus Ihnen heraus, sogar Zuhören fällt Ihnen leicht, im Unterschied zu sonst. Sie genießen beides in einem meditativen Wechselgesang.

Zwei Regeln werden Sie dabei immer im Auge behalten: Wenn Sie über das Sex-Notturno reden, das Sie gerade hinter sich haben, vermeiden Sie jede Konzertkritik! Suchen Sie Ihr gemeinsames Liebespiel nach Highlights und erlesenen Finessen ab und schildern Sie sie, wenn's geht, hingebungsvoll. Anspruchsvolle Kurskorrekturen verlegen Sie unbedingt auf Gespräche, die einen tragfähigen Rahmen bieten. Später, aufrecht.

Beim Sex selbst reden Sie nie? Aber nachher tauen Sie auf?

Die zweite «Nachspiel»-Regel: Schlummern & Pennen, Dösen & Duseln, Träumen & Spinnen, gemeinsam Herumhängen & Zeitverschwenden, Kuscheln & Zärteln – ist alles köstlich & Balsam auf Ihre Seelen. Reden ist nicht besser. Sondern eine weitere Welt, die Ihnen aufgehen könnte.

Vielleicht könnten Sie Ihren Sex vertonen von hinten nach vorn: Erst das «Nachspiel», dann das «Vorspiel». Sachte. Und langsam.

Randbemerkung	**Mann**	**Frau**
	Löst sich aus der Umschlingung mit ihr.	
		Bettelnd: Bleib! Noch nicht absteigen!
Redend hat sie mehr Chancen, dass er bleibt.	*Vergräbt sich wieder in ihr. Schnurrt sie an.*	
		Rekelt sich unter ihm zurecht, bettet ihr Gesicht an seinen Hals. *Summt wohlig.* *Summt lange wohlig.* Bist eine liebe Last. Ganz lieb …
Eingestreute Wörter verzieren den Nachklang der beiden.	So weich … So weich bist du nur hinterher.	
		Mhhhhhmmm … mhhhhmmm …
Summen ist so gut wie Reden.		*Wiegt ihren Kopf leicht gegen sein Gesicht.* *Summt leise rhythmisch auf & ab. Wiegt lange, summt lange auf & ab.*
«Die Liebe dringt beim Mann durch die Augen ein, bei der Frau durch die Ohren.» Polnisches Sprichwort	*Flüstert:* Weich … weich … wie … … ich weiß nicht …	
		Lächelt in sein Ohr: Du … du wirst auch weich.
	Macht wieder Anstalten herunterzukommen.	
		Neinnein! *Lacht auf.* Weich bist du auch wunderbar. Wie ein sanftes Tier in mir drin, ein weiches Sumpftier. Bleib in mir, du Weichling! *Lacht. Küsst ihn auf den Hals.*

Knurrt sie an. Nichts da: Weichling!		Spielerische erotische Distanz wird mit Ausdrücken wie «… *du Weichling!*» (samt dem anzüglichen Lächeln) möglich.
	Lacht lauthals. Hartmann! Stahlhartmann eben noch! Und jetzt so ausgelutscht! *Lacht.* O jeee …	
Lacht. Du hast mich weich gelutscht! Du!		Versuchen Sie, mit Händen und Füßen so locker und humorvoll zu sein wie mit Wörtern! Geht nicht
	Lacht. *Plötzlich:* Du!! Ich lauf aus! Hast mich voll gepumpt, du …!	
Siehst du! Jetzt bleib! *Lacht.* Bleib in deiner Pfütze!		
	So?! Und wer kümmert sich um die Sportflecken, bitte?	
Kramt nach einem Papiertaschentuch. Hier. Bleib noch einen Moment!		Dank der erotischen Sprachkompetenz der beiden wird sie sich verspäten.
	Umschlingt ihn wieder. *Seufzt wohlig.* Ich muss aber ins Geschäft. Sicher schon beinah sieben, schätz ich. *Wehklagt genüsslich.*	
Bettelt sie sanft an von oben bis unten: Mmmhhh … bleib … mmhh …		Summen, schweigen, Wörter einstreuen, bleiben – eine Wonne!
	Bleibt & summt. *Schwebt dösend vor sich hin …*	

Zugabe

Die zwölf besten* Sachbücher über Sexualität

*Meine ich. Andere meinen Anderes.

→ Siegfried R. Dunde (Hrsg.): **Handbuch Sexualität**, Weinheim: Deutscher Studien Verlag 1992. 400 Seiten. Fundierte Infos zu 70 zentralen Stichwörtern von «Abtreibung» bis «Zärtlichkeit».

Querschnitt durch heutiges nichtbiologisches Wissen über Sexualität, verständlich, sinnlich, anregend.

→ Gunter Schmidt: **Das Verschwinden der Sexualmoral**. Über sexuelle Verhältnisse. Hamburg: Klein Verlag 1996. 138 Seiten. Übers Knappwerden der Wünsche; über Masturbation, Perversionen, Bettlangeweile, Porno.

Unkonventionelles, Provokatives & Gescheites zur Sexualität heute.

→ Holger Schenk: **Individuelle Lust**. Gegen die Macht des definierten Sex. München: Deutscher Taschenbuch Verlag 1999. 176 Seiten. Plädiert für die eigenen Phantasien – jenseits von Norm, Klischee und Gewohnheit.

Sexualität ist das und nur das, was Sie, zusammen mit Ihrem Partner, als Ihre Sexualität definieren.

→ Bernie Zilbergeld: **Die neue Sexualität der Männer**. Tübingen: dgvt. 1994. 629 Seiten. Was ist Sexualität, wie wird sie besser, wie löst man Probleme?

Vermutlich die kompetenteste & informativste allgemeine Sex-Aufklärung für Mann & Frau.

→ Marcia & Lisa Douglass: **Und – wie war's?** Das etwas andere Sexbuch. So haben Frauen mit Männern wirklich Spaß. München: Goldmann 1999. 383 Seiten. Präzise Informationen über spezifisch weibliches Potenzial in der Sexualität.

Erstaunlich für ein Sex-Buch amerikanischer Autorinnen: stimuliert echte Entdeckungen!

Lockere & hilfreiche Umformulierung eines alten & hartnäckigen «Problems».

→ Hanjo Schmidt: **Klitoral, vaginal – ganz egal!** Die so genannten Orgasmusprobleme und wie Frauen mit ihnen fertig werden. Ein Buch – nicht nur für Frauen. Stuttgart: Gatzanis Verlags GmbH 1994. 190 Seiten.

Was bedeutet's, wenn *er* schlapp macht? – Ein paar potente Antworten.

→ Kurt W. Leuze & Hanjo Schmidt: **Der Geist ist willig, doch das Fleisch macht schlapp**. Mentale Impotenz und wie man sie überwinden kann. Stuttgart: Gatzanis Verlags GmbH 1994. 143 Seiten.

Ein Klassiker zur Stärkung der lustvollen Selbstverantwortung der Frau.

→ Lonnie G. Barbach: **For Yourself**. Die Erfüllung weiblicher Sexualität. Berlin: Ullstein 1977. 231 Seiten. Eine fachfraulich begleitete Expedition in die sexuelle Lust der Frau, über die Entdeckung der Selbststimulation.

Zwei üppig blühende Lustgärten zum Lustwandeln.

→ Nancy Friday: **Die sexuellen Phantasien der Frauen/der Männer**. Reinbek: rororo Sachbuch Nrn. 7376/7679, 1980/1983. 284/315 Seiten. Phantasiewelten direkt, vielfarbig & ohne falsche Scham.

Vergnügliche Fundgrube bester Ideen & nützlichster Utensilien.

→ Cathy Winks & Anne Semans: **Good Vibrations** – Sex fun and safe. München: Goldmann 1996. 535 Seiten. Alles über Sexhilfsmittel & -Spielzeuge, umfassend, sachlich und informativ.

Voll von Phantasien zur Vertiefung der sexuellen Begegnung.

→ Margo Anand: **Tantra** oder Die Kunst der sexuellen Ekstase. München: Goldmann 1989. 381 Seiten. Klassisches Lehrmittel in Sachen nicht-orgasmusfixiertem Soft-Sex.

So schön zu lesen wie schöne Literatur & anregend auf hohem Niveau.

→ Michael Lukas Moeller: **Worte der Liebe**. Erotische Zwiegespräche. Ein Elixier für Paare. Reinbek: Rowohlt 1996. 333 Seiten. Das bisher einzige Buch, das sich der epidemischen Bettstummheit der festen Paare annimmt.

Zwanzig Mal schöne erotische Literatur

Anthologien

Eva Zutzel und Adam Zausel (Hrsg.):
Die neue Klassische Sau***
Das Handbuch der literarischen Hocherotik
Zweite Folge in 6 Stellungen
Zürich: Haffmans 1996. 475 Seiten.

«Der Mensch ist doch au fond ein großes Ferkel.» Goethe

Eva Zutzel und Adam Zausel (Hrsg.):
Die kleine Klassische Sau***
Das Handbüchlein der literarischen Hocherotik
Zürich: Haffmans 1996. 332 (kleine) Seiten

Ein erotisches Alphabet von A wie *«Abküssen»* bis Z wie *«Zölibat»*.

Anna Carlot Fontana:
Liebhabereien**
Ein erotisches Lesebuch
München: Knaur Taschenbuch 1991. 457 Seiten.

Alles lüstelnde Geschichten von Frauen.

Trudel Meisenburg und Janett Reinstädler:
Das erste Mal****
Höhepunkte der Weltliteratur
Ditzingen: Reclam 1999. 256 Seiten.

Ein köstliches aphrodisisches Lesebuch voller lyrischer & narrativer Inszenierungen erster sexueller Vereinigung.

Bettina Hesse (Hrsg.):
Heiß und innig***
Ein erotisches Lesebuch
Reinbek: rororo 1999. 256 Seiten.

Bunt schillernde Liebeslust von 34 deutschsprachigen Autorinnen & Autoren.

Crestina di Raimondi:
Höhepunkte**
Ein erotisches Lesebuch
München: Knaur Taschenbuch 1997. 359 Seiten.

15 kitzlige Kostproben aus der erotischen Literatur.

Nora Dechant:
Die Geheimnisse der Aphrodite**
Ein erotisches Lesebuch
München: Knaur Taschenbuch 1998. 341 Seiten.

Weibliche Erotik – *«ungezügelt»* und *«schockierend»*, sagt der Klappentext.

Lüste mit Speis & Trank & Rausch & Fleischlichkeit – meisterlich geschildert.

Lind Walz und Gerhard Seidl:
Lust an der Lust***
Ein Lesebuch der Begierden
München: Piper 1998. 288 Seiten.

Fast die ganze literarische Prominenz äußert sich zum süßen Spiel des Küssens.

Doris Maurer (Hrsg.):
Der Kuss***
Von der schönsten Sache der Welt
Frankfurt: Insel Taschenbuch 1998. 190 Seiten.

Von starken Stacheln, feuchten Höhlen und liebender Begehrlichkeit.

Henri Gougaud:
Das Buch der Liebenden***
Die schönsten erotischen Volksmärchen aus aller Welt
Zürich: Sanssouci 1997. 356 Seiten.

Der erotische Alltag in der Provinz, 23 hocherotische Geschichten vom Land.

Silvia Szimanski:
Kein Sex mit Mike**
Erotische Geschichten.
Hamburg: Hoffmann & Campe 1999. 190 Seiten.

Hochkarätig in Wort, genüsslich im Bild.

Heinz Ludwig Arnold (Hrsg.):
Allerleilust****
Hundert erotische Gedichte
München: Verlag C.H. Beck 1986. 159 Seiten.

«Ich hab genug. Komm. Zieh dich aus.»
Günter Grass

Erotische Geschichten, Romane und Gedichte

Es heißt, Anaïs Nin habe die weibliche Sprache der Sexualität geschaffen.

Anaïs Nin:
Trunken vor Liebe**
Intime Geständnisse
Bergisch Gladbach: Bastei Lübbe Taschenbuch 1996. 559 Seiten.

Raffiniert, suggestiv und blühend phantasievoll.

Mario Vargas Llosa:
Die geheimen Aufzeichnungen des Don Rigoberto***
Roman
Frankfurt: Suhrkamp 1999. 467 Seiten.

Giovanni Boccaccio:
Erotische Geschichten*
Ausgewählt aus dem Dekameron
Frankfurt: Insel Taschenbuch 1999. 136 Seiten.

Boccaccios Dekameron habe mit seinen erotischen Novellen die Lust in der Literatur hoffähig gemacht, steht auf dem Buchrücken.

D.H. Lawrence:
Lady Chatterley***
Roman
Reinbek: Rowohlt Verlag 1982. 351 Seiten.

Der Verlag nennt das Buch *«das klassische erotische Meisterwerk unseres Jahrhunderts».*

Josephine Mutzenbacher*
und ihre 365 Liebhaber
Roman
Berlin: Aufbau Taschenbuch Verlag 1998
250 Seiten.

Wer die mannstolle Maßlosigkeit der J. M. so wienerisch-charmant beschrieben hat, weiß niemand.

«Walter»:
Mein geheimes Leben***
Ein erotisches Tagebuch aus dem Viktorianischen England
Zürich: Haffmans 1997. 3 Bände, 3070 Seiten.

Haarscharfe Aufzeichnung von 1200 sexuellen Abenteuern im klammen vorletzten Jahrhundert. Verrückt!

Alexander Puschkin:
Erotische Gedichte**
Frankfurt: Insel Taschenbuch 1999. 143 Seiten.

Puschkin dichtete nicht nur für eine Frau, er starb auch im Duell für sie. Im Jahre 1837.

Peter Fahr:
Dem Unendlichen nah***
Liebesgedichte
Bern: Nemesis 1998. 130 Seiten.

Karezza
es fahren die sterne
nur dann
wenn die giebel stehn
Peter Fahr

Goldrichtig zum Vorlesen

Vielleicht eher für stillen Genuss allein

Feinste erotische Häppchen

*Mit * bis *****
kennzeichne ich meine persönliche Wertschätzung.

Klaus Heer

Klaus Heer

«Ehe, Sex & Liebesmüh'»

Eindeutige Dokumente aus dem Innersten der Zweisamkeit
Göttingen: Steidl Taschenbuch 1998, 448 Seiten.

ISBN
3-88243-565-8
DM/sFr. 19,80/
öS 145,–

Zwanzig unverschämte Interviews mit Männern und Frauen im Alter zwischen 33 und 74 Jahren, verheiratet seit zehn bis 51 Jahren, alle mit Kindern. Thema: Wie machen es die anderen im Bett? Was genau spielt sich ab hinter all den verschwiegenen Ehefassaden? Zwanzig Mal erschließen sich sexuelle Innenansichten, die in ihrer Eindringlichkeit nur von einem einzigen Erlebnis übertroffen werden: von der Sexualität in der *eigenen* Ehe.
Ein halbes Jahr stand Klaus Heers Erstling auf Platz 1 der Schweizer Bestsellerliste und wurde 50 000-mal verkauft.

«Dieses Buch ist für Voyeure: im wahrsten Sinn des Wortes ver*heer*end! Lieber Herr Dr. Heer, was habe ich nicht verstanden?»

Leserin

«Die Tonlage in Heers Wälzer ist erfrischend herzhaft und unverblümt. Da ist die Rede von Wichsen, von Schwanz, Klitoris und Arsch, von Handarbeit, vom Schlecken und von anderen beliebten und oft praktizierten menschlichen Betätigungen. So offen wurde in der Schweiz noch nie über Sex geschrieben.»

Sonntagszeitung Zürich

«Wenn einer das Tabu-Thema Sex unter der Bettdecke hervorzieht und mal so richtig auslüftet, kann die Wortwahl zur Beschreibung der Dinge bei einigen LeserInnen sicher für rote Ohren sorgen.»

Sonntags-Blick Zürich

«Ein Lesebuch, in dem mit seltener Freizügigkeit über sexuelle Heimarbeit gesprochen wird.»

Stern

«Es ist tröstlich zu hören, dass auch verheirateten Paaren das Experimentieren, Phantasieren, ja Fremdgehen erlaubt ist. Da läuft einem bei der Lektüre doch regelrecht das Wasser im Mund zusammen.»

Rosmarie Welter-Enderlin, Paartherapeutin, in *Facts*, Zürich

«Heers offenherziger Protokollband wird vor allem durch zahlreiche Spielarten von Zweisamkeit zur amüsanten und lehrreichen Lektüre.»

Frankfurter Allgemeine Zeitung